地域包括ケアシステム時代に対応

デイサービス 生活相談員 業務必携

第4版

改訂にあたり

　私たち大田区通所介護事業者連絡会が執筆した『デイサービス生活相談員 業務必携』は，2011（平成23）年1月に初版を刊行して以来予想以上に好評をいただき，2012（平成24）年には第2版，2015（平成27）年には第3版と改訂を重ね，多くの皆様に買い求めていただきました。

　今回の第4版は，2018（平成30）年4月の介護保険法改正に対応したものです。今回の法改正は，改正点が多い「大変革」と言えます。書類作業のみならず地域の実情を踏まえた運営方針の変革が強く求められる改正であり，今年度が始まってもなお頭を悩ませている事業所が多いのではないでしょうか。私たち大田区通所介護事業者連絡会の執筆陣は，法改正の年であればこそ，全国のデイサービスの現場にいる仲間が戸惑うことがないように，また，これまで以上に現場に即した内容となるよう見直しを図り，円滑な事業運営ができるようにと願いを込めました。

　生活相談員の専門性は，「人の尊厳を守る」視点を軸とし，利用者・家族やスタッフ（組織），そして地域社会に対して働きかけて支援することであり，重要な仕事です。業務では，通所介護計画書の作成，個別ニーズへの調整，自宅や地域へ出向いて状況把握など多岐にわたり，生活相談員の働き方も進化しています。これも，在宅生活や社会の変化を踏まえた動きと言えるでしょう。これを悲観せず「チャンス」ととらえることが大切で，利用者のケースワークのみならず，より家族や地域に視点を向けて，地域で仲間をつくり，行動し，社会福祉の専門職である生活相談員の専門性を発揮する必要があります。そのためにも，事業所間でのこれまでの働き方を刷新し，新たに形づくることが求められています。

　サービスの質を向上し，利用者・家族一人ひとりの笑顔を少しずつ増やし，住みやすい地域にしていくためにも，生活相談員は自ら事業所内での役割を確立すると共に専門性を高めていこうではありませんか。通所介護事業への想いや知恵を盛り込んだ第4版が少しでも全国皆さまのお役に立つことができれば，本当に私たちの喜びでありエネルギーとなります。本書を参考に事業所内での役割の確立をするのに生かしていただければ幸いです。

　2018年7月

大田区通所介護事業者連絡会 会長

藍原義勝

本書は，2018年6月末現在の情報で制作しております。発行後，法律の改正や制度の変更が行われる場合がございます。あらかじめご了承いただき，不明な点は関係機関にお問い合わせください。

第1章　平成30年度介護報酬改定

1．デイサービスの介護報酬改定概要 …… 6
2．デイサービスの主な改定内容 …… 7

第2章　地域包括ケアシステム時代のデイサービスのあり方

1．地域包括ケアシステムにおけるデイサービスの役割 …… 16
2．地域密着型通所介護の運営 …… 19
3．介護予防・日常生活総合事業 …… 20

第3章　デイサービスの生活相談員とは

1．デイサービスにおける生活相談員の位置付け …… 26
2．生活相談員の業務を3つの視点で考える …… 28
3．生活相談員の専門性とは …… 30
4．地域連携の拠点となるための生活相談員の役割 …… 33

第4章　経営的側面での役割

1．新規利用者獲得に向けた業務 …… 38
2．居宅介護支援事業所との密なる連携 …… 42
3．利用率アップのためにすべきこと …… 44
4．介護保険外サービスの構築を視野に …… 45

第5章　生活相談員に求められる役割

1．通所介護計画書を作成するための視点 …… 50
2．ソーシャルワークの視点 …… 51
3．面接技法 …… 53
4．生活相談 …… 54
5．家族との連携・対応 …… 56
6．地域・関係機関との連携 …… 57
7．事業所内の利用者間，職員・職種間の調整 …… 59
8．苦情等の対応 …… 60

第6章　生活相談員の業務手順

1．利用契約 …… 64
2．通所介護計画書作成 …… 81
3．モニタリング …… 93
4．サービス担当者会議 …… 97
5．サービス提供票 …… 99

6. 給付管理	100
7. 進捗管理	103
8. 記録	104
9. 介護予防・日常生活支援総合事業（新総合事業）にかかわる業務	107
10. ケアマネジャーとの連携	114
11. 事業所内連携	118
12. 地域連携	120
13. 月次書類メンテナンス	123

第7章 デイサービスの機能訓練

1. 平成30年度介護報酬改定からとらえる個別機能訓練	128
2. 個別機能訓練実施の流れ─個別機能訓練実施の手順	136
3. 注意事項	147
4. 加算を算定する場合の機能訓練指導員の配置	148
5. 平成30年度介護報酬改定からとらえる個別機能訓練と新設加算など	155
6. 新設加算の算定要件と運用例	158

第8章 知っておくべき管理業務

1. 管理業務とは	166
2. 収支管理	167
3. 実績（債権）管理	168
4. 人事労務管理	169
5. クレーム・事故対応	181
6. サービス提供管理	190
7. 地域との連携	207
8. 防災対策	220

第9章 生活相談員の連携・調整業務事例

1. 事例作成にあたり─困難事例の現状と課題を踏まえて	228
2. 生活相談員業務（利用開始から終了まで）	230
3. 生活相談員の連携・調整業務	241
事例1　若年高次脳機能障害の利用者	241
事例2　介護熱心な家族による虐待が疑われた利用者	244
事例3　通所を拒否する利用者	246
事例4　便で汚れたまま送り出す家族	248
事例5　料金の銀行引き落としができず現金納付となった利用者	251
事例6　介護予防・日常生活支援総合事業サービスからの卒業を目指す利用者	252
事例7　利用が長続きしない	255
事例8　服薬管理が必要な利用者	256
事例9　帰宅願望が強い利用者	258
事例10　他の利用者に対して横暴な態度が見られる利用者	260
事例11　運動や移動介助に拒否的な利用者	262
事例12　職員にセクハラをする利用者	264
事例13　入浴を拒否する利用者	266
事例14　老老介護で家族との連携が必要な利用者	267

編集できる! 書類・書式データ ダウンロード

ご利用方法

①下記のメールアドレスに「空メール」を送信

> **1870@nissoken.com**

②返信メールを確認

専用サイトへの入室，データのダウンロードに必要なパスワードをお送りします。
※返信がない場合には，メール受信設定をご確認ください。

③メールに記載のリンクから専用サイトへいき，パスワードを入力

④データのダウンロードができます

ダウンロードファイル一覧

資料 1　見学希望者　受付・対応表.xlsx
資料 2　利用申込書.docx
資料 3 − a　利用契約書：一般通所介護用.docx
資料 3 − b　利用契約書：介護予防・日常生活支援新総合事業用.docx
資料 4 − a　重要事項説明書：通所介護用.docx
資料 4 − b　重要事項説明書：介護予防・日常生活支援新総合事業用.docx
資料 5　個人情報同意書.docx
資料 6　写真掲載承諾書.xlsx
資料 7　理美容申込書.xlsx
資料 8　利用者フェイスシート.xlsx
資料 9　連絡票.xlsx
資料10　（介護予防）通所介護アセスメントシート.xlsx
資料11　（介護予防）通所介護計画書.xlsx
資料12　モニタリング報告書.xlsx

資料13　ケース記録.xlsx
資料14　会議録.xlsx
資料15　新総合事業アセスメントシート.xlsx
資料16　新総合事業通所計画書.xlsx
資料17　新総合事業モニタリング報告書.xlsx
資料18　業務日誌（通常規模）.xlsx
資料19　個別機能訓練計画書.xlsx
資料20　時間外勤務届.xlsx
資料21　年次有給休暇管理表.xlsx
資料22　事故報告書.xlsx
資料23　行政指定の事故報告書（東京都大田区）.docx
資料24　送迎車運行表.xlsx
資料25　行事実績報告書.xlsx
資料26　ボランティア登録用紙.xlsx
資料27　ボランティア活動記録票.xlsx
資料28　運営推進会議議事録.xlsx

ダウンロードファイルを閲覧するための推奨動作環境

※ただし，お使いのコンピュータの使用状況，設定等によっては正常な動作をしない場合がありますのでご了承ください。

| Microsoft Windows | OS：Vista/7/8/10日本語版

必須ソフトウエア　Microsoft Office2010以降
CPU・メモリならびにディスプレイ：必須ソフトの動作条件に準じます。

Windows8.1のPCにおいて，Microsoft Office2013で修正・確認しております。これより以前のバージョン，並びにOffice互換ソフトでは正常に表示されないことがあります。

第1章

平成30年度
介護報酬改定

1 デイサービスの介護報酬改定概要

　平成30年度介護報酬改定は，0.58％のプラス改定となりましたが，前回の改定に引き続き基本報酬の引き下げやサービス提供時間区分の細分化など，デイサービスにとっては大きな影響のあるものとなりました。利用者へのサービス提供に対する考え方も転換期を迎えており，介護保険制度からの卒業を視野に入れた自立支援や機能訓練の"提供"から"アウトカム（成果・結果）"を評価する重度化の防止，多職種連携による幅広い専門性の提供などが挙げられます。また，「利用者が住み慣れた地域で自分らしい生活を続けられるようにする」という地域包括ケアシステムを推進することは当然であり，私たちデイサービスに求められる役割も重要になっています。

　介護保険事業者は，介護報酬改定の影響を受けることと，介護人材不足という問題が顕在化してきています。私たちデイサービスは，生活相談員や機能訓練指導員，看護師といった有資格の専門職をはじめ，現場でより良いサービスを安定的かつ継続的に提供することができる介護職員の確保が不可欠です。その人材確保が年々厳しくなっており，2016（平成28）年全国の介護関連職種の有効求人倍率が3.02倍と全職種平均の1.36倍を大きく上回っています[1]。現場で働く人材を確保できなければ，事業所そのものの運営が難しくなってしまい，前述したデイサービスに求められる役割を果たすことができなくなってしまいます。そのため，介護報酬改定の影響のみならず，人材確保についても重要事項として取り組む必要があります。

　大きな変革期を迎えているデイサービスにおいては，生活相談員に求められる役割が変化してきています。改定における事業運営変更に伴うさまざまな調整や，各種加算算定における書類の整備，利用者や家族への懇切丁寧な説明など，改定時には多くの変更・更新の業務を生活相談員が行わなければなりません。さらに，生活相談員として，常に利用者の視点に立ち，地域ニーズを把握することで，事業所の地域における適切な役割を持ち，地域包括ケアシステム推進に帰依し，事業所の強みを生かしたサービスを創り上げていくことが求められてきます。利用者や地域への一方通行のサービス提供にならないように注意し，地域の実情やニーズの把握に努め，地域に役立ち必要とされる魅力ある事業所づくりを目指していきましょう。これらのことは，そこで働く職員にとって魅力ある事業所づくりの一助となり，働きやすい・働きたいと思える事業所にもなると考えています。

2 デイサービスの主な改定内容

1）時間区分の細分化と基本報酬の見直し

基本報酬のサービス提供時間区分の見直し

時間区分（時間）	1	2	3	4	5	6	7	8	9
改定前	評価なし			3時間以上5時間未満		5時間以上7時間未満		7時間以上9時間未満	
改定後	評価なし			3時間以上4時間未満	4時間以上5時間未満	5時間以上6時間未満	6時間以上7時間未満	7時間以上8時間未満	8時間以上9時間未満

　すべての事業所規模において，これまで2時間ごとの設定であったサービス提供時間が，1時間ごとになり，基本報酬体系が見直されました。基本報酬については，平成29年度介護事業経営実態調査結果の収支差率を規模別に比較すると，大規模型Ⅱ（901人以上）は10.0％，大規模型Ⅰ（751～900人）は7.9％，通常規模型（750人以下）は3.4％であった[2]ことから，規模ごとにメリハリをつけて見直すこととされました。その結果，時間区分によって異なるものの，大規模型，通常規模型共に基本報酬は引き下げとなりました。地域密着型においては，収支差率2.0％と低い水準を示していた[2]ことから5時間以上7時間未満，7時間以上9時間未満のサービス提供時間においては引き上げとなりました。

7時間以上9時間未満の基本報酬見直し

事業所規模	時間区分	改定前	改定後	
		7時間以上9時間未満	7時間以上8時間未満	8時間以上9時間未満
地域密着型通所介護	要介護1	735単位	735単位	764単位
	要介護2	868単位	868単位	903単位
	要介護3	1,006単位	1,006単位	1,046単位
	要介護4	1,144単位	1,144単位	1,190単位
	要介護5	1,281単位	1,281単位	1,332単位
通常規模型通所介護	要介護1	656単位	645単位	656単位
	要介護2	775単位	761単位	775単位
	要介護3	898単位	883単位	898単位
	要介護4	1,021単位	1,003単位	1,021単位
	要介護5	1,144単位	1,124単位	1,144単位
大規模型通所介護（Ⅰ）	要介護1	645単位	617単位	634単位
	要介護2	762単位	729単位	749単位
	要介護3	883単位	844単位	868単位
	要介護4	1,004単位	960単位	987単位
	要介護5	1,125単位	1,076単位	1,106単位
大規模型通所介護（Ⅱ）	要介護1	628単位	595単位	611単位
	要介護2	742単位	703単位	722単位
	要介護3	859単位	814単位	835単位
	要介護4	977単位	926単位	950単位
	要介護5	1,095単位	1,038単位	1,065単位

５時間以上７時間未満の基本報酬見直し

事業所規模	時間区分	改定前 5時間以上7時間未満	改定後 5時間以上6時間未満	改定後 6時間以上7時間未満
地域密着型通所介護	要介護1	641単位	641単位	662単位
	要介護2	757単位	757単位	782単位
	要介護3	874単位	874単位	903単位
	要介護4	990単位	990単位	1,023単位
	要介護5	1,107単位	1,107単位	1,144単位
通常規模型通所介護	要介護1	572単位	558単位	572単位
	要介護2	676単位	660単位	676単位
	要介護3	780単位	761単位	780単位
	要介護4	884単位	863単位	884単位
	要介護5	988単位	964単位	988単位
大規模型通所介護（Ⅰ）	要介護1	562単位	533単位	552単位
	要介護2	665単位	631単位	654単位
	要介護3	767単位	728単位	754単位
	要介護4	869単位	824単位	854単位
	要介護5	971単位	921単位	954単位
大規模型通所介護（Ⅱ）	要介護1	547単位	514単位	532単位
	要介護2	647単位	608単位	629単位
	要介護3	746単位	702単位	725単位
	要介護4	846単位	796単位	823単位
	要介護5	946単位	890単位	920単位

３時間以上５時間未満の基本報酬見直し

事業所規模	時間区分	改定前 3時間以上5時間未満	改定後 3時間以上4時間未満	改定後 4時間以上5時間未満
地域密着型通所介護	要介護1	426単位	407単位	426単位
	要介護2	488単位	466単位	488単位
	要介護3	552単位	527単位	552単位
	要介護4	614単位	586単位	614単位
	要介護5	678単位	647単位	678単位
通常規模型通所介護	要介護1	380単位	362単位	380単位
	要介護2	436単位	415単位	436単位
	要介護3	493単位	470単位	493単位
	要介護4	548単位	522単位	548単位
	要介護5	605単位	576単位	605単位
大規模型通所介護（Ⅰ）	要介護1	374単位	350単位	368単位
	要介護2	429単位	401単位	422単位
	要介護3	485単位	453単位	477単位
	要介護4	539単位	504単位	530単位
	要介護5	595単位	556単位	585単位
大規模型通所介護（Ⅱ）	要介護1	364単位	338単位	354単位
	要介護2	417単位	387単位	406単位
	要介護3	472単位	438単位	459単位
	要介護4	524単位	486単位	510単位
	要介護5	579単位	537単位	563単位

２）各種加算の新設と見直し

　平成30年度介護報酬改定では，「自立支援」と「重度化防止」を軸に，各種加算の新設や見直しが行われました。特に機能訓練については，訓練を提供した結果どのように問題が解決され，実際にADLやIADL，要介護度が改善したのかという結果が評価される仕組みが打ち出されました。これは，医療分野において数年前から行われている「エビデンスの蓄積と活用」です。実践で得られたさまざまなデータや情報を収集し，介護を科学的に分析し，最適なサービスを提供していくという流れになるものと考えられます。また，外部との連携により加算の算定が可能となることも多く打ち出されているため，今後は事業所外連携による幅広い専門性の提供が求められることとなるでしょう。

（１）生活機能向上連携加算の創設

　自立支援や重度化防止に資する介護の推進と，主に機能訓練加算の算定が人員配置上難しい小規模事業所が訪問リハビリテーションや通所リハビリテーションなどの事業所外のリハビリテーション専門職と連携して専門性を持った機能訓練を提供できる仕組みとして創設されました。

【算定要件】

・訪問リハビリテーションもしくは通所リハビリテーションを実施している事業所またはリハビリテーションを実施している医療提供施設（原則として許可病床数200床未満）の理学療法士，作業療法士，言語聴覚士，医師が，デイサービスを訪問してデイサービスの職員と共同でアセスメントを行い，個別機能訓練計画を作成すること。

・リハビリテーション専門職と連携して，個別機能訓練計画の進捗状況を３カ月に１回以上評価し，必要に応じて計画・訓練内容などを見直すこと。

生活機能向上連携加算　200単位/月

※個別機能訓練を提供している事業所は100単位/月

押さえておきたいQ＆A

Q：指定通所介護事業所は，生活機能向上連携加算に係る業務について指定訪問リハビリテーション事業所，指定通所リハビリテーション事業所又は医療提供施設と委託契約を締結し，業務に必要な費用を指定訪問リハビリテーション事業所等に支払うことになると考えてよいか。

A：貴見のとおりである。なお，委託料についてはそれぞれの合議により適切に設定する必要がある。

厚生労働省保健局：平成30年度介護報酬改定に関するＱ＆Ａ（Vol.１）（平成30年３月23日），問35.

（2）心身機能に係るアウトカム評価の創設

　自立支援や重度化防止の観点において，デイサービスが提供するサービスによって，利用者のADLを改善させた度合いが一定数以上の場合に，その後1年間は加算算定することができるようになりました。

【算定要件】

- 以下の要件を満たすデイサービスの利用者全員について，評価期間（前々年度の1月から12月まで）終了後の4月から3月までの1年間，新たな加算の算定を認める。
- 評価期間に連続して6カ月以上利用した期間[注1]（以下，評価対象利用期間）のある要介護者[注2]の集団について，以下の要件を満たすこと。

　①総数が20人以上であること。

　②①について，以下の要件を満たすこと。

　　a　評価対象利用期間の最初の月において，要介護度が3，4，5である利用者が15％以上含まれること。

　　b　評価対象利用期間の最初の月の時点で，初回の要介護・要支援認定があった月から起算して12カ月以内であった者が15％以下であること。

　　c　評価対象利用期間の最初の月と，その最初の月から起算して6カ月目に，事業所の機能訓練指導員がBarthel Index[注3]を測定しており，その結果がそれぞれの月に報告されている者が90％以上であること。

　　d　cの要件を満たす者のうちBI利得[注4]が上位85％[注5]の者について，それぞれのBI利得が0より大きければ1，0より小さければ－1，0ならば0として合計したものが0以上であること。

注1）複数ある場合には最初の月が最も早いもの。

注2）評価対象利用期間中，5時間以上の通所介護費の算定回数が5時間未満の通所介護費の算定回数を上回るものに限る。

注3）ADLの評価に当たり，食事，車いすからベッドへの移動，整容，トイレ動作，入浴，歩行，階段昇降，着替え，排便コントロール，排尿コントロールの計10項目を5点刻みで点数化し，その合計点を100点満点として評価するもの。

注4）最初の月のBarthel Indexを「事前BI」，6カ月目のBarthel Indexを「事後BI」，事後BIから事前BIを控除したものを「BI利得」と言う。

注5）端数は切り上げる。

- 上記の要件を満たしたデイサービスにおいて，評価期間の終了後にもBarthel Indexを測定・報告した場合，より高い評価を行う（（Ⅰ）（Ⅱ）は各月でいずれか一方のみ算定が可能）。

ADL維持等加算（Ⅰ）：3単位/月

ADL維持等加算（Ⅱ）：6単位/月

押さえておきたいQ＆A

Q：ADL維持等加算について，評価対象利用期間は指定通所介護事業所又は指定地域密着型通所介護事業所を連続して6月以上利用した期間とされているが，1）この「連続して利用」とは，毎月1度以上利用していることを指すのか。2）この「連続して6月以上利用」は評価対象期間内である必要があるのか。3）6月より多く連続して利用している場合，当該連続しているすべての月を評価対象利用期間とするのか。

A：1）貴見のとおりである。

2）貴見のとおりである。評価対象利用期間は，評価対象期間の一部であることを想定している。つまり，その最初の月から最後の月まで，評価対象期間に含まれている必要がある。

3）連続しているすべての月ではなく，その中に最初の月が最も早い6月の期間を評価対象利用期間とする。例えば，2月から11月まで連続利用がある場合は，2月から11月までではなく，2月から7月までを評価対象利用期間とする。

厚生労働省保健局：平成30年度介護報酬改定に関するQ＆A（Vol.1）（平成30年3月23日），問38.

（3）栄養改善の取り組みの推進

従来は管理栄養士の人員配置が1人以上とされていましたが，事業者外の管理栄養士と連携することで加算が認められることになりました。また，管理栄養士の資格を持たない介護職員が実施可能な栄養スクリーニングを行った上で，適切にケアマネジャーに報告などをすることにより，評価される仕組みも創設されました。

【算定要件】

栄養改善加算：150単位/回

当該事業所の職員として，または外部（他の介護事業所，医療機関，栄養ケアステーション）との連携により，管理栄養士を1人以上配置していること。

栄養スクリーニング加算：5単位/回　※6カ月に1回を限度とする。

サービス利用者に対し，利用開始時および利用中6カ月ごとに栄養状態を確認し，当該利用者の栄養状態に関する情報（医師，歯科医師，管理栄養士などへの相談提言を含む）をケアマネジャーに文書で共有していること。

押さえておきたいQ&A

Q：当該利用者が，栄養スクリーニング加算を算定できるサービスを複数利用している場合，栄養スクリーニング加算の算定事業者をどのように判断すればよいか。

A：サービス利用者が利用している各種サービスの栄養状態との関連性，実施時間の実績，栄養改善サービスの提供実績，栄養スクリーニングの実施可能性等を踏まえ，サービス担当者会議で検討し，介護支援専門員が判断・決定するものとする。

厚生労働省保健局：平成30年度介護報酬改定に関するＱ＆Ａ（Vol.1）（平成30年3月23日），問30.

3）その他改定のポイント

（1）機能訓練指導員の確保の推進

これまでの機能訓練指導員（理学療法士，作業療法士，言語聴覚士，あん摩マッサージ指圧師，柔道整復師，看護師）の対象資格に6カ月以上の実務経験を持つ鍼灸師が追加されました。実務経験とは，機能訓練指導員が配置されている事業所において機能訓練に従事した経験とされています。

（2）運営推進会議の開催方法の緩和

2016（平成28）年度から地域密着型通所介護に半年に1回の頻度で開催を義務付けられている運営推進会議は，会議の効率化や事業所間ネットワーク形成の促進などの観点から，要件を満たした複数事業所との合同開催が認められることとなりました。

要件は，①利用者および利用者家族は匿名とするなど，個人情報およびプライバシーを保護すること，②同一の日常生活圏域内に所在する事業所であることとされています。

（3）設備にかかわる共用部分の明確化

デイサービスや訪問介護などが併設されている場合，利用者へのサービス提供に支障がなければ，事務室や玄関，廊下などの共用が可能となりました。

（4）共生型通所介護

介護保険と障害福祉のどちらかの制度でデイサービスを運営している事業者は，希望すれば共生型サービスとしての指定を受けられることになりました。介護保険で運営している事業者が障害福祉の利用者を受け入れる場合は，基準該当サービスとなります。障害福祉の基準のみを満たしている事業所は，65歳を超えて障害福祉から介護保険に移行した場合においても障害報酬の基準を担保することになります。

また，生活相談員の配置や地域に貢献する活動（認知症カフェや地域交流の場など）をしている事業所を評価する加算の仕組みが導入されました。

（5）介護職員処遇改善加算の見直し

介護職員処遇改善加算（Ⅳ）・（Ⅴ）が廃止されました。理由は，要件の一部を満たさない事業者に対して減算された単位数での加算取得を認める区分であること，当該区分の取得率や報酬体系の簡素化を行うためとされています。ただし，一定の経過措置期間が設けられています。

押さえておきたいQ&A

Q：はり師・きゅう師を機能訓練指導員とする際に求められる要件となる，「理学療法士，作業療法士，言語聴覚士，看護職員，柔道整復師又はあん摩マッサージ指圧師の資格を有する機能訓練指導員を配置した事業所で六月以上機能訓練指導に従事した経験」について，その実務時間・日数や実務内容に規定はあるのか。

A：要件にある以上の内容については細かく規定しないが，当然ながら，当該はり師・きゅう師が機能訓練指導員として実際に行う業務の頻度・内容を鑑みて，十分な経験を得たと当該施設の管理者が判断できることは必要となる。

厚生労働省保健局：平成30年度介護報酬改定に関するQ&A（Vol.1）（平成30年3月23日），問32.

参考文献
1）厚生労働省：職業安定業務統計
　http://www.mhlw.go.jp/toukei/list/114-1b.html（2018年5月閲覧）
2）厚生労働省：平成29年度介護事業経営実態調査結果　平成29年10月26日
　http://www.mhlw.go.jp/toukei/saikin/hw/kaigo/jittai17/dl/h29_gaiyo.pdf（2018年5月閲覧）
3）厚生労働省保健局：平成30年度介護報酬改定に関するQ&A（Vol.1）（平成30年3月23日）
　http://www.wam.go.jp/gyoseiShiryou-files/documents/2018/0326123437853/ksVol629.pdf（2018年5月閲覧）
4）厚生労働省：第158回社会保障審議会介護給付費分科会資料，資料1「平成30年度介護報酬改定の主な事項について」
　http://www.mhlw.go.jp/file/05-Shingikai-12601000-Seisakutoukatsukan-Sanjikanshitsu_Shakaihoshoutantou/0000192300.pdf（2018年5月閲覧）
5）厚生労働省：第158回社会保障審議会介護給付費分科会資料，資料2「介護報酬の算定構造」
　http://www.mhlw.go.jp/file/05-Shingikai-12601000-Seisakutoukatsukan-Sanjikanshitsu_Shakaihoshoutantou/0000192301.pdf（2018年5月閲覧）
6）三菱UFJリサーチ＆コンサルティング：通所介護等の今後のあり方に関する調査研究事業報告書，平成29（2017）年3月.
　http://www.murc.jp/uploads/2017/04/koukai_170501_c8.pdf（2018年5月閲覧）

第**2**章

地域包括ケアシステム時代のデイサービスのあり方

1 地域包括ケアシステムにおけるデイサービスの役割

1）大田区における地域包括ケアシステム構築に向けた動き

あなたの事業所がある地域や住んでいる地域で，保険者はどのような介護保険計画を推進していますか？　生活相談員として，行政の計画を市報・区報やホームページで確認したことはありますか？

人口が微増傾向にある東京都大田区は，「国際力（都市）」と「地域力」という2枚看板を掲げ，基本計画を策定しています。「地域力」として特筆すべきは，大田区内には区民活動団体が多数組織されていることです。「オーちゃんネット」という大田区区民活動情報サイトには，全国的にも話題になった「高齢者見守りキーホルダー」の活動を生み出した「おおた高齢者見守りネットワーク」やこども食堂の草分け的存在である「気まぐれ八百屋だんだん」などの市民の地域ネットワーク活動を行う団体が300以上登録されています。また，介護保険事業者は業種別に9つの連絡会があり，連携しています。その活動の一つである区民向けの介護職への就職相談会と介護福祉の仕事が体験できる「おおた福祉フェス」（区民2,000人が来場）は，大田区と共同で毎年開催され，これまでに4回を数えました。

大田区の地域包括ケアシステム構築に向けた動きは，この介護保険事業者との連携の強さを生かし，要支援者へのサービスを見直しました。総合事業を指定されている事業者と共に「介護サービスを卒業して，地域の社会資源と結び付いて自助・互助ができる地域にしていこう」という基本的な姿勢で進められています。

2）地域包括ケアシステムにおけるデイサービスの役割

デイサービスは，機能訓練目的が強調され，機能訓練指導員の配置が必須です。厚生労働省は，「在宅生活の継続」への取り組みを重視しています。医療における「地域包括ケア病棟」も，看護師配置の規制緩和により増加しています。そこでは「家に戻れるADL」の再獲得に主眼を置いています。

さて，デイサービスの「強み」は，どのように磨いていけばよいのでしょうか？それは生活相談員の働きにかかっています。

例えば，利用者の未来を描く計画である通所介護計画は，具体的な達成目標の時期と内容を記載するものであり，利用者が少し先にできることを少しでも増やすための道標です。デイサービスは，利用者と長い時間を一緒に過ごし，生活全般の

ADLをしっかりモニタリングできることが強みです。このモニタリングと在宅生活とを結び付けることで，少しでも長く住み慣れた自宅で過ごすことができるのです。

在宅生活は，家の中の生活だけを指すのではありません。近隣住民との人間関係，自宅周辺の環境の中での社会資源との距離やなじみ具合など，自宅やその地域には，その人が生活してきた歴史と習慣が詰まっています。

利用者にとって，「どのような動作ができれば，在宅生活におけるQOLを上げていくことになるのか」「生活意欲に結び付く動機付けは何か」「地域とのかかわりは何か」を第三者として最もよく知ることができるのはデイサービスと言えます。利用者の自宅まで送迎に出向き，その地域を実際に目にしているデイサービスは，利用者と地域との結び付きをたぐり，その地域とのかかわりを持つべきです。

保険者は，その地域特性に合わせた地域課題と社会資源開発をとらえる方法として地域ケア会議を開催します。地域ケア会議では，その地域の利用者の課題を解決するアイデアを出し合い，利用者が持っている強みを引き出すための資源を地域の中で創造したり掘り起こしたりして検討します。地域ケア会議に出席した場合は，デイサービスの生活相談員としての見地が問われる場面とも言えます。

3) 事業所のある地域の特性

あなたの事業所がある地域の特性は，どのようなものでしょうか？

住民の視点で，事業所の周辺に住む職員や利用者から聞き取りを行ってみましょう。「町会・自治会とコンタクトを取るにはどのような方法があるのか？」「商店街や企業と知り合う方法はあるのか？」「公共の施設はどのような機能を持っているのか？」「長く住み生活してきた住民にとって地域の利便性は何か？」など，地域についてのことなら何でもよいです。調べる過程でその地域の特性が見えてくるはずです。

4) デイサービスの「介護予防・日常生活支援総合事業」

「介護予防・日常生活支援総合事業」（以下，新総合事業）は，「地域包括ケアシステム」の一分野です。都道府県や保険者，社会福祉協議会などが企画するボランティアの掘り起こし活動も盛んに行われていきます。これまでのデイサービスの従事者以外で，専門職ではない住民が主体となって運営していく事業の創設が求められています。デイサービスは，このような住民主体のサービスを支援できるかもしれません。生活相談員は，介護の専門用語をかみ砕き，一般の住民に分かりやすく

説明し，参画してもらえるように働きかける役割を担うことができます。

　また，デイサービスの利用者の中から住民主体のサービスの担い手となる人を養成することができるかもしれません。このような事業者の取り組みにインセンティブを設ける検討もなされてきています。利用者がデイサービスの受給者から地域包括ケアシステムの担い手に変わることができれば，事業所が行う自立支援の実践の成果と言えるのではないでしょうか。

　一方，すべての新総合事業の利用者が地域包括ケアシステムの担い手となるわけではありません。社会とのつながりを持つ一つの手段として，通いの場の必要性も十分にあります。その通いの場を自分たち（利用者）でつくる取り組みも考えてみましょう。

　大田区通所事業者連絡会では，新総合事業の利用者が「通いの場」を探すだけでなく，自分たちでつくる取り組みを試行しています。それが「日曜日の事業所スペースの活用」です。新総合事業の通所型サービスB（P.20参照）ではなく，事業所の生活相談員が中心にかかわり「通いの場」のスペースを提供しコーディネートします。利用者から「慣れた職員やここでできた友人がいるこの場所に集いたい」との声が多く聞かれました。その希望をかなえるため，デイサービスに新総合事業の修了者の「通いの場」をつくりました。

5）地域共生社会の取り組み

　約800万人いるとされる団塊の世代が後期高齢者になる2025年に向け，高齢者，子ども，障がい者も含めた地域課題に対応することも求められてきます。介護保険事業以外の福祉事業者と私たちデイサービスはどのように結び付いていけばよいのでしょうか？　近隣の保育園や障がい者施設と連携できることはあるのでしょうか？

　互いの強みを生かした連携ができれば，それが地域の社会資源となり，地域共生社会へのスタートを果たすことができます。デイサービスの生活相談員は，生活する利用者の目線で，その地域の課題を拾い上げることができる機能を発揮することが求められます。地域の現状を目にしたり耳にしたりする機会が多い職種ですから，高齢者分野にとどまらず広い視野を持ち，地域をとらえていくこととさまざまな社会資源と連携する行動力が必要です。

2 地域密着型通所介護の運営

　2016（平成28）年４月１日から，従来の通所介護事業所は利用者定員によって「通所介護に該当する事業所」と「地域密着型通所介護の事業所」の２つに区分されました。地域密着型通所介護事業とは，18人以下の小規模なデイサービス事業所で，食事や入浴などの日常生活支援や生活機能訓練などのサービスを日帰りで提供する事業のことです。事業目的は，「サービスの中で介護を受ける利用者の心身機能の向上と，介護を受け持つ家族の負担を軽減すること」[1] です。

　これまでデイサービスは都道府県の管轄でしたが，地域密着型通所介護は市区町村の管轄に変わりました。これは，地域との連携をこれまで以上に強めることがねらいの一つです。定員20人前後だったデイサービスの多くが地域密着型通所介護に移行したと考えられます。

　定員や管轄以外では次のような点が違います。

　まず，デイサービスは利用者の住所に関係なくサービスを受けられるのに対し，地域密着型通所介護は原則として事業所のある市区町村の住民しかサービスを受けることはできません。しかし，区域外の市区町村の同意（指定）を得れば，他の地域の住民も利用できることがあります。近隣の地域の市区町村であれば，ほとんどの場合指定を受けることができますが，遠方の市区町村の場合は，認められないこともあります。北海道在住の人が冬の間は寒さや雪で外に出られないため，ADLの低下を心配し冬季のみ東京の長女宅に暮らす事例では，認められませんでした。住民登録している市区町村の解釈によって左右されます。

　次に，利用者負担額の差異があります。要介護２の人が通常の介護保険サービスを受けた場合の自己負担額の比較では，地域密着型通所介護の方が10％ほど割高になっています。

　さらに，地域密着型通所介護が市区町村の管轄になったことから，地域との連携や事業所運営の透明性を確保することをねらいとして，運営推進会議の開催が必須になりました。

　運営推進会議には，地域の民生委員，町会の人たちの出席が必要になっています。今までかかわりのなかった事業者は，運営推進会議の開催を通じて地域の住民との関係性を構築しなければならなくなりました。生活相談員は地域に根ざした活動や地域の人たちとの連携を意識するようになったのではないでしょうか？　これまで

地域包括ケアシステム時代のデイサービスのあり方　■　19

どのようにして地域の人たちと接すればよいのか，どのようにアプローチすれば地域の仲間に入れてもらえるのか分からないところがありましたが，運営推進会議の開催をきっかけとしてつながりを持つことができるようになった事業所も多かったようです。「地域の防災訓練に声をかけてもらった」「利用者さんも一緒に地域のお祭りに呼んでもらった」など自然に地域の中に入ることができたようです。

地域密着型通所介護が市区町村の管轄となったことで，行政との情報共有もスムーズになりました。より良いサービスを提供するためのアドバイスなどがもらえる機会にもなり，生活相談員や管理者の気づきも期待できるようになりました。また，市区町村は，その地域に本当に必要な数のデイサービスがあるのかなど，細かに把握し，必要数などを判断ができるようになっています。地域密着型通所介護は少人数で生活圏域に密着したサービスであることから，市区町村が地域包括ケアシステムの構築を図る上で重要性のあるサービス基盤としても期待されています。

3 介護予防・日常生活総合事業

1）新総合事業の概要

介護予防・日常生活支援総合事業は，略して「新総合事業」と呼ばれています。2018（平成30）年4月からは市区町村の考えにより，全国一律のサービスから市区町村独自のサービスに変わりました。新総合事業では「市町村が中心となって，地域の実情に応じて，住民等の多様な主体が参画し，多様なサービスを充実することにより，地域の支え合いの体制づくりを推進し，要支援者等に対する効果的かつ効率的な支援等を可能とすることを目指すもの」[2] です。デイサービスはどのようにかかわっていくべきでしょうか？

要支援者のうち，介護保険の訪問介護やデイサービスの利用者については，介護認定が切れた人から事業対象者と呼んで区別しました（事業対象者を判断する方法も介護保険とは異なります）。新総合事業は市区町村で地域の実情によって報酬単価を設定することになったため，これまでの介護報酬単価より報酬が下がった市区町村が多いと思います。そのため，撤退する事業者もありました。

新総合事業は，これまでの「専門的なサービスを必要とする人には，専門的なサービスの提供を継続する（サービスA）」と，さらに選択肢を広げ「多様な担い手による多様なサービスは，多様な単価設定があってよい（サービスB）」という

表1	通所型サービスの詳細			
基準	現行の通所介護相当	多様なサービス		
サービス種別	①通所介護	②通所型サービスA（緩和した基準によるサービス）	③通所型サービスB（住民主体による支援）	④通所型サービスC（短期集中予防サービス）
サービス内容	通所介護と同様のサービス生活機能の向上のための機能訓練	ミニデイサービス運動・レクリエーション等	体操，運動等の活動など，自主的な通いの場	生活機能を改善するための運動器の機能向上や栄養改善等のプログラム
対象者とサービス提供の考え方	○既にサービスを利用しており，サービスの利用の継続が必要なケース ○「多様なサービス」の利用が難しいケース ○集中的に生活機能の向上のトレーニングを行うことで改善・維持が見込まれるケース ※状態等を踏まえながら，多様なサービスの利用を促進していくことが重要。	○状態等を踏まえながら，住民主体による支援等「多様なサービス」の利用を促進		・ADLやIADLの改善に向けた支援が必要なケース等 ※3〜6カ月の短期間で実施
実施方法	事業者指定	事業者指定／委託	補助（助成）	直接実施／委託
基準	予防給付の基準を基本	人員等を緩和した基準	個人情報の保護等の最低限の基準	内容に応じた独自の基準
サービス提供（例）	通所介護事業者の従事者	主に雇用労働者＋ボランティア	ボランティア主体	保健・医療の専門職（市町村）

厚生労働省老健局振興課：介護予防・日常生活支援総合事業ガイドライン案（概要）

類型になっています（**表1**）。市区町村はこの専門的サービス・多様なサービスのバランスを取り提供していきます。地域性がとても反映された事業と言えます。

2）要介護者・要支援者と事業対象者の違い

　新総合事業が分かりにくいのは，市区町村によって運営基準や報酬が異なり，隣町と私たちの町では方法が異なることが多いのが原因です。利用者へのサービス内容も，私たちの町では正解でも，隣町では不正解ということが起こってしまいます。全国統一基準の要介護者へのデイサービスとは異なります。また，事業対象者は認定期間がないため，要介護者のように一定期間ごとに認定更新は行われません。そのため，新総合事業の介護予防ケアマネジメントの進捗により，利用者の身体状況を確認して，悪化している場合は介護認定を勧めることになります。急に悪化した場合のフォロー体制が弱くなるため，もし訪問介護やデイサービスの利用者がその

地域包括ケアシステム時代のデイサービスのあり方　■　21

ような状態になった場合は，地域包括支援センターの担当者に報告し，介護認定を受ける必要があります。

3）大田区の新総合事業に向けた取り組み

　市区町村が中心となり第1号被保険者数や介護認定者数，介護従事者数，サービス提供事業者数，介護保険料，給付費などを考慮して，その地域の方向性を決定し，独自サービスを開始したばかりです。大田区では，行政と通所介護事業者連絡会，訪問介護事業者連絡会が早くから連携し，運営基準や報酬などについて議論を交わしていきました。行政と事業者が考え出した運営基準・報酬が**表2**です。どのようにしてこの基準・報酬にたどり着いたのか，大田区の取り組みを一部紹介しましょう。

表2	はつらつ体力アップサポート・いきいき生活機能アップサポート（通所型）	
	はつらつ体力アップサポート	**いきいき生活機能アップサポート**
コンセプト	利用者と共に運動機能，生活機能の維持・改善に取組み，自立した日常生活が営める心身の状態に戻すためのサポートを行うことを目的とします。	
内容	運動機能向上に特化した機能訓練サービス。 • 提供時間は2〜5時間 • 利用期間は原則最長1年	生活機能の維持向上を中心にしたサービス。 • 提供時間は5時間以上 • 利用期間は原則最長1年
人員	①従事者：利用者15人までは，専従2人以上，15人以上の場合は，利用者1人につき専従0.1人以上 ※従事者のうち常時1人以上は，専門職（機能訓練指導員，社会福祉士，介護福祉士，看護師，介護支援専門員）または介護職員実務者研修および介護職員初任者研修修了者を確保。	
	②機能訓練指導員：1人以上 ※原則週1回，1日1時間以上は配置するものとする。	
設備	①サービス提供するために必要な場所（3m²×利用定員以上） ②火設備その他の非常災害に必要な設備 ③必要なその他の設備・備品	
運営	変更なし	
報酬	実績ごとの回数払い325単位 加算：運動器機能向上加算225単位 　　　口腔機能向上加算150単位 　　　栄養改善加算150単位 ※利用は原則週2回まで。月9回が上限。 ※事業対象者，要支援1・2共通単位。 ※1単位当たり10.9円	実績ごとの回数払い375単位 加算：運動器機能向上加算225単位 　　　口腔機能向上加算150単位 　　　栄養改善加算150単位 ※利用は原則週2回まで。月9回が上限。 ※事業対象者，要支援1・2共通単位。 ※1単位当たり10.9円

※上記，東京都に指定介護事業者として指定を受けているところについては，介護保険法，省令その他関係法令等に基づく運営及び人員・設備等の基準を順守するものとします。

大田区にはさまざまな業態の事業者連絡会が参画する介護支援ネットワークという職能団体があります。2015（平成27）年「地域包括ケアシステムの実現に向けて」との題材で新総合事業や自立をテーマにシンポジウムを開催しました。自立支援を本気で考えていこうという思いを持ってデイサービス・訪問介護・地域包括支援センター・居宅介護支援事業所・訪問看護・医療・行政の代表者がパネリストとして大田区の今後を議論し，「新総合事業」を強く意識するようになりました。このシンポジウムは毎年テーマを変えながら開催されていますが，軸は変わることなく「新総合事業・自立支援」としています。2016（平成28）年の開催後，行政は「自立支援」を考えるには現場を見ないと分からないとの考えから，福祉課係長自らがが現地訪問し，さまざまな業態のデイサービスを体験しました。この体験から行政は「本当に力とお金をかけなくてはいけないのは介護予防だ」と強く意識し，大田区の新総合事業の基本理念「自立支援」を確立していきました。次に，訪問介護，デイサービスの全事業所に新総合事業についての今後要支援者を受け入れるか，自立支援についてどのような取り組みをしているのかアンケートを行いました。行政と各事業者連絡会の打ち合わせも毎月行いました。

　大田区がまず取り掛かったのは，ケアプランの作成です。本人の自立とは何かととらえるためにはアセスメントが重要です。アセスメントで本人の「強み」や「したい，できるようになりたい」ことを認識すること，その思いをケアプランに反映することでデイサービスや訪問介護の事業所が本人の自立に向けてやるべきことを共有することができます。

　さらに，これまでのサービス担当者会議の進め方を見直しました。本来，サービス担当者会議はケアマネジャーがケアプランの原案を作成し，利用者および家族の意見，事業所の意見を集約する場でしたが，いつしかケアプランを読み上げ，「これでいいですか」と参加した利用者・家族，関係者に同意をもらうような会議が増え，生活相談員がケアプランに対して意見を言いづらい雰囲気であるばかりか，利用者の自立とは何かを多職種で話し合う機会ではなくなってしまっていました。そこで大田区では，地域包括支援センター，ケアマネジャー，デイサービス，訪問介護が一堂に集まり，事例研究の研修会を合計8回行いました。利用者の「強み」を見つけ，自立支援に向けたケアプランを作成する内容の研修です。検討する事例は，行政や各事業者連絡会がかかわり事前に方向性を確かめました。この研修には延べ400人近い専門職が参加し，自立支援についての方向性のすり合わせができました。

地域包括ケアシステム時代のデイサービスのあり方　■　23

自立が介護サービスからの卒業につながる人も多くいます。大田区の新総合事業の通所サービスＡ型は上限利用期間が原則１年間と設定されています。介護サービスを卒業した人が地域で生活していく中で何を望んでいるのか，どのようなことに参加したいのかをアセスメントし，その地域にあるインフォーマルサービスを知り，つなぐことも生活相談員の役割です。

引用・参考文献
１）WAM NETホームページ：地域密着型通所介護（小規模デイサービス）
　http://www.wam.go.jp/content/wamnet/pcpub/kaigo/handbook/service/c078-p02-02-Kaigo-43.html（2018年６月閲覧）
２）厚生労働省ホームページ：総合事業（介護予防・日常生活支援総合事業）
　http://www.mhlw.go.jp/stf/seisakunitsuite/bunya/0000192992.html（2018年６月閲覧）
３）厚生労働省老健局振興課：全国介護保険担当課長会議振興課資料　介護予防・日常生活支援総合事業のガイドライン（案）
　http://www.mhlw.go.jp/file/05-Shingikai-12301000-Roukenkyoku-Soumuka/0000064539.pdf（2018年６月閲覧）

第3章

デイサービスの生活相談員とは

1 デイサービスにおける生活相談員の位置付け

1）生活相談員配置の法的根拠

　私たちのデイサービスは，介護保険制度に基づいたサービスであり，その目的は「通所介護の事業は，要介護状態となった場合においても，その利用者が可能な限りその居宅において，その有する能力に応じ自立した日常生活を営むことが出来るよう，必要な日常生活上の世話及び機能訓練を行うことにより，利用者の社会的孤立感の解消及び心身の機能の維持並びに利用者の家族の身体的及び精神的負担の軽減を図るものでなければならない」と，指定居宅サービス等の事業の人員，設備及び運営に関する基準（平成11年3月31日厚生省令第37号）（以下，基準）に定義されています。

　そのように定義されている中で，デイサービスの生活相談員は，どのような役割を期待されているのでしょうか？　具体的な役割についての規定は見当たりませんが，その資格要件については，社会福祉士法第19条第1項に該当する者とこれと同等以上の能力を有する者となっており，社会福祉士，精神保健福祉士，社会福祉主事などが該当します。そこから類推すれば，福祉に関する相応な知識と経験を持ち，利用者家族や地域に対して，具体的な企画を立案し，そして実現できる人と言えます。言い換えれば，社会福祉主事に規定されている「人格高潔・思慮円熟・社会福祉の増進に熱意のある人」と言えるのではないでしょうか。

　また，人員配置基準として生活相談員は「提供日ごとに当該通所介護を提供している時間帯に，生活相談員が勤務している時間数の合計数を通所介護を提供している時間帯の時間数で除して得た数が1以上確保」（基準第93条）されなければなりません。同時に「通所介護事業者は，通所介護事業所ごとに専らその職務に従事する常勤の管理者を置かなければならない。ただし，通所介護事業所の管理上支障がない場合は，当該事業所の他の職務に従事し，又は同一敷地内にある他の事業所，施設等の職務に従事することができる」（基準第94条）とあります。つまり，これらを根拠にして生活相談員と管理者を兼務する場合が多くなっているのです。

2）生活相談員業務の現状

　デイサービスの事業規模はさまざまですが，度重なる介護報酬のマイナス改定や慢性的な人材不足から，余裕のある人員配置をしている事業所は少ないでしょう。

非正規職員の雇用を増やして人件費の削減を図ることが経営的に必要になっている中で，生活相談員は正規職員である場合が多いのが現状です。常勤職員であるがゆえに，自ずと事業所の運営管理業務が生活相談員の役割になっているようです。利用者の利用にかかわる業務は，事業所の経営に深く関与する隣接業務であることから，1人で行っている場合が多いようです。

実際に，生活相談員がかかわっている運営管理業務を**表3**にまとめてみました。

これらは事業所全体の経営や運営管理にかかわることで，生活相談員業務というよりも管理者業務であり，兼任する生活相談員が一部または全部を担うことがあります。

さらに，デイサービスには送迎車両の運転業務があります。ほとんどのデイサービスの利用者が送迎車両を利用している実態から，送迎業務はデイサービスにとって生命線です。一部の事業所は送迎業務を外部に委託していますが，ほとんどが事業所内の職員が対応しています。この送迎業務も，生活相談員が担当することがあります。

表3　生活相談員がかかわる運営管理業務

人事・服務管理

職員募集，職員の採用・退職の手続き，人員配置，職員の勤務実績の管理（出退勤，超過勤務実績，出張命令，研修命令）

財務・会計管理

レセプト請求，債権管理，職員給与，現金出納，物品購入，契約（委託業務契約等），予算，決算
※財務・会計管理は専門性が高いため，事務職員が担当することもある。

施設設備管理

施設備品・設備の保守点検，修理修繕，備品台帳管理

人材育成

職員の研修計画の立案，実施
※労働集約型の特徴を持つデイサービスは，職員の働きがサービスの質と内容，利用者満足度，事業所評価になり，事業所運営に大きな影響を及ぼす。

その他

事業計画，事業報告，施設調査，防災対策，感染症対策，事故防止対策，各種申請・変更届け出，文書管理

デイサービスの生活相談員とは ■ 27

また，利用者の実態把握という名目で食事や入浴の介助を行ったり，介護職員の急な欠勤の代理として介護業務を行ったりすることもあります。

　デイサービスのさまざまな業務を，管理者，生活相談員，介護職員で職務分担を明確に区別して運営している事業所は，専門性を生かした効率的運営が可能と考えられます。縦割りの仕事をすることが良いと推奨するのではありませんが，業務分担を明確にした上で職員相互が協力・連携し，事業所を運営していくことが最良と言えるでしょう。

　また，現政府は，誰もか活躍できる「一億総活躍社会」を実現するため，「介護離職ゼロ」などの目標を掲げ，さまざまな取り組みを推進しているところです。介護人材の確保については，「ニッポン一億総活躍プラン」（2016〈平成28〉年6月2日閣議決定）において，介護の受け皿整備に加え，介護の仕事の魅力を向上し，介護人材の処遇改善，多様な人材の確保・育成，生産性の向上を通じた労働負担の軽減を柱として人材の確保に総合的に取り組むこととされています。これを受けて，2017（平成29）年4月から月額1万円相当の処遇改善などを行ったところですが，介護サービス事業者にとって人材確保は今なお厳しい状況にあることも踏まえ，今回の介護報酬改定においても，介護人材の確保や生産性の向上に向けた取り組みを推進していくことが必要であるとされています[1]。

　こうしたことからも，デイサービス運営や生活相談員の業務は，より一層の生産性向上や業務の効率化，IT化が進むことでしょう。

2 生活相談員の業務を3つの視点で考える

　デイサービスの生活相談員の業務は，①専従業務，②事業所の管理者との兼務業務，③介護職との兼務業務の3つに分けられます（**表4**）。そして，それぞれの視点に立って物事を考えることが求められるのです。

　デイサービスでは，事業運営上，現場の忙しさや介護職員の急な欠勤の代理を優先してしまうなど，生活相談員の専門性や事業の法令遵守が後回しになりがちです。しかし，生活相談員は仕事の優先順位を「介護職員兼務業務＞管理者兼務業務＞生活相談員専従業務」から「生活相談員専従業務＞管理者兼務業務＞介護職員兼務業務」にシフトすることが大切です。生活相談員は「何でも屋」ではありません。

表4	生活相談員の業務区分

専従業務	**1．利用契約** 利用受付，自宅訪問，契約内容・重要事項の説明と同意 **2．通所介護計画作成** アセスメント，通所介護計画書原案作成，利用者・家族へ説明と同意，利用者・家族・ケアマネジャーに通所介護計画書の送付，通所介護計画内容の職員周知，利用者個別目標管理，通所介護計画の変更・更新 **3．モニタリング** カンファレンス，利用者個別目標に対しての評価，課題の抽出，モニタリング報告書作成，利用者・家族・ケアマネジャーにモニタリング報告書の送付 **4．サービス担当者会議** 自宅訪問，サービス担当者会議出席・検討，サービス担当者会議結果記録・報告 **5．ケアマネジャー連携** 利用者情報交換，利用者サービス連絡・調整 **6．相談援助** 利用者面接，家族面接，報告連絡，課題解決に向けた調整・連携 **7．事業所内連携会議** 事業所職員間の連絡・調整，利用者情報等の周知徹底，職員間の意見調整，事業運営のコンセンサス作り **8．地域連携** 地域関係機関との連絡・調整・情報交換，地域会議出席，地域貢献事業の企画運営，事業所の広報活動 **9．実習受入** オリエンテーション，カリキュラム作成，担当手配・連絡，反省会，指導，実習記録コメント記入 **10．ボランティア受け入れ** 募集，受け付け，オリエンテーション，モニタリング **11．記録** 生活相談員日誌記録，相談記録，経過記録，事故報告書作成，所内会議録
管理者との兼務業務	**1．給付管理** 基本情報入力，実績入力，介護報酬明細書作成，返戻過誤請求，伝送，利用請求書作成，入金確認，領収書作成 **2．進捗管理** コンプライアンス確認，事業計画進捗 **3．月次書類メンテナンス** 名簿・日誌・副簿の更新，メンテナンス

	4．調査統計 監督官庁・機関からの調査回答，関係機関からのアンケート回答，学術調査の回答，事業所内統計 **5．施設備品管理** 法定点検，その他の保守点検，修理修繕，備品台帳管理 **6．会計経理** 現金出納，委託契約，予算，決算 **7．勤怠管理** 出退勤管理，超過勤務管理，年次有給等休暇管理，出張命令 **8．研修** 所内研修企画運営，所外研修命令，研修計画作成 **9．事業計画** 事業計画統括作成 **10．事業報告** 事業報告統括作成
介護職との兼務業務	**1．送迎車の運転・添乗** 送迎車両運転，添乗，送迎ルート作成，時刻表等の情報書類作成・周知 **2．行事** 行事企画，運営，広報 **3．ケア補助（利用者実態把握）** 食事介助，入浴介助，排泄介助，レクリエーション進行，機能訓練

　専門職として自立するためには，仕事の優先順位をシフトする必要があり，生活相談員自身や事業所内の意識改革・方向転換と共に，バランスの取れた業務配分を行えるようにしなくてはなりません。

3　生活相談員の専門性とは

　デイサービスの生活相談員の専門性は，次の4つに大別されます。

1）相談援助

　狭義の意味で，利用者に対してのソーシャルワークです。生活相談員の専門性が最も発揮できる領域で，面接，生活相談，家族との連携・対応などがこれに当たります。

　相談があれば，まずは個別化を図り，利用者の話を傾聴し受容します。生活相談

員自身が固定観念を持つことなく，利用者の話を聞く必要があります。最初から「ダメです」「いけないことです」などと相手の話を否定してはいけません。また，利用者の話の内容や課題の整理を手伝っても，生活相談員が結論を出すのではなく，利用者が決定できるように話を展開していくことが必要です。生活相談員は，解決策を複数用意して利用者が選択できるようにし，最後は利用者自身で自己決定できるようにしましょう。

　一方，相手の身になって考えると言っても，生活相談員が利用者に同情・同調し感情移入しすぎてはいけません。結果的に利用者の自立を阻害し，利用者が依存的になる場合が多いからです。そのためにも，生活相談員は自分の感情をコントロールできなければなりません。利用者に冷たい印象を与えることなく，利用者の感情を紐解き，ニーズを冷静に導き出す技術は，相談援助の基本であり，生活相談員が持つべきスキルです。

　居宅介護支援事業所のケアマネジャーも利用者の相談援助を行いますが，利用者・家族にとっては，より親しい人に相談を持ちかけたくなるはずです。月に1度自宅を訪問するケアマネジャーとデイサービスを利用するたびに接触可能な生活相談員を比較したら，接触頻度の高さと親しみ度合が比例していることは明確です。生活相談員は，その有利な立場を活用して積極的に相談に乗りましょう。しかし，ケアマネジャーを疎かにすることはせず，常に情報提供をし，ケアプランの方針や方向性が揺れ動かないようにしなければなりません。それこそが，ケアマネジャーとの連携と言えるでしょう。

2）事業所内連携

　生活相談員は，事業所内の職員間，職種間の調整を図るパイプ役です。利用者の支援計画や事業執行を職場内で連絡・調整します。外部からの情報や分担を職場内に伝達することも必要です。外部に向けて発信する際にも，内部調整・コンセンサスを得ることは不可欠です。デイサービス事業所の組織構造を考えれば，生活相談員，介護職員，看護職員など職種間の合議によって日々の業務を執行するのがほとんどですから，生活相談員がそれらの連携・調整を図る役割を担います。連携・調整にはコミュニケーションが必要ですから，生活相談員は高いコミュニケーション能力が要求されます。言葉で相手に気持ちと事象を伝える技術が求められているということです。熱意を持ち，思いを具現化できる理論構築力が必要になるのです。

　事業所内の連携が深まると，仕事の周辺が変わります。職員1人＋職員1人の総

デイサービスの生活相談員とは　■　31

和が３〜４人相当となり，サービスを提供できるような力になります。こうして，利用者にとってより良いサービスを提供でき，事業全体の業務改善の道も開けてくるのです。

３）事業所外部との連携，地域貢献

　地域や関係機関との連携を指します。地域に根ざした事業所になるため，地域貢献やネットワーク構築に取り組みます。事業所から地域に向けて自分たちの存在や機能を発信し，地域の高齢者福祉ニーズを収集します。地域との共生関係になることが目標です。これらの活動の事業所としての中核は，生活相談員が担います。

　平成27年度の介護保険制度改正により，地域連携の拠点としての機能の充実がデイサービスの役割として追加されました。これは，地域包括ケアシステム実現に向けた取り組みでもあります。詳しくは後述します。

> **「生活相談員の専従要件緩和」基準解釈通知**
>
> 　通所介護事業所が，利用者の地域での暮らしを支えるため，医療機関，他の居宅サービス事業者，地域の住民活動等と連携し，指定通所介護事業所を利用しない日でも利用者の地域生活を支える地域連携の拠点としての機能を展開できるように，生活相談員の確保すべき勤務延時間数には，「サービス担当者会議や地域ケア会議に出席するための時間」，「利用者宅を訪問し，在宅生活の状況を確認した上で，利用者の家族も含めた相談・援助のための時間」，「地域の町内会，自治会，ボランティア団体等と連携し，利用者に必要な生活支援を担ってもらうなどの社会資源の発掘・活用のための時間」など，利用者の地域生活を支える取組のために必要な時間も含めることができる。
>
> 　ただし，生活相談員は，利用者の生活の向上を図るため適切な相談・援助等を行う必要があり，これらに支障がない範囲で認められるものである。

厚生労働省：全国介護保険・高齢者保健福祉担当課長会議 別冊資料（介護報酬改定）平成27年度介護報酬改定の概要（案）

４）通所介護計画書作成・管理

　通所介護計画書作成，モニタリングの実施です。通所介護計画書は「管理者が作成し，利用者・家族に対して説明，同意を得ること」（基準第99条）とありますが，同時に「介護の提供に係る計画等の作成に関し経験のある者や，介護の提供について豊富な知識及び経験を有する者にそのとりまとめを行わせるものとし，当該事業

所に介護支援専門員の資格を有する者がいる場合は，その者に当該計画のとりまとめを行わせることが望ましい」（老企25号）とされています。「生活相談員＝ケアマネジャー」ではありませんが，生活相談員の要件の一つにケアマネジャーであることが含まれています。

　通所介護計画書に沿ってサービスを提供することがデイサービス事業の命題です。生活相談員は，多職種で連携を図り，通所介護計画書の原案作成を担当します。そして，その計画に沿ってサービスを提供できるように介護職員らに目標や内容を周知します。通所介護計画書の有効期限が近づいたら，目標を達成できているか，新たな問題や課題はないか，関係職員と連携してモニタリングを行います。有効期限が近づいていなくても，利用者の身体状況の変化や利用状況の変更があった場合は，同様にモニタリングを行います。利用者の状況や心情への洞察力，課題の解決力，適正な評価力と関係者への調整力が必要です。

　これらのことから生活相談員は，持ち前のソーシャルワーク技術を十分に発揮し，連携しながら業務を遂行します。これこそが生活相談員の専門性と言えるのです。

4 地域連携の拠点となるための生活相談員の役割

1）地域連携の拠点の窓口として

　前項で解説したとおり（P.31，32参照），今後，生活相談員業務をする上でのキーワードは，「連携」です。特に，自事業所以外の機関との連携こそが生活相談員の本分と言っても過言ではありません。連携とは，目標に向かって調整，協働することです。連携が成立するには，連携する者，事業所，機関がお互いの職域や責務を認識することが大前提です。単にお手伝いをするというものではありません。お互いに認識することは，相手の仕事を理解し，自分の仕事を主張します。そこに発生する隙間を調整した上で，目標に向けて，協働しなければならないのです。したがって，生活相談員自身の仕事が曖昧では，連携ができませんし，専門性を発揮しているとも言えません。

　生活相談員は，「自分の仕事が何なのか」「専門性は何であるか」とはっきりとした意識と自覚を持って業務を行わなければなりません。つまり，生活相談員業務と専門性を明確にし，一緒に仕事をする他の職員，他職種，他機関がそれらを認識す

デイサービスの生活相談員とは　■　33

ることが連携の第一歩と言えます。

「地域包括ケアシステム」は，地域で暮らすことが目的に位置付けられた介護保険制度の中から生まれてきたものです。その「地域包括ケアシステム」の中で，デイサービスの役割は，医療機関や他の介護事業所，地域の住民活動などと連携し，デイサービスを利用しない日でも利用者を支える地域連携の拠点としての機能を展開することが位置付けられ，そして生活相談員はその窓口として期待されているのです。

では，生活相談員は「地域連携の拠点」の窓口としてどのようなことができるでしょうか？

「これまでも近隣住民とは仲良くやっているし，地域の行事にも積極的に参加している。他に何かできることはあるだろうか」と戸惑う人も多いのではないでしょうか。

平成27年度介護保険制度改正は，2025年問題に向けた地域包括ケアシステム構築への取り組みを大きく意識したものでした。そして，生活相談員の専従要件を緩和し，事業所内に限った利用者との対話を主体とした相談業務のみならず，サービス担当者会議に加え，地域ケア会議や利用者の地域生活を支えるための取り組みにも参加できるように基準が変更されました。

これが，「生活相談員は地域に出よう！」というスローガンに表されている新たなデイサービスの役割であり，生活相談員に求められる機能なのです。

押さえておきたいQ&A

Q：生活相談員の勤務延時間に，「地域の町内会，自治会，ボランティア団体等と連携し，利用者に必要な生活支援を担ってもらうなど社会資源の発掘，活用のための時間」が認められたが，具体的にはどのようなものが想定されるのか。また，事業所外での勤務に関しては，活動実績などの記録を保管しておく必要があるか。

A：例えば，以下のような活動が想定される。

・事業所の利用者である要介護者等も含んだ地域における買い物支援，移動支援，見守りなどの体制を構築するため，地域住民等が参加する会議等に参加する場合
・利用者が生活支援サービスを受けられるよう地域のボランティア団体との調整に出かけていく場合

　　生活相談員の事業所外での活動に関しては，利用者の地域生活を支えるための取組である必要があるため，事業所において，その活動や取組を記録しておく必要がある。

厚生労働省老健局：平成27年度介護報酬改定に関するQ＆A Vol.1（平成27年4月1日），問49.

2）地域活動における生活相談員の役割

　地域活動の例としては，地域包括支援センターと連携・協働し，地域における連携推進会議に参加したり，勉強会を開催したり，毎月行われている地域町会の会合に参加したりするのもよいでしょう。このような会合で，デイサービスの特性を生かし，地域町会での出張型レクリエーション交流や活動を通じて生活相談員と地域住民が共に高齢者の生活のあり方について学び合い，情報を交換したり，連携の体制を構築したり，普段からなじみの関係をつくることも可能です。

　また，事業所のスペースに余裕があれば，事業所内の一部を地域に開放し，カフェの開催，夏の熱中症対策の涼み処，冬の憩処などを提供することも可能です。また，車いすの貸し出しなど，事業所の資源を活用するのもよいでしょう。

　このように，デイサービスが人々の立ち寄り処として地域に安心を提供することで，関係性やつながりを生み出します。そして，デイサービスの強みである機能・役割を生かしてさまざまな取り組みを広げていくことも，デイサービスには求められていると思います。

　ただし，生活相談員だけが地域に出ればよいということではありません。「地域連携の拠点」という重い役割は，生活相談員が頑張るだけで実現するものではありません。生活相談員が地域で活動することへの事業所全職員による理解と支援が必要です。さらに，全職員自らが「地域連携の拠点」としての役割を担った事業所に所属し，その責任を担っているという意識を持つことが不可欠なのです。

　「地域包括ケアシステム」の基盤は，保健・医療・福祉・介護に携わるそれぞれの専門家自らが，地域福祉を形成する人的資源であることを意識し，ネットワークをつくっていくことが重要で，まさに地域のすべての資源がつながることが求められています。

　今，国が進めている「地域包括ケアシステム」は，自治体や地域ごとに自分たちで考え構築していくことを求めています。つまり，地域の医療・介護サービス事業者の意識によっては，「地域包括ケアシステム」が形骸化することも，実効性のあるものになることもあると言えるのです。

　そして，その中心となるデイサービスが「地域連携の拠点」としての役割を本当に担えるのかどうかによって，「地域包括ケアシステム」が機能するか，「地域包括ケアシステム」という名前だけに陥るかの分岐点になるのかもしれません。

　まずは，自分たちの事業所が地域とどのようにかかわっているのか，地域の資源をどのくらい知っているのか，地域の住民や医療と顔の見える関係ができている

か，見つめ直すことから始めてみるとよいでしょう。これまで知らなかった自分たちの地域の素敵な社会資源を発見し，そこから人がつながり，自分たちの事業所運営にも役に立つ情報を得ることができるのではないでしょうか。

　より一層重要性を増す生活相談員業務を今一度理解し，生活相談員を通じてデイサービスが地域に果たす役割を明確にすると共に，「地域になくてはならないデイサービス」として存在価値を高めていきたいものです。

引用・参考文献

1）厚生労働省：社会保障審議会介護給付費分科会「平成30年度介護報酬改定に関する審議報告」（平成29年12月18日）
http://www.mhlw.go.jp/file/05-Shingikai-12601000-Seisakutoukatsukan-Sanjikanshitsu_Shakaihoshoutantou/0000188369.pdf（2018年5月閲覧）
2）厚生労働省：全国介護保険・高齢者保健福祉担当課長会議　別冊資料（介護報酬改定）
http://www.mhlw.go.jp/file/05-Shingikai-12301000-Roukenkyoku-Soumuka/0000076698.pdf（2015年9月閲覧）
3）厚生労働省老健局：介護保険最新情報 Vol.454，平成27年度介護報酬改定に関するQ&A Vol.1（平成27年4月1日）
http://www.mhlw.go.jp/file/06-Seisakujouhou-12300000-Roukenkyoku/QA.pdf（2015年9月閲覧）
4）厚生労働省：第114回社会保障審議会介護給付分科会「資料1　通所介護の報酬・基準について（案）」
http://www.mhlw.go.jp/file/05-Shingikai-12601000-Seisakutoukatsukan-Sanjikanshitsu_Shakaihoshoutantou/0000065053.pdf（2018年5月閲覧）

第4章

経営的側面での役割

1 新規利用者獲得に向けた業務

1）介護市場の動向

　平成30年度介護保険制度改正の概要では，団塊の世代がすべて後期高齢者となる2025年に向けて，国民一人ひとりが状態に応じて適切なサービスを受けられるよう，質が高く効率的な介護の提供体制の整備を推進するとなっています。国は「自立支援」と「重度化防止」に重点を置いており，地域・在宅分野を担っているデイサービスは，外部環境に適応した経営がますます求められることとなりました。

　今回の改正では，「自立支援」と「重度化防止」をより進めるために，いくつもの変更点があります。その一つが，要介護度を維持・改善させている自治体に対してインセンティブ（ボーナス）が支払われるというものです。具体的には，機能訓練を実施した結果，どのように生活が改善され，要介護度や身体・生活機能が改善したかなどが問われることとなりました。これまで医療で行われてきたエビデンスの蓄積と活用が介護でも始まるのです。

　結果を出していくことは，事業所にとって，ケアマネジャーからの紹介も多くなり，安定的な経営につながるということです。当然，結果を出せない事業所は経営が厳しくなっていくことが予想されます。選ばれる事業所になるための指標は，これまでの「おもてなし」から「結果」に変わったのです。

　デイサービスは，全国に約43,000事業所あります，厳しい市場の中において，今回の改正を整理し，経営的視点から生活相談員の役割を考えていきましょう。

2）デイサービスの営業

　デイサービスの営業とは，集客・利用率向上をするために極めて重要であり，自社（介護事業所）の安定的な運営のためには欠かせないものです。皆さんは，生活相談員の業務として，どれだけの力を営業に注いでいるのでしょうか？　利用率に差が生じるのは，ケアマネジャーへの営業方法に要因があるかもしれません。

　利用率の高い事業所の生活相談員は，こまめに居宅介護支援事業所に顔を出します。一方，利用率の低い事業所の生活相談員は，月１度の実績報告時のみという場合も少なくありません。訪問回数だけで利用率が飛躍的に上昇するものではありませんが，定期的に居宅介護支援事業所を訪問し，ケアマネジャーに会うことはとても大切です。

ケアマネジャーを訪問する際，ぜひ考えておいていただきたいことは，自社の「強み」を認識することと，この強みを可視化してケアマネジャーに伝えることです。サービス内容や人材の強みを，伝えていない事業所が多いのです。自社の機能を自覚し効果的に表現することは，利用率アップにつながります。利用率の向上は地域に愛され，必要とされている事業所であるということの指標です。収益だけが目的ではなく，地域での自事業所の必要性を念頭に営業に力を入れてみてはいかがでしょうか。具体的な方法については後述します。

3) 営業先で信頼度を高める

生活相談員は事業所の「顔」です。事業所の印象は，生活相談員によって変わると言っても過言ではありません。デイサービスは事業所によってサービス内容の優劣はつきにくく，生活相談員の地道な日常業務が新規の利用者獲得に大きく影響します。利用者獲得に近道はないのです。

利用者の通所介護計画書の内容，実践実績，モニタリングなどの日常業務を通じ，利用者や家族，ケアマネジャーへの信頼度で事業所の評判が決まり，それが新規利用者数に反映されます。つまり，ケアマネジャーの事業所評価が紹介数につながり，新規利用者が増えることにつながるということです。口コミで良い評判が広がれば，新規利用者も自然に増えてくるのです。

ケアマネジャーは横のつながりが強いため，私たちの想像以上に評判は口コミで広がります。良い評判はすぐに広まらず，辛抱強く信頼を得ていく必要がありますが，悪い評判はあっという間に広まります。「あなたの事業所がケアマネジャーから利用者に紹介された理由」をぜひ確認しておきましょう。

4) 円滑なコミュニケーションの徹底

介護において大事なことは，利用者と適切なコミュニケーションを取り，絆を深めていくことです。デイサービスの利用目的の一つは，他者とコミュニケーションを取ることです。事前のアセスメントでは，無口で社交的ではないとの情報があっても，デイサービスに通い信頼が深まるといろいろな話をしてくれる利用者だったという経験は皆さんもあるのではないでしょうか。

まずは，職員間の良好な連携を保つことが必要で，その要となるのが生活相談員です。利用者とコミュニケーションを取り，絆を深めていくことは職員として大切なのは当然ですが，そのためには職員間のコミュニケーションが取れていることが

必須です。職員間の信頼関係がなくコミュニケーションが取れていないのに，利用者とコミュニケーションがきちんと取れるはずがありません。「私は聞いていません」「それは知りませんでした」といった発言が職員から出るようではいけません。たとえ短時間でもミーティングを行い，職員間が良好な関係になるよう促し情報の共有を図りましょう。ミーティングを行えない時は，伝えたいこと書き込める職員用連絡ノートなどを整備し，記録しましょう。

　また，多くの職員を抱える事業所では，プログラム開発委員会や認知症対応委員会，転倒防止委員会などの委員会を設置し，職員の意見交換を活発にすることで，風通しを良くすることができます。同時に，委員会の活動を通じて職員に達成感を得てもらうことにもつながります。

5）電話の印象を良くする―電話は営業の窓口

　事業所の良し悪しは窓口の印象に左右されます。特に電話は営業の窓口です。元気のない声で電話に出れば，暗い雰囲気のデイサービスだと印象付けらます。「お電話ありがとうございます。デイサービス□□の○○でございます」と，元気良く発声しましょう。声に元気のない職員には注意し，普段から訓練することも必要です。元気のない職員が利用者に元気を与えられるはずがありません。生活相談員は，他の職員のお手本になるような対応を心がけます。

　また，利用者や家族，ケアマネジャーなどから電話があった時に，管理者や生活相談員が不在であると何も分からないというようなことでは，相手に不信感を与えてしまいます。このようなことが起こらないよう，事業所全体で情報を共有しておくことが必要です。ある程度のことは他の職員が回答できる体制をつくっておきましょう。もちろん，接遇マナー研修や電話対応マニュアルなどで，普段から電話対応の指導体制を構築することが大切です。

　利用者や家族との会話は，尊敬語や丁寧語などの敬語をきちんと使い分け，分かりやすく話をします。ケアマネジャーの評判が悪い事業所は，電話対応が悪いと評価されている場合が非常に多いのです。職員全員がきちんとした会話（コミュニケーション）ができるよう指導を徹底する必要があります。

6）見学者から新規利用者へ

　事業所見学での対応も新規利用者獲得には非常に重要なポイントです。利用者や家族，ケアマネジャーが見学に訪れるということは，新規利用者獲得の絶好の機会

です。事前に連絡があれば準備もできますが，突然の来訪であっても，どんなに忙しくても丁寧に対応しましょう。職員の中に「この忙しいのに」という表情をする人が1人でもいたら，その利用者や家族から選ばれることは絶対にありません。見学者は事業所の雰囲気を敏感に察知し，利用の可否を判断します。第一印象が非常に重要なのです。すべての職員が，自分は営業担当であるという意識を持つことが大切です。

そして事業所のセールスポイント（強み）をあらかじめ用意し，確実に見学者に伝えましょう。例えば，カルチャー教室などの案内，季節や旬の食材を使用した料理行事食や選択食のメニュー，リハビリテーションによる改善例など，事業所のセールスポイントをまとめた広報誌や写真をまとめたアルバムを作成しておきます。誕生会や夏祭りなどのイベントの記録を見せるのは非常に効果的で宣伝になります。昼食時間は忙しい時間帯ですが，ほとんどの利用者はおいしそうに召し上がっているはずです。昼食に自信があれば，メニューを見てもらう意味で，あえてその時間帯に見学してもらう方法もあります。また，プログラム実施中の時間に合わせて見学してもらい，直接プログラムに参加していただくのも効果的です。

新規利用者が初めて事業所に来る時には，利用者はもちろん家族も緊張していますので，職員全体で受け入れの準備を行い歓迎している旨を表現し，緊張をほぐしてあげることも必要です。

7）男性利用者を獲得するために

男性の利用者が少ない事業所は，今後，男性利用者を獲得する必要があります。ほとんどのデイサービスは，女性利用者中心だと思われがちです。介護予防のための運動機能向上から機能訓練のマシンを有している事業所も多いのではないでしょうか。男性は目的もなく行動するのが苦手なところがありますので，それらを有効に利用して目的意識を演出すれば，新規利用者につなげることができます。たとえ機能訓練のマシンを有していなくても，パソコンを使って新聞を作る，園芸で花に水をやる，昼食の配膳リーダーをお願いする，古新聞をまとめて片付ける，レクリエーションで使用する物品の補修や新たな物品を作成するなど，男性利用者が魅力的に思えるアクティビティを事業所が考えることや，男性利用者の生活歴から得意としていることや趣味嗜好からプログラムを提案して通所するきっかけをつくることはできるはずです。

これらのプログラムの事例などを動画や映像にして，ホームページ上に掲載すれ

ば，新たなコミュニティが生まれ，そこから新規の問い合わせが来る可能性もあります。ブログやSNSを活用した営業などは，より効果的です。

生活相談員を含めた職員のサービスの質の向上と日々の地道なサービス提供が，利用者や家族，ケアマネジャーに喜んでもらえ，その結果が他者との差別化となり，営業に反映されるものだと考えます。

2 居宅介護支援事業所との密なる連携

ここでは，ケアマネジャーとの信頼関係を構築する具体的な方法を中心に述べていきます。

1) 必要な情報を的確に報告

居宅介護支援事業所のケアマネジャーと密に連携を取ることで，利用者や家族へのサービスは向上し，結果的に利用率が上昇します。ケアマネジャーはとても多忙ですから，一人で十分な情報を収集するのは困難です。

ケアマネジャーが必要な情報とは，「毎月のモニタリング」報告です。ケアマネジャーが作成したケアプランの目標に対して，利用者がどうだったのかを丁寧に文書で説明します。この時にとても重要なのが，デイサービスならではのかかわりや効果的だった取り組みです。利用者がどのような理由で事業所を利用し，どのように変わったのかを通して説明しましょう。

各事業所の特徴は，生活相談員だけで考えるのではなく，事業所全体で整理し，「他事業所にはない」「他事業がまねのできない」ことをPRします。このような取り組みは，事業所全体の情報共有と日々の業務執行の指針にもなります。さらに事業所の強みを生かした提案などができれば，それをきっかけとしてケアマネジャーが事業所を適切に評価し，新たな利用者を紹介してくれます。

また，ケアマネジャーは利用者のADLの変化や表情の変化，日常の何気ない出来事などの情報は何でも欲しいと思っています。利用者に大きな変化があれば，一方通行でもよいので電話やファックスで迅速に連絡しましょう。特に，見学後や初回利用の時は必ず利用者の利用状況や特記すべき状況を報告し，利用者が事業所の利用に慣れるまでは密に情報を提供しましょう。

生活相談員からの的確な連絡は，ケアマネジャーに事業所への信頼をもたらします。

2）居宅介護支援事業所への訪問

　生活相談員には，毎月の実績報告と事業所の空き情報を持参し，居宅介護支援事業所を訪問することをお勧めします。訪問した時に担当のケアマネジャーに会えればよいのですが，不在の場合でもきちんと伝言をお願いしましょう。人間は，顔を合わせれば合わせるほど親密になっていくものです。

　また，訪問する際に，事業所の機関誌やニュースレター，対応エリアマップなどを持参しましょう。ただし，凝ったものにすると作成するのが次第に負担になります。A4判の用紙にその月に利用者が見せた一番良い表情の写真をプリントし，一言コメントを入れたものでも十分です。ケアマネジャーは，担当する利用者のデイサービスの様子をできるだけ多く知りたいと考えています。

　さらに，ニュースレターのような事業所の紹介パンフレットは，飛び込みの営業にも効果的です。ケアマネジャーは地域の社会資源の情報を常に収集しています。これまで紹介を受けていなかった居宅介護支援事業所にも積極的に訪問し，事業所の存在をアピールしましょう。何度も訪問することで，事業所に合った新規利用者を紹介してくれるかもしれません。

　訪問の時期はこちらの都合で決めるのではなく，ケアマネジャーが比較的忙しくない時期を選びましょう。実績入力や給付管理，伝送データ作成時期である毎月1～10日はケアマネジャーの事務作業が多忙な時ですから，避けることが賢明です。

3）相手を考慮した会話術

　ケアマネジャーが有する基礎資格や職種はさまざまで，社会福祉士や介護福祉士，看護師，医師，マッサージ師，歯科衛生士などがあります。それらの資格をよく理解し，連携することも必要です。相手のフィールドを考慮すれば話も弾みます。

　ケアマネジャーは，労働集約的職業です。自立心と判断力があり，ある程度の決定権を所属する居宅介護支援事業所から委譲されていますから，ケアプランを実施する事業所を選定する際には，利用者や家族の意向を踏まえた上でケアマネジャーの判断が大きく影響します。したがって，生活相談員にとって，居宅介護支援事業所という組織との関係により，そこに所属するケアマネジャー個人との関係をつくることは，利用者を獲得する最大のポイントと言えます。

経営的側面での役割　■　43

3 利用率アップのためにすべきこと

1) 熱烈なファンを増やす

　他の事業所と比較してずば抜けて優良なサービスや皆が殺到するほどの目玉商品とも言うべきサービスを提供できる事業所，全職員がホスピタリティを持ってお客様サービスを展開している事業所は，次々と新規利用者の申し込みがあり，待機者が出るほどです。しかし，新規利用者の獲得ばかりに目を奪われてはいけません。新規利用者を獲得すると同時に，既存の利用者を大切にし，固定客を生み出していくことが利用率向上につながります。

　利用者が事業所を必要としているかどうかを知るには，既存利用者の1人当たりの利用回数がバロメーターになります。「利用回数が多い＝熱烈なファン」とも考えられます。週2〜3回来ている利用者に対しては，嗜好をさらに掘り下げ，職員との関係を密にして熱烈なファンになってもらえるように努力します。週1回の利用者に対しては，関係づくりはこれからととらえ，事業所全体でさらに努力します。毎日来ている利用者は，その事業所が大好きでいろいろなところでその事業所の良さをアピールしてくれるはずです。利用者が「ここに来ると楽しい時間が過ごせる」「ここが大好き」「身体の調子が良い」と感じ，家族にも「ここなら安心して任せられる」と思っていただくことも大切です。

　利用を考えている人たちには，事業所職員の声よりも利用者の声の方が伝わりやすいこともあります。利用者による口コミは，広告効果が抜群と言えます。

2) 職員の態度・言葉遣いの徹底

　職員は，利用者との関係づくりにおいて，時として利用者がお客様であることを忘れがちです。利用者をお客様と認識していないと，「上から目線」になり職員の態度も尊大になって，暗い雰囲気で居心地の悪い事業所になります。稼働率が上がらないというのであれば，職員の態度が偉そうだと感じている利用者がいるのかもしれません。

　利用者に職員の態度を直接尋ねるのも一つの方法です。利用者は常に職員の動きを見ています。生活相談員は，職員のサービスの提供状況を観察しやすい立場にあるので，このような態度をすることがないよう注意を徹底する必要があります。

　家族に対しては，ニュースレターや家族との連絡ノートを整備し，日々の利用状

況や情報を記入し，密度の濃いサービスを提供していることをアピールします。家族との接点は少ない中で，送迎時は良い機会です。家族は，事業所のサービスの質を直接目にすることになりますので，利用者の移乗介助や言葉遣い，身だしなみなどには十分注意しましょう。

3）問い合わせ電話への対応の徹底

　利用率が上昇して定員を満たすようになると，ケアマネジャーからの紹介を断らなければいけません。この場合は，細心の注意が必要です。「現在は満員です」と簡単に断ってしまうと，二度と紹介してくれないかもしれません。利用者の状態を確認し，同じような形態の他事業所を紹介すると同時に，今後の空き状況も伝えましょう。

　新規オープン以来，順調に利用率が上がっていた事業所への紹介が極端に少なくなったという事例があります。原因を調べると，管理者や生活相談員が不在の際，利用者の紹介を介護職員が「申し訳ありません。今，埋まっています」と，続けて断っていたそうです。ケアマネジャーの間で，「あそこのデイサービスはいつもいっぱいだ」と評判になり，事業所選びの選択肢から外れていたのです。事業所の職員が利用者の紹介を断ることの重大性を共有していなかったために起こったことでした。

　ケアマネジャーからの問い合わせには基本的に生活相談員が対応しますが，生活相談員が不在であっても問い合わせにはある程度の対応ができるシステムを構築しておくことが必要です。

　私たちが日々接触している利用者や家族，ケアマネジャーをはじめとするすべての人に対して，常に相手の状況を理解し変化を読み取れるようにならなければ，利用率の上昇と安定には結び付かないのです。

4　介護保険外サービスの構築を視野に

1）背景

　高齢者の増加に伴って，要介護認定を受ける高齢者も増えており，高齢者の生活を支える社会基盤である地域包括ケアシステム構築が急務となっています。

　介護保険費用は年々増加していることから，介護保険制度を持続可能性なものと

するため，サービスの重点化・効率化が進められています。一方で，要介護者の過半数を占める軽度要介護者が利用できる介護保険上のサービスは制限されていく可能性があります。また，介護保険によるサービスは，財政上および，要介護者の尊厳保持・自立支援を図るという理念上，内容にも制約も設けられ，高齢者やその家族がその人らしい生活を送るためにすべてのサービスを提供することは難しいのが実情です。

このような背景から，介護保険を利用しない高齢者向けサービスでもある「介護保険外サービス」を検討してみてはいかがでしょうか。介護保険外サービスは介護保険上の制約を受けないため，利用者の利便性向上につながると共に，サービス提供事業者にとっても制度改正による影響が少ない新たな成長事業となる可能性があり，国もその振興を後押ししています。

2）介護保険外サービスの動向

（1）介護保険外サービスの種類と市場規模

現在，実施されている介護保険外サービスは，厚生労働省などが2016（平成28）年に発刊した「地域包括ケアシステム構築に向けた公的介護保険外サービスの参考事例集」に示されています。介護保険外サービスは大きく生活全般にかかわるものであり，多岐にわたっています。この先成長していくサービスを予測することは困難ですが，自立〜軽度要介護者の利用が想定される「家事支援」「配食」「フィットネス」「サービス付き高齢者向け住宅」などは増えていくと考えられます。

（2）介護保険サービスの限界と介護保険外サービスへの期待

要介護者の増加とそれに伴う費用の増加により，介護保険はその制度を維持するために，対象とするサービスの効率化が必要とされています。介護保険は財政的制約に加え，介護保険上の制約もあるため，介護保険外サービスの可能性と期待は大きくなっています。

（3）地域包括ケアシステムにおける介護保険外サービスの位置付け

国が2025年を目途に構築を進めている地域包括ケアシステムにおいても，介護保険外サービスは構成要素の一つとして位置付けられています。地域包括ケアシステムは介護保険制度と密接に結び付いていますが，その構築に必要なサービスを介護保険制度のみで提供することは想定されていません。また，安倍政権が策定する日本経済の再生に向けた戦略「日本再構戦略」においても，介護保険外サービスの振興が主要戦略の一つとして掲げられています。

（4）公正取引委員会の動き〜混合介護の弾力化〜

　一般的に，介護事業所が提供するサービスは，介護保険の給付が受けられる「介護保険サービス」と介護保険の給付がない「介護保険外サービス」の2つに分けられます。この2つのサービスを一体的に提供することを「混合介護」と呼びます。現時点での運用には厳格なルールがあるため，今後は運用しやすくしていくことが求められます。

3）介護保険外サービスの導入に向けて

　高齢者が増加する中，介護保険外サービスは事業者の成長，経済効果および高齢者の生活の質向上においてますます重要性が増していくことが予想されます。介護保険制度のあり方に関する検討や国の戦略としての産業振興施策も進められ，サービスを展開する事業所は，消費者や高齢者のニーズを把握し，市場および制度動向を踏まえた事業展開が求められていくでしょう。介護保険外サービスがしっかり整備されれば，利用者の選択肢も増えますし，生きがいづくりやQOL向上にもつながります。

　重要なのは，介護保険サービス，介護保険外サービスそれぞれの役割を提供する側も利用する側も，しっかりと理解し，使い分けることです。

参考文献
1）伊藤亜記：新規顧客を獲得するには？，介護経営ビジョン 2016年8月号.
2）Webサイトリハプラン「デイサービスの営業方法・営業戦略とは？集客アップに役立つノウハウ」
　　https://rehaplan.jp/articles/245（2018年5月閲覧）
3）首相官邸ホームページ：日本再興戦略2016―第4次産業革命に向けて―
　　https://www.kantei.go.jp/jp/singi/keizaisaisei/pdf/2016_zentaihombun.pdf（2018年6月閲覧）
4）厚生労働省，農林水産省，経済産業省：地域包括ケアシステム構築に向けた公的介護保険外サービスの参考事例集（保険外サービス活用ガイドブック），2016.
　　http://www.mhlw.go.jp/file/06-Seisakujouhou-12300000-Roukenkyoku/guidebook-bunkatu1.pdf
　　（2018年5月閲覧）
5）和田幸子：介護保険外サービス〜シニア向けサービスの動向〜，季刊 政策・経営研究，Vol.4，2016.
　　http://www.murc.jp/thinktank/rc/quarterly/quarterly_detail/201604_27.pdf（2018年5月閲覧）

第 **5** 章

生活相談員に求められる役割

1 通所介護計画書を作成するための視点

1）利用者のできること・できるようになりたいことを見極める

　通所介護計画書作成の第一歩は，利用者や家族がデイサービスに，何を期待しているかというニーズを把握することです。そのためには，利用者のできること・できるようになりたいことを見極めることが重要です。その上で，利用者の心身の状況，生活環境などを踏まえ，長い目で見た長期目標と，日々の利用で実現したい短期目標を設定し，目標達成のための，具体的なサービスの内容，1日の流れ，所要時間，頻度，手順などを設定し「見える化」します。

　また，居宅サービス計画が作成されている場合は，その内容に沿って通所介護計画書を作成することになっています。

　「個別化」という言葉があります。どんなに同じようなニーズや希望があったとしても，その思いや考え方，背景は，一人ひとり違います。「その人がその人らしく」生活できるよう支援するためには，生活相談員である前に，一人の人間として，その人の思いを尊重し，接することが大切です。

2）協働して通所介護計画書を作成する

　デイサービスには，介護，看護，機能訓練の専門職員が配置されています。そして通所介護計画書は，多職種が協働して作成することとなっています。

　生活相談員が自ら利用者と接して情報を得ることは大切ですが，その利用者のことを一番把握しているのは必ずしも生活相談員ではありません。サービス内容によって，機能訓練指導員や看護職員，介護職員が最も把握している情報もあります。専門職員から情報を収集したり，専門職員と相談したりすることにより，多職種協働によるチームケアの重要性や利用者に対する事業所としての責任感を認識することができます。

　平成27年度介護報酬改定では，認知症加算が新設されました。この加算の対象となるのは，認知症高齢者日常生活自立度のランクがⅢ以上に該当する利用者です。厚生労働省のホームページには，通所介護計画書に認知症高齢者の日常生活自立度の記載されたものが参考様式として掲載されています。認知症高齢者の日常生活自立度の根拠には，医師の判断が必要となるため，主治医からの情報収集も不可欠です。

3）責任を持って作成する

　サービスは通所介護計画書に基づいて提供することとなっており，利用者や家族に対するサービス提供の約束書や説明書，見積書の要素も持つ重要な書類です。内容はもとより期日や期間を適切に守り，空白期間のないよう作成する必要があります。

　「ケアマネジャーから居宅サービス計画書が届かないので作れない…」と聞くことがあります。しかし，デイサービスは専門職集団でありプロなのですから，作れないはずがありません。まずは暫定計画を作成し，後に居宅サービス計画書が届いたら，内容を見直せばよいのです。デイサービスは通所介護計画書があってのサービス提供だということを絶対に忘れてはいけませんし，通所介護計画書は介護報酬の算定根拠となります。

　生活相談員は，相談援助業務のほかにも多くの業務を抱えています。全部一人で抱え込むと，通所介護計画書の作成が遅れたり，未作成だったり，不十分な内容だったりとなりがちです。多職種協働により役割分担して作成すると共に，作成や更新の状況を進捗管理することも大切です。

4）利用者，家族，ケアマネジャーへの開示

　平成27年度介護保険制度改正で，ケアマネジャーは利用者が通っている事業所の通所介護計画書を保管することが義務付けられました。通所介護計画書を利用者や家族に説明し同意を得たら，速やかに通所介護計画書の写しをケアマネジャーに送ることが必要です。通所介護計画書を開示することで，計画内容を共有できます。

2　ソーシャルワークの視点

1）ソーシャルワークとは？

　人が生きていく中で，生活上の問題や支障が起こることがあります。その人自身に起こる問題もあれば，その人を取り巻く環境や社会が原因で起こる問題もあります。これらを社会福祉という視点からとらえ，支援していくための実践をソーシャルワーク（社会福祉援助技術）と言います。ソーシャルワークを行うためには，人間の尊重や倫理性，良心といった人としての価値観を根底に，社会福祉や介護，保健，医療，社会資源，地域とのかかわりなど幅広い知識，技術，ネットワークが必要です。

デイサービスは対人援助の仕事です。利用者や家族へのより良い支援のため，ソーシャルワークは大切ですし，生活相談員のやりがいにつながります。「生活相談員にとってソーシャルワークこそ醍醐味」と言えるのではないでしょうか。

２）利用者の把握

デイサービスの生活相談員は，利用中の状況だけではなく，利用者の全体像を把握する必要があります。そのためには，次の３要素を網羅する必要があります。
- **生活歴**：生い立ち・職業・趣味など
- **現在の生活**：心身の状況，疾病と医療，家族・介護者の状況，住宅，経済状態など
- **将来の夢・希望**：自己実現など

認知症の周辺症状の原因を探るには，過去の生活歴がヒントになることも多くあります。高齢者だから将来の夢や希望は持っていないだろうなどというのは，私たちの思い込みであるので注意しなければいけません。

また，かなり深く個人情報を聞き取ることになりますので，「より利用者に合った個別性の高いケアを提供するため」「安心・安全なサービス利用のため」という情報収集の目的を明確に伝えて協力をお願いし，個人情報の保護と守秘義務を遵守しましょう。

３）生活上の困難さの理解

高齢者固有の困難さを理解するには，次の５つの視点が重要です。

（１）生活の個別性

長い人生を歩んできた高齢者は，その生活歴や経験によって一人ひとりの個別性が大きく違います。年齢層や要介護度，生活上の困難度などだけで区分することはできません。多くの相談者と接していると，「この間の相談者と同じ問題だ」と感じ，経験則で同じように対応してしまうかもしれません。生活相談員は「人はみんな違う」ということを理解し，尊重する姿勢で相談者と向き合うことが必要です。

（２）生活の全体性

高齢者の生活上の困難さは，心身の状況，取り巻く環境，経済状態など，さまざまな要因が絡み合って発生します。例えば，脳血管障害で片麻痺のある高齢者が，次のような状況の自宅に住んでいるとします。

Ａ：玄関に段差があり，階段に手すりがない
Ｂ：住宅改修済みでバリアフリーになっている

Ａ・Ｂどちらで暮らしているかにより，生活上の困難さは異なります。さらにＢを選択したくても，借家住まいや経済状態が苦しければ選択できないかもしれません。

　生活相談員は，心身の状況という部分的なことだけに着目するのではなく，その高齢者の全体像を把握する視点が必要なのです。

（3）生活の継続性

　高齢者の現在の状態は，過去から未来へ継続しているものであり，現在直面している困難は過去の影響を受けています。そして過去の体験に基づいたこだわりが現在の生活上の問題を引き起こしていることがよくあります。このため，問題解決の手がかりとなる生活歴の把握が重要なのです。

（4）生活の地域性

　高齢者の社会的孤立が大きな社会問題となっています。高齢者が居住している地域の特性や社会資源の有無などに影響される点も重要です。近隣に話し相手や世話を焼いてくれる友人・知人がいるかどうかは，その人の生活を大きく左右します。

（5）喪失体験

　高齢者は，加齢による心身の変化や社会的な役割の喪失，近親者や友人の死などで新たに得るものより失うものの方が多くなります。喪失体験によって，意欲の低下，うつ症状，孤独感，無気力，自己の無用感などが起こる場合があります。

3　面接技法

1）面接の目的・基本姿勢

　情報を収集・提供する，相談援助を行う，相談者との人間関係を構築するなど，さまざまな目的で面接を行います。

　面接では，傾聴（P.54参照），共感的・支持的態度が大切です。共感的とは，相談者の訴えや感情を理解しようとする姿勢で面接することであり，支持的というのは孤立感を感じ，被害的になっている相談者の側に立って，心理的サポートを行い，共に協力して問題解決に向かおうとする姿勢を持つということです。そうすると，相談者には「理解してくれる人がいる」「自分は一人じゃない」という気持ちが現れてきます。

　いずれにしても主役は相談者ですから，一般的には１回の面接の中で，生活相談

生活相談員に求められる役割　■　53

員より相談者の方が多く発言している面接は良い面接とされ，生活相談員の方が長く発言している面接は良くない面接だと言われています。

2）面接の環境，時間

　事業所内で面接する時は，プライバシーが保持できること，物や書類が乱雑に置かれていないなど清潔で，整理・整頓された環境であることが大切です。座席も対面が良いとは限りません。相談者の性格や様子を踏まえて，座る距離や角度を考えます。

　次に時間設定です。「締め切り効果」という言葉をご存じでしょうか。仕事をする時，時間を決めずにやるよりも，時間を決めて何が何でもやりきると決めた方がはかどるというものです。面接も同じで，時間を決めることによって，相談者は面接への動機付けや主体性が強くなり，面接者も集中して効率的に面接に臨むことができます。

4 生活相談

1）傾聴

　相談援助業務の最も基本的な姿勢です。「聞く」と「聴く」は違います。傾聴とは，心を傾けて関心を持ち，相手の話を聴くことを指します。言葉だけではなく相談者の表情・態度・行動を観察し，その心の内を推察します。相槌を打つ，うなずくといった共感的態度，励まし，感情を受け止める，相談者の立場を支持するといった態度で臨むことが重要です。

　傾聴することにより，相談者は自分のことに親身になって関心を持ってくれていると感じ，言いにくいことや課題の核心にかかわる話もしてくれるようになります。

2）問題の整理

　相談者は自分だけでは解決できない課題を抱え，やむにやまれぬ状況で相談に来るため，積もり積もったものを吐き出すように話す人，本当の課題ではなく表面的な感情や考えに終始する人もいます。

　生活相談員は本当の課題を導くために，話を整理し，相談者とキーワードを確認します。相談者の前で話を記録して，確認してもらいながら整理する方法や「おう

む返し」と言って，相談者の言葉を反復することによって主訴を確認したり，話のずれを修正したりして本当の主訴を見つける手法などを用います。

3）解決策の検討

　課題や人によって「すべて話したらすっきりした」という場合や情報提供・手続き開始などにより初回の相談で済んでしまう場合もあります。

　継続的に課題解決が必要な時は，まず「誰が，いつまでに，何をするか」というスケジュールを決めます。その場合，生活相談員は所属する事業所の役割・機能を意識して調整します。すぐに調整がつかない場合は，「調べて，何日の何時までに返事する」と具体的に答え，相談者に安心感を与えます。

　事業所としてできること・できないこと，すべきこと・すべきではないことの切り分けも重要です。機能の範囲を超えた援助はかえって相談者に迷惑をかけることもありますので，課題を見極め適切な機関につなぐ，連携するなどして対応しましょう。生活相談員が抱え込むことは，相談者の自立を阻害することにもつながります。

4）一連の流れの中での注意事項

（1）自己決定

　生活相談は，あくまでも側面的な支援を心がけるべきです。どのようなサービスを選択するか，何を利用するかを決めるのは，相談者本人です。生活相談員は，自分の意図する結論に相談者を誘導するのではなく，選択や決定の材料となる情報を提供し，自己選択を支援します。

　一方，すべての相談者が適切に自己決定できるわけではありません。相談者の気持ちを推し量り，その立場に立って決定を促すことも場合によっては必要でしょう。

（2）相談者の代弁

　利用者の把握，生活の困難さの理解が大切だということを述べてきました。生活相談員は，相談者の置かれている状況を把握しているし，性格も分かっています。

　要望や考えをうまく伝えられない，問題の本質をよく理解できていないという場合は，生活相談員が相談者に代わって関係機関や関係者などに正しい情報，相談者の意思を伝えることも必要です。相談者の権利を守り，適切な支援が受けられるよう活動することも，介護・福祉の専門職である生活相談員の役割です。

生活相談員に求められる役割　■　55

（3）フォローアップ

生活相談によって問題が解決した後も，「何かあれば気軽に言ってください」と再び相談に応じる姿勢を伝え，必要に応じ相談者の状況を継続的にフォローすることが必要です。「その後いかがですか」と連絡するのもよいでしょう。

フォローが相談者の心の支えにもなるでしょうし，問題の再発や新たな問題の発生を早期に発見して，症状の軽いうちに支援を開始することにつながります。

5 家族との連携・対応

1）利用開始前に

生活相談員は，利用希望者の見学対応や，利用開始前のアセスメントや契約のため，事業所で一番初めに家族と対面することが多いと思います。第一印象は，とても大切ですから，TPOや礼儀をわきまえた服装や言動を心がけましょう。

2）説明と同意

サービス提供の開始に当たって，事業者は利用者と家族に対して，サービス内容，費用，職員体制，事故や苦情対応などの重要事項を説明し，同意を得ることが定められています。

家族と話す際，専門職はしばしば専門用語や仲間うちでしか通じない略語・符丁を無意識に使うことがあるものです。一般的な言葉を用いて，丁寧に分かりやすく説明すると共に，表情や仕草から伝わっていない様子や質問したいけれど躊躇している様子などを感じ取った場合，繰り返し説明したり，「ここまでで，何か分からなかった点はございますか」と確認したりする配慮も大切です。

同意については，同意欄に年月日や説明者名の記入漏れの書類がしばしば見受けられます。同意書に正しく記入することはサービス開始の基本条件であると共に，事業所の責任を明確にするためにも重要な行為です。

3）こまめな報告

家族は利用者の寝たきり防止のための活動への参加や介護負担の軽減を求めて，デイサービスの利用を希望します。また，多くの家族はサービス中の利用者の様子がどうなのかを知りたいものです。そこで，例えば「連絡ノートで利用者のその日

の出来事を詳細にお伝えします」と伝えたり，写真や映像などを活用して対応策を工夫し家族に情報を提供したりすることで，信頼関係を構築していくことができます。

　デイサービスの利用を開始してからも，送迎時の家族の様子や連絡ノートに記載された内容などから家族のニーズや介護負担の状況を推測し，事業所としての対応やケアマネジャーへの連絡なども必要となってきます。

6 地域・関係機関との連携

1）地域との関係づくり

　介護保険事業は介護保険料と税金を財源とする介護報酬で成り立っており，社会的性格が強い仕事です。地域の介護に関する社会資源としての期待に応えてこそ，その存在意義を果たすことができ，結果的には，将来にわたって安定した事業経営が可能となるのです。

　地域との関係を築く第一歩は，事業所の存在を知ってもらうことです。地域向けの広報活動や研修会の開催，地域行事への参加などがその一例です。

　「地域にあってもなくても影響のない事業所」から「地域になくてはならない事業所」として地域から認知される存在となることが重要です。

　生活相談員の専従要件が大幅に緩和されたため，地域との関係づくりが今まで以上に期待されることとなりました。地域包括ケアシステムでは，可能な限り住み慣れた地域で安心して暮らせるようにと明記されています[1]。その中で，生活相談員はデイサービスが社会資源であるという意識を持ち，地域の中でどのような役割があるのか考えていく必要があります。

　「介護予防・日常生活支援総合事業」（以下，新総合事業）の開始により，住民主体の介護予防の通いの場が求められる中，デイサービスではレクリエーションや体操などノウハウを伝えることができるでしょう。地域によってニーズは違いますが，さまざまな取り組みで地域に貢献することができます。そのためには，まず生活相談員が町会・自治会の人や民生委員の顔を知り，自分たちの顔を知ってもらうことから関係づくりの第一歩を始めましょう。

2）町会・民生委員とのかかわり

　デイサービスが地域連携の拠点になるには，①存在を認知してもらう，②地域と

生活相談員に求められる役割　■　57

の信頼関係を築く，③情報を共有する，④地域の不安解消や介護資源の供給に努めるなどに取り組みます。住民からの不安や需要といった声が最も集まりやすいのは，町会・自治会の方々や民生委員，シニアクラブに所属する方々などからです。

例えば，町会・自治会の行事に積極的に参加する，事業所を開放する，出張デイサービスや介護教室を開催する，認知症カフェ，サロンに取り組むなどを通して，生活相談員は地域の関係者と積極的にコミュニケーションを図ります。常に新しい情報を共有することで，地域との密な連携が可能となります。

3）相談を受ける

介護に関する看板を掲げていると，地域住民から介護保険のことや今困っていることなどの相談を受けることがあります。「ここは窓口ではない」「ここでは分からない」という応対はいけません。たとえデイサービスとは直接関係のない相談であっても，誠意を持って話を聞き，その上で適切な関係機関につなぎます。

関係機関に紹介する場合も，連絡先や所在地を伝えるだけではなく，紹介先に前もって電話を入れ，相談者の名前と主訴を情報提供しておくと親切です。また，事業所の所在地周辺を管轄する地域包括支援センターのパンフレットや介護保険の手引き，居宅介護支援事業所一覧などを取り寄せ，渡せるよう常備しておくことも大切です。

生活相談員は，地域の身近なソーシャルワーカーとして，基本的な介護保険の相談に対応できる知識やネットワークを持つことも求められます。

4）実習生を受け入れる

地域の介護人材を育成するために，実習生を受け入れることも「地域に根ざす」上では重要です。また，外部の目が入ることにより透明性のある事業経営につながると共に，職員にとっては実習生を指導することで自分の仕事に対する振り返りやスキルアップの効果が期待できます。

地域の介護力アップと介護人材確保・育成のために，積極的に実習生を受け入れましょう。

5）ボランティアを育成する

介護に関する地域の助け合いの精神を醸成し，地域の人々の自己実現を支援する観点から，ボランティアの育成も社会資源であるデイサービスとしての役割です。

また，ボランティアの有する技能を活用して，魅力のあるプログラムを利用者に提供することができます。ただし，ボランティアの受け入れには利用者とのかかわり方や個人情報保護，守秘義務などに関するルールを設けて，利用者に迷惑がかからないような配慮が必要です。

新総合事業に移行することによって，要支援の利用者に対するサービスは，ボランティア団体が担うことが多くなります。サロンや住民主体の運動・交流の場でリーダーシップをとれるボランティアを育成することが地域包括ケアシステム成功のポイントとなります。

7 事業所内の利用者間，職員・職種間の調整

1）利用者間

利用者間での人間関係が構築されることは，生活機能向上の観点からも良いことですが，職員が全く関与しないところでエスカレートすると，トラブルにつながることがあります。例えば，お互いの意思で電話番号を交換し，利用日以外に連絡を取り合うことがあるかもしれません。しかし，一方的な意思で，毎日の自宅訪問，宗教や物品販売の勧誘，金銭の貸し借りなどに発展すると，利用者や家族に迷惑がかかり，事業所の責任が問われることにもなりかねません。

利用者間の関係にも一定のルールを作り，普段の利用者同士の会話にもそれとなく耳を傾け，注意することが大切です。

2）職員・職種間

「生活相談員は事業所の潤滑油となるべし」と言われています。デイサービスには多職種の専門職員が配置され，雇用上の形態もさまざまなため職員同士がぎくしゃくし，必要な情報が共有されないことがあります。

多職種が連携してチームケアを実践するためには，①法人や経営者の理念，②事業所の方針（何を目指しているか）を明確にして意識の共有化を図り，③職員の役割や業務分掌の周知により，自己と同僚，上司の役割と責任を理解することが必要です。

生活相談員は職場内の調整や環境づくりを行って，職員がコミュニケーション不足にならないよう心がけましょう。

生活相談員に求められる役割　■　59

8 苦情等の対応

1）苦情が発生したら

ソーシャルワークや生活相談に関する原則は，苦情対応についても同様です。まずは，途中でさえぎったり，反論したりせずに十分聴き，相手の言い分を傾聴します。主訴を把握する間に相手が落ち着きを取り戻して冷静に話ができるようになり，問題解決へと進むこともあります。

一方，相手が興奮して話し合いが継続できない場合は，①応対する職員を変える，②複数の職員で聴く，③別室に移動する，④立ち話ではなく座って応対するなどが上手な対応方法です。

電話による苦情は，顔が見えず，話しづらいものです。「お電話では何ですから，これから伺います」と訪問する方が，円満な解決に結び付くこともあります。

2）相手の言い分が分かったら

主訴を理解したら，速やかに管理者に報告すると共に，事実関係を調査します。関係した職員から事情を聞き取り，事実を正確に把握します。双方の言い分を聞くことで，どこに問題があったのか解明の糸口が発見できるはずです。

3）対応策を説明し同意を得て実施する

苦情対応はスピードが大事です。できるだけ早期に状況を把握し，相手に説明します。調査や対策に時間がかかる場合は「中間報告」という形で連絡を入れます。また，事業所側のミスに起因するものであれば，対応策を報告し同意を得ます。「苦情を言ったのにほったらかしにされた…」と思われるのが最もまずい対応です。

4）介護事故の場合

介護サービスの特性上，事故を完全にゼロにするということはできません。そのため，リスクマネジメントが重要であり，①リスクの説明，②適切なアセスメント，③ヒヤリ・ハット事例の収集と分析，④事故発生時・発生後の対応の手順の明確化などの準備や対策が必要です。

事故対応は発生した事故そのものよりも，その後の対応が不適切なために大きなトラブルに発展することが多いのです。「かえってご迷惑をお掛けしました」「今後

もよろしくお願いします」と言ってもらえるか，福祉オンブズマンへの申し立てや訴訟になるかは，対応次第だと言えます。日頃から利用者や家族との信頼関係が構築できているかも，解決に大きく左右します。

5）理不尽な要求やクレームに備える

　最近，理不尽な要求やクレームを突きつけられるケースが増加しています。クレームのためのクレームや職員の人格を傷付け攻撃してくるようなクレームの場合は，生活相談員だけで対応するのではなく，組織的な対応を心がけ，弁護士などの専門家に相談することも視野に入れましょう。その際，クレームの内容や経過の記録は最も重要な証明手段および対抗手段となります。相手とのやりとりの日時，所要時間，苦情内容，返答内容などすべて記録しておきましょう。

引用・参考文献
1）厚生労働省ホームページ：地域包括ケアシステム
　http://www.mhlw.go.jp/stf/seisakunitsuite/bunya/hukushi_kaigo/kaigo_koureisha/chiiki-houkatsu/
　（2018年6月閲覧）
2）丸山泰一：相談員業務のタイムマネジメント（連載第1回）通所介護事業所生活相談員の業務分掌，支援・生活相談員，Vol. 1，No. 3，P.91～98，2010.
3）大川順平：相談員が行うべきソーシャルワーク，Vol. 1，No. 5，P.49～53，2010.
4）白澤政和・東條光雄・中谷陽明編：高齢福祉とソーシャルワーク，有斐閣，2002.

第6章

生活相談員の業務手順

1 利用契約

1）「措置」から「契約」へ

　介護保険制度は，介護サービスを利用するに当たって，利用者と事業者の間で契約を交わすことが必要です。利用者の選択権を確保することと，事業者による提供するサービスの説明責任を果たすことが意図されています。

2）利用契約の手順

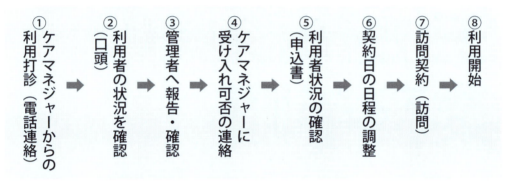

①ケアマネジャーからの利用打診（電話連絡）
②利用者の状況を確認（口頭）

　ケアマネジャーより，電話で新規利用者の受け入れ確認の連絡がきたら，まずは，次の事柄を確認しましょう。

- ・利用者氏名　　・利用者住所　　　　・利用者要介護度
- ・簡単なADL　　・健康状況（病状・既往歴等）
- ・サービス内容（入浴・個別機能訓練など）　・希望利用曜日
- ・希望利用開始日　・送迎の有無

　これらの情報の聞き取りを行い，受け入れ可否の返事をします。その場で返答をするのが望ましいのはもちろんですが，後から連絡する場合でも，当日中もしくは日時を決め，少しでも早く返答します。数日間も相手を待たせるようなことは極力避けましょう。相手は，あなたの返答を待っているのです。

　受け入れが可能な場合は，事前に見学していただくようお勧めするのもよいでしょう（**資料1**）。事前に利用希望者が事業所を見学しておくことは，利用に当たっての不安の解消にもつながります。

資料1	見学希望者　受付・対応表

			受付日	○年○月○日
			受付者	○○

見学希望日／時間	○年　○月　○日（　○　）　○時　○分自宅着	居宅介護支援事業所	○○介護事業所
氏名／性別	○○　○○　様　　　男性　・　女性		
住所／電話番号	○○市○○○1－2－34－506　　　　　　　　　　Tel ○○○○－○○○○	ケアマネ名	○○
自宅送迎／同伴者	送迎有　・送迎無　／　同伴有（　長女　）・同伴無し		
介護度	要介護（　1　）・要支援（　　　）・事業対象者		
移動道具	車いす・杖・シルバーカー・自立・その他（　　　　　　　　）		

見学希望者の事前情報

夫と2人暮らしで外出の機会がない。リハビリと入浴目的。いくつかデイサービスを見学してから決めたい。

> ケアマネジャーからの情報を記入する。

> 当日の見学の様子などを記入する。

当日担当者	○○

見学当日の様子やご希望などの情報

毎日リハビリができることやクラブ活動が盛んであると伝えると，興味を示していた。自宅の風呂場は手すりがなく，冬場はかなり寒いため，今後改修する予定。いずれは自宅での入浴を考えている。

③管理者へ報告・確認

　新規利用者の受け入れの打診があったことを管理者に報告し，事業所内のハード面・ソフト面を考慮し，受け入れの可否の相談をします。その際は，管理者だけではなく，各職種（看護師や介護職員など）とも意見を交換し，受け入れの可否を決定することが望ましいでしょう。

　基本的には，よほどの理由がない限りは受け入れを拒否しないことが前提です。

④ケアマネジャーに受け入れ可否の連絡

　受け入れの可否が決まり次第，ケアマネジャーに連絡します。お断りする際も，誠意ある対応をしてください。受け入れられない条件がある場合は，妥協案や代替案を提示してみるのも対応の一つです。その対応によって，次の新規利用者の紹介にもつながってきます。

　受け入れが可能な場合は，ケアマネジャーに申込書の送付を依頼し，契約日の日程を調整します。

⑤利用者状況の確認（申込書）

　ケアマネジャーから利用申込書（**資料2**）が届いたら次の事柄を確認し，記載がない，あるいは不明な点がある場合には，ケアマネジャーに問い合わせます。

生活相談員の業務手順　■　65

資料2	利用申込書

お手数かけますが，こちらに送信をお願いします。↓↓

Fax　00-0000-0000

○○デイサービスセンター

利用申込書

事業所名	○○○○介護事業所	事業所番号	○○○○○○○
電話	○○（○○○○）○○○○	担当ケアマネ	○○　○○
ＦＡＸ	○○（○○○○）○○○○		

フリガナ	オオタ　　ハナコ	性別	生年月日	M・T ⓈⓈ ○年　○月　○日
氏名	大田　花子	男・ⓌⒷ		
住所	○○市 ○○○1-2-3		電話	（○○○○）○○○○
連絡先 本人と違う場合	大田　太郎	続柄 長男	電話	（○○○○）○○○○
要介護度	事業対象者 要支援　1　2 要介護　1　2　③　4　5		コース	総合事業　予防認知 通所介護　認知
負担割合	①割　　2割			
希望曜日	1週間に 3 回希望			Ⓖ 火 Ⓦ 木 Ⓕ 土
希望	送迎（ステップ リフト）　リハビリ　入浴（一般，リフト）			
受け入れに関する連絡事項				

> 利用者情報や希望曜日について，具体的に記載してもらう。

> 見学希望など，連絡事項がある場合は記載してもらう。

〒000－0000　　　○○市○○○1-2-3

○○デイサービスセンター

電話 ○○○○－○○○○　FAX ○○○○－○○○○

担当・生活相談員/ ○○・○○

管理者/ ○○

- ・利用者の氏名，住所，連絡先　・送迎可能範囲との突き合わせ
- ・キーパーソン（本人以外の連絡する人，物事を決める際の判断する人）
- ・本人のADL（送迎対応，食事形態，入浴形態，歩行状態など）
- ・認知症の有無・レベル　・サービス内容（入浴,個別機能訓練,口腔ケアなど）
- ・希望利用曜日および希望利用開始日　・契約の際の同席者

⑥契約日の日程の調整

契約日の日程の調整を，直接事業所が利用者または家族と行うのか，それともケアマネジャーが行うのか，契約当日にケアマネジャーが同席するのかどうかという点についての確認も忘れずに行いましょう。契約当日に，サービス担当者会議を行う場合もあります。

契約の日時は，利用者の希望が最優先です。こちらの都合に利用者が合わせることのないようにします。どうしても都合のつかない場合は，きちんと説明をし，何とおりかの日程を提示しましょう。

⑦訪問契約（訪問）

契約に必要な書類（**表5**）を持参して自宅を訪問し，契約へ向かいます。

表5　契約時の必要物品

- 申込書（ケアマネジャーから受領したもの）
- 地図
  ＊利用者宅へ迷わず行けるように
- 契約書書類各2部（契約書〈**資料3**〉，重要事項説明書〈**資料4**〉等）
- 個人情報同意書（**資料5**）
- 写真掲載承諾書（**資料6**）
- 理美容申込書（**資料7**）
- 利用者フェイスシート（利用者の情報をまとめるもの）（**資料8**）
- 朱肉
  ＊利用者宅に朱肉がない可能性もある
- 名刺
- 事業所のパンフレット・しおり
  ＊事業所の説明をする際にあった方が説明しやすい
- 覚書
  ＊鍵お預かり・持ち込み手荷物内容・医療行為などが必要と思われる場合

- 連絡票（**資料9**）
  またはサービス提供記録票
- 事業所でのイベントの案内等
- 薬袋（必要な方のみ）
- 口座引き落とし用紙
  ＊書き損じてもよいように2枚用意
- 封筒
  ＊契約書を持っていくため・契約書を持参される場合・契約書を利用者宅で保管するため
- 暫定通所介護計画書
  （利用開始日が直近の場合）
  ＊利用開始までに通所介護計画書が作成されていないと，サービス提供があっても介護報酬を請求できません。
  ＊居宅サービス計画書が届いていない場合は，暫定通所介護計画書を作成しておきます。

資料3　利用契約書：一般通所介護用

デイサービスセンター利用契約書
（一般通所介護用）

第一章　総則

第1条（契約の目的）

1　事業所は，介護保険法令の趣旨に従い，ご契約者が可能な限りその居宅において，その有する能力に応じ自立した日常生活を営むことができるよう支援し，第5条に定める指定通所介護を提供します。

2　ご契約者は，第15条に定める契約の終了事由がない限り，契約日より本契約に定めるところに従い，サービスを利用できるものとします。

第2条（契約期間）

この契約の契約期間は，○年○月○日から第15条各号で定める契約終了日までとします。

第3条（通所介護計画）

事業所は，ご契約者の日常生活全般の状況および希望を踏まえて，「居宅サービス計画」に沿って「通所介護計画」を作成します。事業所はこの「通所〜〜〜〜〜〜〜〜〜〜〜〜び代理人に説明し同意を得るものとします。

> 利用契約を締結する事業所名を記載する。

第4条（指定通所介護の提供場所・内容）

1　指定通所介護の提供場所は「デイサービスセンター○○」です。所在地および設備の概要は重要事項説明書のとおりです。

2　事業所は，第3条に定めた通所介護計画に沿って指定通所介護を提供します。事業所は指定通所介護の提供に当たり，その内容についてご契約者に説明します。

3　ご契約者は，サービス内容の変更を希望する場合には，事業所に申し入れることができます。その場合，事業所は，可能な限りご契約者の希望に沿うようにします。

第5条（介護保険の基準サービス）

事業所は，第3条に定めた通所介護計画に沿って，送迎，食事提供，その他必要な介護を行います。

第二章　サービスの利用と料金の支払い

第6条（サービス利用料金の支払い）

1　事業所は，ご契約者が支払うべき介護保険給付サービスに要した費用について，ご契約者が居宅介護サービス費として市町村から給付を受ける額（以下，介護保険給付額という）の限度において，ご契約者に代わって市町村から支払いを受けます。

2　ご契約者は，要介護度に応じて第5条に定めるサービスを受け，重要事項説明書に定める所定の料金体系に基づいたサービス利用料金から介護保険給付額を差し引いた差額分（自己負担分：通常はサービス利用料金の1割に食費を加えた額）を事業所に支払うものとします。ただし，ご契約者がいまだ要介護認定を受けていない場合および居宅サービス計画が作成されていない場合には，サービス利用料金の全額をいったん支払うものとします。要介護認定後または居宅サービス計画作成後，自己負担分を除く金額が介護保険から払い戻されます（償還払い）。

3　ご契約者は前2項の他，ご契約者へのサービス提供上必要となる諸費用実費を，事業所に支払うものとします。

4　前第2項，第3項に定めるサービス利用料および諸費用実費は利用日数に基づいて1カ月ごとに計算し，ご契約者はこれを翌月末日までに，事業所が指定する方法で支払うものとします。

第7条（利用料金の変更）

1　前条第1項および第2項に定めるサービス利用料金について，介護給付費体系の変更があった場合，事業所は当該サービス利用料金を変更することができるものとします。

2　前条第3項に定める諸費用実費については，経済状況の著しい変化その他やむを得ない事由がある場合，事業所は，ご契約者に対して，変更する日の1カ月前までに説明をした上で，相当な額に変更することができるものとします。

3　ご契約者は，前項の変更に同意することができない場合には，本契約を解約することができます。

資料3の続き

> キャンセル料について明記しておく。

第8条（サービスの中止）
1　ご契約者は，事業所に対して，サービス提供日の前日午後5時までに通知をすることにより，料金を負担することなくサービス利用を中止することができます。
2　ご契約者がサービス提供日の前日午後5時までに通知することなく，サービスの中止を申し出た場合は，事業所は，ご契約者に対して食費相当額を請求することができます。この場合の料金は第6条の他の料金の支払いと合わせて請求します。
3　事業所は，ご契約者の体調不良等の理由により，指定通所介護の実施が困難と判断した場合，重要事項説明書に定めるとおり指定通所介護を中止することができます。

第三章　事業所の義務等

第9条（事業所およびサービス従事者の義務）
1　事業所およびサービス従事者は，指定通所介護の提供に当たって，ご契約者の生命，身体，財産の安全確保に配慮するものとします。
2　事業所は，現に指定通所介護の提供を行っている時にご契約者の病状の急変が生じた場合，その他必要な場合は，あらかじめ届けられた連絡先へ可能な限り速やかに連絡すると共に，医師または歯科医師等医療機関に連絡を取る等，必要な措置を講じます。
3　事業所およびサービス従事者は，ご契約者または他の利用者等の生命，身体を保護するため緊急やむを得ない場合を除き，身体的拘束その他，ご契約者の行動を制限する行為を行わないものとします。

> 事業所で対応できる時間を明記する。

4　事業所は，指定通所介護の提供に当た〔　　　　　　　　　　　〕医療サービスまたは福祉サービスを提供する者との密接〔　　　　　　　　　　　〕
5　事業所は，第18条第1項から第5項に〔　　　　　　　　　　　〕に居宅介護支援事業者に連絡します。
6　事業所は，指定通所介護の提供に関する記録を作成し2年間保管します。
7　ご契約者または代理人は，午前9時00分から午後5時までの間に事業所にて，当該ご契約者に関する前項のサービス実施記録を閲覧できます。
8　ご契約者または代理人は，所定の手続きを経た上で，当該ご契約者に関する第6項のサービス実施記録の複写物の交付を受けることができます。複写にかかる実費は，ご契約者の負担となります。

第10条（守秘義務等）
1　事業所およびサービス従事者は，指定通所介護を提供する上で知り得たご契約者また代理人等に関する事項を正当な理由なく第三者に漏洩しません。この守秘義務は，本契約が終了した後も継続します。
2　事業所は，ご契約者に医療上，緊急の必要性がある場合には，医療機関等にご契約者に関する心身等の情報を提供できるものとします。
3　事業所は，ご契約者からあらかじめ文書で同意を得ない限り，サービス担当者会議等において，その個人情報を用いません。

> 利用者とは，別途で個人情報の使用にかかわる同意を得ておく。**資料5**（P.77）参照。

第四章　契約者の義務等

第11条（契約者の事業所利用上の注意義務等）
1　ご契約者は，共用施設，設備等をその本来の用途に従っ〔　　　　　　　〕
2　ご契約者は，事業所の建物，設備について，故意または重大な過失により滅失，破損，汚損，もしくは変更した場合には，自己の費用により原状に復するか，または相当の対価を支払うものとします。

第五章　損害賠償

第12条（損害賠償責任）
1　事業所は，本契約に基づく指定通所介護の実施に伴って，自己の責に帰すべき事由によりご契約者に生じた損害について賠償する責任を負います。第10条に定める守秘義務に違反した場合も同様とします。ただし，ご契約者に故意または過失が認められる場合には，ご契約者の置かれた心身の状況を斟酌して相当と認められる時に限り，損害賠償の全部または一部を減じることができるものとします。
2　事業所は，前項の損害賠償責任を速やかに履行するものとします。

生活相談員の業務手順　■　69

資料3の続き

第13条（損害賠償がなされない場合）
　事業所は，自己の責に帰すべき事由がない限り，損害賠償を負いません。とりわけ以下の各号に該当する場合には，事業所は損害賠償責任を免れます。
1　ご契約者が，契約締結時にその心身の状況および病歴等の重要事項について，故意にこれを告げず，または不実の告知を行ったことに起因して損害が発生した場合
2　ご契約者が，指定通所介護の実施に当たって必要な事項に関する聴取・確認に対して故意にこれを告げず，または不実の告知を行ったことに起因して損害が発生した場合
3　ご契約者の急激な体調の変化等，事業所の実施したサービスを原因としない事由に起因して損害が発生した場合
4　ご契約者が，事業所もしくはサービス従事者の指示・依頼に反して行った行為に起因して損害が発生した場合

第14条（事業所の責任によらない事由によるサービスの実施不能）
　事業所は本契約の有効期間中，地震等の天災その他自己の責に帰すべからざる事由により指定通所介護を実施できなくなった場合には，ご契約者に対してすでに実施したサービスを除いて，所定のサービス利用料金の支払いを請求することはできないものとします。

第六章　契約の終了
第15条（契約の終了事由）
　本契約は以下の各号に基づく場合終了します。
1　ご契約者が死亡した場合
2　要介護認定により，ご契約者の心身の状況が自立または要支援1，要支援2と判定された場合
3　やむを得ない事由により事業所を閉鎖した場合
4　事業所の滅失や重大な毀損により，指定通所介護の提供が不可能になった場合
5　事業所が介護保険の指定を取り消された場合または指定を辞退した場合
6　第7条第3項および第16条から第18条に基づき本契約が解約または解除された場合

第16条（契約者からの中途解約等）
　本契約の有効期限中，ご契約者は7日間の予告期間をおいて文書で申し出ることにより，本契約を解約することができます。

第17条（契約者からの契約解除）
　ご契約者は，事業所もしくはサービス従事者が以下の事項に該当する行為を行った場合には，本契約を解除することができます。
1　事業所もしくはサービス従事者が正当な理由なく本契約に定める指定通所介護を実施しない場合
2　事業所もしくはサービス従事者が第10条に定める守秘義務に違反した場合
3　事業所もしくはサービス従事者が故意または過失により，ご契約者の身体・財物・信用等を傷付け，または著しい不信行為，その他本契約を継続しがたい重大な事情が認められる場合
4　他の利用者がご契約者の身体・財物・信用等を傷付けた場合もしくは傷付ける恐れがある場合において，事業所が適切な対応をとらない場合

第18条（事業者による中途解約）
1　事業者は，本契約に基づくサービスの提供を維持することが困難と判断すべき経営上または事業所運営上やむを得ない事情が発生した場合には，利用者に対し，原則として1カ月前までに解除の理由等を記した書面をもって通知し，本契約を解除することができます。
2　事業者は，本契約を解約する場合においては，利用者の心身の状況および希望等に応じて他の居宅介護支援事業所，介護予防支援事業所，居宅サービス事業者または介護予防サービス事業者等を紹介するように努めるものとします。

資料3の続き

第19条（事業所からの契約解除）

事業所は，ご契約者が以下の事項に該当する場合には，本契約を解除することができます。

1. ご契約者が，契約締結時にその心身の状況および病歴等の重要事項について，故意にこれを告げず，または不実の告知を行い，その結果本契約を継続しがたい重大な事情を生じさせた場合
2. ご契約者による，第6条第2項に定めるサービス利用料金の支払いが3カ月以上遅延し，催告した後も30日以内に支払われない場合
3. ご契約者が，故意または重大な過失により事業所またはサービス従事者もしくは他の利用者等の生命・身体・財物・信用等を傷付け，または著しい不信行為を行うことなどによって，本契約を継続しがたい重大な事情を生じさせた場合
4. ご契約者が正当な理由なくサービスの中止をしばしば繰り返した場合，またはご契約者の入院，病気等により，3カ月以上にわたってサービスが利用できない状態であることが明らかになった場合
5. ご契約者が指定介護福祉施設等に入所した場合

第七章　その他

第20条（苦情の対応）

事業所は，その提供したサービスに関するご契約者等からの苦情に対して，苦情を受け付ける窓口を設置して適切に対応するものとします。

第21条（協議事項）

本契約に定められていない事項について問題が生じた場合には，事業所は介護保険法その他諸法令の定めるところに従い，ご契約者と誠意を持って協議するものとします。

第22条（裁判管轄）

この契約に関してやむを得ず訴訟となる場合は，ご契約者および事業所は，事業所の所在地を管轄する裁判所を第一審管轄裁判所とすることを予め合意します。

第23条（反社会的勢力の排除の確認）

事業者と利用者は，それぞれの相手方に対し，次の各号に掲げる事項を確約します。

1. 自らが暴力団，暴力団関係者若しくはこれに準ずる者または構成員（以下，反社会的勢力という）ではないこと
2. 自らの役員（業務を執行する社員，取締役，またはこれらに準ずる者をいう）又は代理人等が反社会的勢力ではないこと
3. 反社会的勢力に自己の名義を利用させ，この契約を締結するものでないこと
4. 自らまたは第三者を利用して，次の行為をしないこと
   ①相手方に対する脅迫的な言動または暴力を用いる行為
   ②偽計または威力を用いて相手方の行為または業務を妨害し，または信用を毀損する行為

第24条（代理人）

1. 代理人はご契約者と共にこの契約を履行するものとします。
2. ご契約者はやむを得ない事由により，代理人を変更する場合は，所定の届出書を用いて，14日以内に届け出を行います。

上記の契約を証するため，本書2通を作成し，ご契約者，代理人および事業所が署名押印の上，各1通を保有するものとします。

　○年○月○日

事業所	事業所名	デイサービスセンター○○
	事業所所在地	○○市○○町○－○－○
	事業者名	○○○○法人○○
	代表者名	理事長　○○○○　㊞

> 利用者と代理人の姓が同じ場合は，代理人に利用者と違う印鑑を使用してもらうようにする。代理人には必ず署名してもらう。

ご契約者　住所　　　　　　　　　　　　　氏名　　　　　　　　　㊞

代理人　　住所　　　　　　　　　　　　　氏名　　　　　　　　　㊞

資料4　重要事項説明書：通所介護用

単独型指定通所介護重要事項説明書

当事業所は介護保険の指定を受けています。
（○○県指定　第○○○○○○○○号）

　当事業所はご契約者に対して指定通所介護を提供します。事業所の概要や提供されるサービスの内容，契約上ご注意いただきたいことを次のとおり説明します。

〔目次〕　1．法人（事業者）の概要
　　　　　2．ご利用事業所の概要
　　　　　3．職員の配置状況
　　　　　4．当事業所が提供するサービスの特徴
　　　　　5．当事業所の利用料金
　　　　　6．緊急時の対応方法と健康上の理由による
　　　　　　　利用中止について
　　　　　7．契約の終了について
　　　　　8．サービスに関する苦情と相談
　　　　　9．非常災害対策

1．法人（事業者）の概要
（1）法人名　　　　○○○○法人○○　　　　（2）法人所在地　　○○市○○町○－○－○
（3）電話番号　　　○○－○○○○－○○○○　（4）代表者名　　　理事長　　○○○○
（5）設立年月日　　○年○月○日

2．ご利用施設の概要
（1）事業所の種類　　指定通所介護事業所（○年4月1日指定）
（2）事業所の名称　　デイサービスセンター○○
（3）事業所の所在地　○○市○○町○－○－○　　　（4）電話番号　　　　○○－○○○○－○○○○
（5）管理者名　　　　所長　　○○○○　　　　　　（6）開設年月日　　　○年○月○日
（7）利用定員　　　　一般型○名　　　　　　　　　（8）サービス提供地域　○○市
（9）設備の概要

食堂兼機能訓練室	1室○m²	静養室	1室
浴室	一般浴槽と特殊浴槽があります	相談室	1室
送迎車両	3台		

> 事業所の状況に応じて記載する。

（10）営業日，時間

営業日	月～土曜日（定休日：日曜日）
営業時間	午前○時○分～午後○時○分
サービス提供時間	午前○時○分～午後○時○分

年末年始は休業です。
（12月30日～1月3日）

3．職員の配置状況
　当事業所では，ご契約者に対して指定通所介護を提供する職員として，以下の職種の職員を配置しています。職員配置については，指定基準を遵守しています。

職種	業務内容	常勤員数	非常勤員数
管理者	事業の管理，運営	1名	
生活相談員	相談援助業務，業務管理等	○名	○名
看護職員	利用者の看護業務	○名	○名
介護職員	利用者の介護業務	○名	○名
機能訓練指導員	機能訓練の指導	○名	○名

> 指定配置基準を満たすように記載する。

（○年4月1日現在）

4．当事業所が提供するサービスの特徴
（1）運営方針
　　事業所の従事者は，ご契約者の要介護状態等の心身の特徴を踏まえて，可能な限りその居宅において，その有する能力に応じ自立した生活を営むことができるよう，さらに，利用者の社会的孤立感の解消および心身機能の維持ならびに家族の身体的・精神的負担の軽減を図るために，必要な日常生活上の介護および機能訓練等，その他必要な事業を行うものと～
（2）サービス提供にあたって
　　①居宅介護支援事業者（ケアマネジャー）が作成する，居～画を作成します。その際，ご契約者やご家族の意見～
　　②通所介護計画書は，ご契約者や家族に説明し，同意を得～
（3）提供するサービス
　　通所介護計画に沿って，送迎，食事提供，その他必要な介護を行います。具体的な内容は，通所介護計画書をご覧ください。

> 通所介護計画に沿って提供する。予定表などを配布している場合は，その旨を記載する。

資料４の続き

５．当事業所の利用料金

（１）サービス利用料金

巻末の別紙料金表をご参照ください。なお，介護保険法の改正等により，サービス利用料金が変更される場合は，別紙料金表にてサービス利用料金をお知らせいたします。

（２）利用料のお支払い方法

前記の料金・費用は，月末締めで１カ月ごとに計算し，毎月20日ごろまでに前月分の請求書を発送いたします。お支払い方法は，口座自動引き落とし，銀行振り込みのいずれかをご契約の際に選べます。

①口座自動引き落としの場合

ご契約者等の口座から，毎月27日に引き落とされます。引き落としに必要な手数料は，事業所で負担します。

②銀行振り込みの場合

毎月末日までに下記の口座にお振り込みください。

振込先

〇〇銀行　〇〇支店　普通預金　口座番号　〇〇〇〇〇〇〇

口座名義　〇〇〇〇法人〇〇　理事長　〇〇〇〇

＊振込手数料はご契約者の負担となります。

- その他，相談の上，理事長が認めた場合に限り，上記以外の方法で料金支払いが可能な場合があります。
- 事業所は，料金の支払いを受けた時は，ご契約者等に対し領収証を発行します。
- ご契約者等が事業所に支払うべきサービス利用料金を正当な理由なく遅延した場合，事業所は上記方法によらない支払い方法を指定します。

６．緊急時の対応方法と健康上の理由による利用中止について

①ご契約者に容体の変化等があった場合は，医師または歯科医師など医療機関に連絡を取るなど必要な措置を講じるほか，緊急連絡先に速やかに連絡いたします。

②風邪，病気の場合および，当日の健康チェックの結果体調が不調の場合は，サービス内容の変更またはサービスを中止することがあります。

③非常災害時の対応については，消防計画や防災計画に基づいて適切に対応します。

④緊急連絡先

体調の変化，非常災害時，緊急の場合は，次に定める緊急連絡先に連絡します。

主治医	主治医氏名	〇〇病院　〇〇科　〇〇〇〇医師		
	連絡先住所	〇〇市〇〇町〇-〇-〇	電話番号	〇〇-〇〇〇〇-〇〇〇〇
緊急連絡先	氏名	〇〇〇〇		
	連絡先住所	〇〇市〇〇町〇-〇-〇	メールアドレス	xxxx@xxxxxx.ne.jp

７．契約の終了について（契約書第15条参照）

当事業所との契約では，契約が終了する期日は特に定めてい〔ない〕限り，継続してサービスを利用することができますが，こ〔 〕は，当事業所との契約は終了します。

①ご契約者が死亡した場合

②要介護認定により，ご契約者の心身の状況が自立または要〔 〕者と判定された場合

③やむを得ない事由により事業所を閉鎖した場合

④事業所の重大な毀損により，ご契約者に対する指定通所介〔 〕

⑤事業所が介護保険の指定を取り消された場合または指定を辞退した場合

⑥ご契約者から中途解約・契約解除の申し出があった場合（詳細は以下をご参照ください）

⑦事業所から退所の申し出を行った場合（詳細は以下をご参照ください）

> 緊急連絡先として携帯電話や携帯メールアドレスを記入してもらう方がよい。東日本大震災時は，携帯電話がつながらない状況になったが，携帯メールは時間がかかったものの使用できた実績がある。

（１）ご契約者からの中途解約・契約解除の申し出について

ご契約者は現にサービスを利用している期間を除き，文書で７日前までに通知することにより，中途解約・契約解除を申し出ることができます。

ただし，以下の場合には，即時に契約を解約・解除することができます。

①介護保険給付対象サービスの利用料金の変更に同意できない場合

②事業所もしくはサービス従事者が正当な理由なく本契約に定める指定通所介護を実施しない場合

③事業所もしくはサービス従事者が第10条に定める守秘義務に違反した場合

④事業所もしくはサービス従事者が故意または過失によりご契約者の身体・財物・信用等を傷付け，または著しい不信行為，その他本契約を継続しがたい重大な事情が認められる場合

⑤他の利用者がご契約者の身体・財物・信用等を傷付けた場合もしくは，傷付ける恐れがある場合において，事業所が適切な対応をとらない場合

生活相談員の業務手順　73

資料4の続き

（2）事業所からの申し出による契約解除について
　　以下の事項に該当する場合には，事業所からの申し出により契約解除することがあります。

①ご契約者が，契約締結時にその心身の状況および病歴等の重要事項について故意にこれを告げず，また不実の告知を行い，その結果本契約を継続しがたい重大な事情を生じさせた場合
②ご契約者による，サービス利用料金の支払いが3カ月以上遅延し，催告した後も30日以内に支払われない場合
③ご契約者が，故意または重大な過失により事業所またはサービス従事者もしくは他の利用者等の生命・身体・財物・信用を傷付け，または著しい不信行為を行うことなどによって，本契約を継続しがたい重大な事情を生じさせた場合
④ご契約者が正当な理由なくサービスの中止をしばしば繰り返した場合，または入院，病気等により，3カ月以上にわたってサービスが利用できない状態であることが明らかになった場合
⑤ご契約者が指定介護福祉施設等に入所した場合

8．サービス内容に関する苦情と相談
（1）当事業所ご利用相談・苦情担当
　　苦情受付担当者　生活相談員　　○○○○　　　　電話番号　　○○－○○○○－○○○○
　　苦情対応担当者　管理者　　　　○○○○
　　苦情解決責任者　○○事業部門　統括事業所長　　　　○○○○
（2）また下記の窓口で受け付けております。
　　○○○○法人○○
　　　本部事務局　○○－○○○○－○○○○
　　　第三者委員　○○○○　○○地区民生委員児童委員協議会　会長　○○－○○○○－○○○○
　　　　　　　　　○○○○　○○地区民生委員児童委員協議会　会長　○○－○○○○－○○○○
　　○○市役所　　　　　　　　　○○－○○○○－○○○○
　　○○市福祉オンブズマン室　○○－○○○○－○○○○
　　○○市福祉部介護保険課　　○○－○○○○－○○○○
　　○○県国民健康保険団体連合会　相談指導課　相談窓口
　　（受付時間　午前9時～午後5時　土・日，祝日を除く）○○－○○○○－○○○○

> 各市区町村，国民健康保険団体連合会など，事業所の所在に合わせて記入する。

9．非常災害対策
・災害時の対応…………消防計画に基づき，対応いたします。
・消防設備………………消防関係法令に基づき，消防設備を設置しています。
・防災訓練………………消防訓練計画を立案し，定期的に実施しています。
・防災・防火管理者……○○事業部門　統括事業所長　　○○○○

10．秘密の保持と個人情報の保護―利用者およびその家族に関する秘密の保持について
①事業者は，利用者の個人情報について「個人情報の保護に関する法律」および厚生労働省が策定した「医療・介護関係事業者における個人情報の適切な取り扱いのためのガイドライン」を遵守し，適切な取り扱いに努めるものとします。
②事業者および事業者の使用する者（以下，従業者という）は，サービス提供をする上で知り得た利用者およびその家族の秘密を正当な理由なく，第三者に漏らしません。
③また，この秘密を保持する義務は，サービス提供契約が終了した後においても継続します。
④事業者は，従業者に，業務上知り得た利用者またはその家族の秘密を保持させるため，従業者である期間および従業者でなくなった後においても，その秘密を保持するべき旨を，従業者との雇用契約の内容とします。

11．個人情報の保護
①事業者は，利用者から予め文書で同意を得ない限り，サービス担当者会議等において，利用者の個人情報を用いません。また，利用者の家族の個人情報についても，予め文書で同意を得ない限り，サービス担当者会議等で利用者の家族の個人情報を用いません。
②事業者は，利用者およびその家族に関する個人情報が含まれる記録物（紙によるものの他，電磁的記録を含む）については，善良な管理者の注意をもって管理し，また処分の際にも第三者への漏洩を防止するものとします。
③事業者が管理する情報については，利用者の求めに応じてその内容を開示することとし，開示の結果，情報の訂正，追加または削除を求められた場合は，遅滞なく調査を行い，利用目的の達成に必要な範囲内で訂正等を行うものとします（開示に際して複写料等が必要な場合は利用者の負担となります）。

資料4の続き

○年○月○日

指定通所介護の提供の開始に際し，本書面に基づき重要事項の
デイサービスセンター○○
説明者　職名　　　生活相談員
　　　　氏名　　　○○○○　㊞

私は，本書面に基づいて事業所から重要事項の説明を受け
　　　利用者　　住所
　　　　　　　　氏名　　　　　　　　　㊞
　　　代理人　　住所
　　　　　　　　氏名　　　　　　　　　㊞（ご契約者との関係　　　　）
　　　代筆者　　氏名　　　　　　　　　㊞（ご契約者との関係　　　　）

> 利用者と代理人の姓が同じ場合は，代理人に利用者と違う印鑑を使用してもらうようにする。代理人には必ず署名してもらう。

別紙　料金表

事業所規模区分は通常規模となります。
要介護度，負担割合に応じた利用者負担額と昼食代などにかかる自己負担額をお支払いください。

【基本部分】

| | | 要介護度 | 単位数 | 費用額
（10割） | 利用者負担額 | | |
					1割	2割	3割
1日につき	3時間以上4時間未満	要介護1	362	3,945円	394円	789円	1,183円
		要介護2	415	4,523円	452円	905円	1,357円
		要介護3	470	5,123円	513円	1,025円	1,537円
		要介護4	522	5,689円	569円	1,138円	1,707円
		要介護5	576	6,278円	628円	1,256円	1,884円
	4時間以上5時間未満	要介護1	380	4,142円	415円	829円	1,243円
		要介護2	436	4,752円	475円	951円	1,426円
		要介護3	493	5,373円	537円	1,074円	1,612円
		要介護4	548	5,973円	598円	1,195円	1,792円
		要介護5	605	6,594円	659円	1,319円	1,978円
	5時間以上6時間未満	要介護1	558	6,082円	608円	1,217円	1,825円
		要介護2	660	7,194円	720円	1,439円	2,159円
		要介護3	761	8,294円	829円	1,659円	2,488円
		要介護4	863	9,406円	940円	1,881円	2,822円
		要介護5	964	10,507円	1,051円	2,101円	3,152円
	6時間以上7時間未満	要介護1	572	6,234円	623円	1,247円	1,870円
		要介護2	676	7,368円	737円	1,474円	2,211円
		要介護3	780	8,502円	851円	1,701円	2,551円
		要介護4	884	9,635円	963円	1,927円	2,891円
		要介護5	988	10,769円	1,077円	2,154円	3,231円
	7時間以上8時間未満	要介護1	645	7,030円	703円	1,406円	2,109円
		要介護2	761	8,294円	829円	1,659円	2,488円
		要介護3	883	9,624円	962円	1,925円	2,887円
		要介護4	1,003	10,932円	1,093円	2,186円	3,280円
		要介護5	1,124	12,251円	1,225円	2,450円	3,675円
	8時間以上9時間未満	要介護1	656	7,150円	715円	1,430円	2,145円
		要介護2	775	8,447円	845円	1,689円	2,534円
		要介護3	898	9,788円	979円	1,958円	2,937円
		要介護4	1,021	11,128円	1,112円	2,225円	3,338円
		要介護5	1,144	12,469円	1,247円	2,493円	3,741円

資料4の続き

【加算】　＊該当加算は○印

	要介護度	単位数	費用額(10割)	利用者負担額			該当加算(○印)
				1割	2割	3割	
延長加算 (8時間以上9時間未満に引き続く場合)	9時間以上10時間未満	50	545円	55円	109円	164円	
入浴介助加算	1日につき	50	545円	55円	109円	164円	
個別機能訓練加算Ⅰ	1日につき	46	501円	50円	100円	150円	
個別機能訓練加算Ⅱ	1日につき	56	610円	61円	122円	183円	
中重度者ケア体制加算	1日につき	45	490円	49円	98円	147円	
認知症加算	1日につき	60	654円	66円	131円	197円	
若年性認知症利用者受入加算	1日につき	60	654円	66円	131円	197円	
生活機能向上連携加算 (個別機能訓練加算を算定している場合)	1月につき	200	2,180円	218円	436円	654円	
	1月につき	100	1,090円	109円	218円	327円	
ADL維持等加算（Ⅰ）	1月につき	3	32円	3円	6円	10円	
ADL維持等加算（Ⅱ）	1月につき	6	65円	7円	13円	20円	
栄養改善加算	1回につき	150	1,635円	164円	327円	491円	
栄養スクリーニング加算	1回につき	5	54円	5円	11円	16円	
サービス提供体制強化加算Ⅰイ	1日につき(Ⅰ・Ⅱいずれか算定)	18	196円	20円	39円	59円	
サービス提供体制強化加算Ⅰロ		12	130円	13円	26円	39円	
サービス提供体制強化加算Ⅱ		6	65円	7円	13円	20円	

介護職員処遇改善加算（Ⅰ）	1月につき	＊総単位数×5.9％（1単位未満の端数は四捨五入）

＊総単数とは，要介護度別基本サービス費＋各種加算・減算
頭蓋加算は，すべて契約者に加算され，区分支給限度基準額の算定対象外

【減算】

	単位数	費用額(10割)	利用者負担額		
			1割	2割	3割
事業所と同一建物に居住する者または同一建物から利用する者に通所介護を行う場合　1日につき	−94円	−1,024円	−102円	−205円	−307円

＊ただし，傷病その他やむを得ない事情により送迎が必要であると認められる利用者に対して送迎を行った場合は，この限りではない。

送迎なし（片道）	1回につき	−47円	−512円	−51円	−103円	−154円

【介護給付対象外サービスの利用料】

昼食代	1食	650円
おやつ代	1組	実費
個別に希望される活動に係る費用	1回	実費
サービス実地記録等の複写物の請求	1枚	10円

【昼食代不要時の負担額】　＊前日が休業日の場合は，直前の営業日

利用日の前日午後5時までに連絡をいただいた場合	負担額なし
利用日の先日午後5時から，当日の午前9時までに連絡をいただいた場合	400円
利用日の当日午前9時以降に連絡をいただいた場合	650円

資料5	個人情報同意書

個人情報の使用について（お願い）

　〇〇〇〇法人〇〇〇〇ではあなたおよびあなたのご家族の個人情報について，下記のとおり使用，提供または収集させていただきたいと思いますので，ご同意くださいますようお願いいたします。

1　利用目的
次のような場合に利用いたします。
（1）介護保険における介護認定の申請および更新，変更のため。
（2）利用者にかかわる介護計画（ケアプラン）を立案し，円滑にサービスが提供される
　　 たに実施するサービス担当者会議での情報提供のため。
（3）医療機関，福祉事業者，介護支援専門員，介護サービス事業者，自治体（保険者），
　　 その他社会福祉団体などとの連絡調整のため。
（4）利用者が，医療サービスの利用を希望している場合および主治医などの意見を求め
　　 る必要のある場合。
（5）利用者の利用する介護事業所内のカンファレンスのため。
（6）行政の開催する評価会議，サービス担当者会議。
（7）金銭管理，その他サービス提供で必要な場合。
（8）上記各号にかかわらず，緊急を要する時の連絡等の場合。

2　利用に当たっての条件
（1）個人情報を使用，提供および収集する場合には，利用目的における必要最小限の範
　　 囲内とします。
（2）個人情報の利用は利用者の同意を得ることなしに，サービス提供にかかわる目的以
　　 外に利用することはいたしません。また，利用者とのサービス利用にかかわる契約の
　　 締結前からサービス終了後においても，第三者に漏らすことはいたしません。
（3）個人情報を使用した会議の内容や相手方などについて経過を記録し，請求があれば
　　 開示いたします。

3　利用期間
　利用契約書に基づいて介護サービスを提供する期間とします。

個 人 情 報 使 用 同 意 書
　　　　　　　　　　　　　　　　　　　　　　　　〇年〇月〇日

〇〇〇〇法人〇〇〇〇　様

　私は事業者から個人情報の使用について説明を受け，私および私の家族の個人情報を上記の目的および条件で使用することに同意します。

　　　　　　　　　　　利用者　住所　〇〇市〇〇〇1－2－3
　　　　　　　　　　　　　　　氏名　〇〇 〇〇　　　　　　㊞

　　　　　　　　　　　代理人（代理人を選任した場合）

　　　　　　　　　　　　　　　住所　〇〇市〇〇〇4－5－6
　　　　　　　　　　　　　　　氏名　〇〇 〇〇　　　　　　㊞

> 同じ家族の名前を書いてもらう。

　　　　　　　　　　　家族（代表者）
　　　　　　　　　　　　　　　住所　〇〇市〇〇〇4－5－6
　　　　　　　　　　　　　　　氏名　〇〇 〇〇　　　　　　㊞

| 資料6 | 写真掲載承諾書 |

ご利用者様・ご家族様　　　　　　　　　　　　　　　　　　　　　　　　○年○月吉日

　　　　　　　　　　　　　　○○デイサービスセンター　　通所所長　　○○　○○

写真掲載についてのお願い

　日頃より，○○デイサービスセンターをご利用いただきましてありがとうございます。

　この度，○○○○法人○○○○○のホームページをリニューアルし，○○デイサービスセンターの事業内容など，今まで以上に見やすい内容となりました。当センターでは，現在広報誌，月間予定表などで活動状況の写真を掲載させていただくことがございます。これらはご家族様に当センターの活動内容を知っていただくことが目的で作成しておりますが，活動状況にはご利用者様のお写真が掲載されることがあります。

　つきましては写真掲載についてのご希望を伺いたいと思います。

　なお，月間予定表は当センターご利用の方のみの配布となりますが，ホームページ・広報誌は地域向けに発信することもございます。

　写真掲載についてのご希望を下記にご記入いただき，センターに提出いただきますようお願いいたします。

※掲載してもかまわない方は①に○を
　月間予定表のみ掲載可の方は②に○を
　すべてに掲載を希望しないの方は③に○を付けて提出お願いします。

> **利用者と家族から署名をもらう。**

> **選択してもらい，○で囲む。**

　　　　　　　　　　　　　　　　　　　　　　　お問い合わせください。

　　　　　　　　　　　　　　ービスセンター　電話　○○○○－○○○○　　担当　○○・○

- - - - - - - - - - - - - - - キ　リ　ト　リ　セ　ン - - - - - - - - - - - - - - -

①写真の掲載可　　　　　　　　　　　　　　　　　　○年 ○月 ○日
②月間予定表のみ掲載可
③掲載を希望しません　　　　利用者氏名　大田　花子　　　家族氏名　大田　太郎

| 資料7 | 理美容申込書 |

9月の理美容のお知らせ

　今月の予定は以下のとおりです。
　ご希望される方は，下記の申込用紙にご記入いただき，職員にお渡しください。

9月 9日（水）　　10：30 ～ 12：00

9月24日（木）　　10：30 ～ 12：00

※利用料金は1,000円です。美容師さんに直接お支払いしていただきますので実施日にご用意ください。
※顔そり，毛染め，シャンプーなどは致しません。
※ご自分で意思表示ができない方は，申込書に「○cmカット」というようにご希望を具体的にお書きください。

　　　　　　　　　　　　　　　　　○○デイサービスセンター
　　　　　　　　　　　　　　　　　電話　0000－0000　　担当　○

> **利用者と家族から署名をもらう。**

- - - - - - - - - - - - - - キ　リ　ト　リ　セ　ン - - - - - - - - - - - - -

【理美容申込用紙】

9月　9日　（水）　を希望します

　　　　　　　　　利用者氏名　○○○○　　　家族氏名　○○○○

※ご自分で意思表示ができない方は，ご家族様がどのくらいカットするか具体的にご記入ください。

> **家族から具体的に「○cmカット」などと記入してもらう。**

資料8　利用者フェイスシート

フェイスシート

> 市区町村名は，予め入力しておくとよい。

① 記入年月日　○　年　○　月　○　日
② 記入者　　　○○　○○

フリガナ		オオ○　ハナコ		生年月日	明治・大正・昭和 ○ 年　○ 月　○ 日		性別
本人氏名		大田　花子　様					男　(女)
現住所		○○市　○○○ 1-2-3			1. 同居世帯　2. 同居世帯（日中ひとり） (3) 高齢者夫婦世帯　4. ひとり暮らし		
電話番号・FAX		○○○○—○○○○					

緊急連絡先	① 氏名	大田　太郎　住所　○○市○○ 1-23-4 本人との続柄（ 長男 ）　同居・(別居)　（土日は仕事休み）	自宅 ○○—○○○○—○○○○ 携帯 ○○○—○○○○—○○○○ 会社
	② 氏名	大田　一郎　住所　○○市○○ 1-2-3 本人との続柄（ 夫 ）　(同居)・別居	自宅 ○○—○○○○—○○○○
	③ 氏名	住所 本人との続柄（　　　）　同居・別居	会社

> 家族に関するちょっとしたことをメモしておくと，相談員同士での情報共有に役立つ。

介護被保険者番号	○ ○ ○ ○ ○ ○ ○ ○ ○ ○

居宅介護支援事業所	○○○○○介護事業所　担当 ○○　TEL ○○○○—○○○○　FAX ○○○○—○○○○
	担当　TEL　FAX
	担当　TEL　FAX

病院・医師	○○ 病院　○○○ 科　医師 ○○　TEL ○○○○—○○○○
	病院　　　科　医師　TEL
	病院　　　科　医師　TEL

病　　　　　歴	家族の状況
① ○年　頃 ○○○○	
② ○年　頃 ○○○（0pe済み）	○○在住 土日仕事
③ ○年　頃 ○○○	
④ 頃	○○在住
⑤ 頃	
⑥ 頃	男性＝□、女性＝○　本人＝回、◎ 死亡＝■、● 同居＝「……（点線）」で囲む 主介護者は○で囲う
⑦ 頃	

> どの辺りに住んでいるのかなど，家族に関するメモを記入しておくと関係が分かりやすい。

○○○○法人○○○○○統一書式

資料9	連絡票

ご自宅より					
日付	年　　月　　日　（　　）				
朝食	食べた　・　食べない		下剤	した　・　しない	
排便	あり　・　なし		入浴	可　・　不可	
自宅での様子					
センターより					
日付	○年○月○日（○）				
体温	○　　℃		入浴	した　・してない	
血圧	○／○　mmHg		洗髪	した　・してない	
脈	○　回/分		排便	あり　・　なし	
主食	全量	副食	7割	水分	400 cc
午前中に入浴され，「さっぱりした」と喜んでいらっしゃ					
いました。午後は，仲の良い方と一緒に○○ゲームに					
参加されています。ゲームの後は，お疲れのようで					
ソファーで休まれていました。					
○○デイサービスセンター					

> デイサービス利用中の様子を記入する。

　契約をする際，事業者は契約書・重要事項説明書を利用者に渡した上で丁寧に説明することが義務付けられています。その上で，相手の同意を得て契約の締結を行います。契約書は，利用者と事業者が1部ずつ保管します。

　重要事項説明書には，事業の概要，職員体制・配置人数・業務内容，サービスの内容，営業日・営業時間，利用料金やその他の費用，緊急時の対応方法・事故発生時の連絡・対応などの記載が義務付けられています。これも説明をし，同意を得る必要があります。

　さらに，パンフレットやしおりを用いて，利用上の注意点や持ち物，事業所での過ごし方など説明し，分からないことがないように丁寧に答えて利用上の不安を軽減します。そのほか，ケアマネジャーからの情報の補足として，利用者の状況，要望や注意点を聴取します。

⑧利用開始

　利用者フェイスシート（**資料8**）や通所介護計画書に基づいて職員に目標の確認や注意事項を周知し，サービス提供を開始します。初日は，サービス提供終了時に初回利用状況をモニタリングし，その結果を家族やケアマネジャーに口頭で報告し

ます。家族やケアマネジャーは，うまくサービスを提供できたか，事業所になじめそうか心配しているからです。このように丁寧に報告することで，家族やケアマネジャーの信頼と連携が強まっていきます。

　また，事業所は，利用開始までにケアマネジャーから居宅サービス計画書（以下，ケアプラン）を受理し，それに沿った通所介護計画書を作成しなければなりません。もし利用開始までにケアプランが作成されていない，あるいは届いていない場合は，暫定通所介護計画書を作成して利用者に説明し同意を得ることが必要です。事業所は，通所介護計画書を作成せずにサービスを提供しても介護報酬を請求できませんので，注意してください。

2　通所介護計画書作成

1）通所介護計画を作成する前に

　通所介護計画を作成する前に，次の2つの考え方を理解しましょう。

（1）介護過程

　1つ目は介護過程（**図1**）です。介護を提供する時は，介護過程に沿ってサービスを進めていきます。介護の目的を実現するためには，客観的で科学的な思考と実践が求められますが，この過程に沿うことで場当たり的な介護ではなく，利用者がどのような状態になりたいのかを確認しながら，サービスを提供することができます。特に実地指導では，検査員がこの介護過程に沿って記録されているかを確認します。

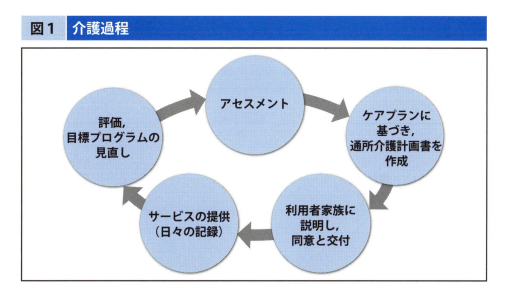

図1　介護過程

介護過程のプロセス

①まずアセスメントを行い，利用者の生活における解決すべき課題（生活課題〔ニーズ〕）を発見し，その課題の中からデイサービスが提供するサービスによって解決できる課題を選びます。

②次に，その解決策を利用者および多職種の職員で考え，通所介護計画書に，介護目標，介護期間，提供プログラムを定め，具体的に記述します。

③作成された通所介護計画書原案について利用者およびその家族に説明し，同意を得られれば，成案として，その通所介護計画書を利用者に交付します。

④日々のデイサービスで実施したプログラムや利用者の様子などを実施記録に残します。

⑤一定期間後（中間，期末など）に，目標が達成されているかを評価します。

⑥達成されていれば，新しい目標を設定するため，再アセスメントを行います。一部達成の場合は，その計画内容を継続または，一部変更を検討します（目標やプログラムを見直します）。未達成の場合は，達成できなかった原因を検証し，計画を修正する，もしくは他目標への変更を検討します。

（2）ICF

2つ目は，ICFです。利用者をアセスメントする時は，ICFの項目（「心身機能・身体構造〈生命レベル〉」「活動〈生活レベル〉」「参加〈人生レベル〉」）（**図2**）を参考にすると，各加算の目標が立てやすくなります。

「心身機能・身体構造〈生命レベル〉」とは，生理的機能（手足の動き，精神の働き，見ること，聞くこと）と身体の解剖学的機能（体の構造）で，デイサービスでは，個別機能訓練加算（Ⅰ）や口腔機能向上加算などが該当します。機能障害をどのように改善するかということになります。

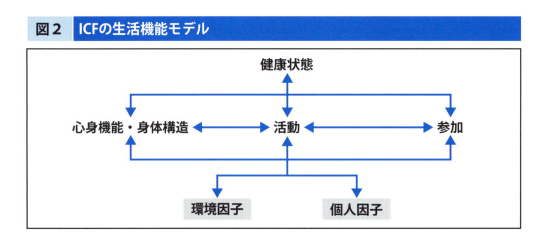

図2　ICFの生活機能モデル

〔例〕膝が痛い→膝の痛みを緩和する

食事がむせる→飲み込みやすくする

「活動（生活レベル）」とは，生きていくために必要なさまざまな生活行為（家事や余暇活動）のことです。デイサービスでは，個別機能訓練加算（Ⅱ）が該当します。活動制限を，どのように改善するかということになります。

〔例〕1人で浴槽に入れない→浴槽をまたげる

荷物を持てない→両手で荷物を持てる

「参加（人生レベル）」とは，家庭内役割，地域活動参加，仕事（ボランティア）のことです。デイサービスでは，通所介護計画の目標が該当します。デイサービスを利用することで，利用者の希望する人生をどのように実現できるのか，参加制約をどのように改善するのかということになります。

〔例〕調理がしづらくなった→調理法を工夫する

経験を生かしたい→ボランティアに行く

設定する目標の整合性を整えるためには，まず「参加」に該当する目標を決め，次にその目標のクリアに向けて「心身機能・身体構造」「活動」の目標を定めるとよいでしょう。「参加」の目標は，利用者にはやる気の源泉となりますので，利用者が実現したいことを丁寧に聴き取ることが必要です。また，各目標を達成しやすくするために，環境因子と個人因子の改善や支援を行っていきます。環境を整えるには，ケアマネジャー，家族，他職種，他事業者との連携が必要になります。

2）通所介護計画書とは

次に，市区町村で要介護の認定を受けて，常に介護を必要とするとされた人（要介護1〜5）の通所介護計画書について説明します。デイサービスは，居宅サービスとなり，要介護1〜5の状態にある人の状態の改善・維持を図るため，または悪化を防ぐため，その利用者にとって，必要なサービスを提供する目的があります。通所介護計画書とは，そのサービスの根拠となるものです。その法的根拠は次のように定められています。

【指定通所介護の具体的取扱方針〈平成11年3月31日厚生省令第37号〉】

第98条　指定通所介護の方針は，次に掲げるところによるものとする。

一　指定通所介護の提供に当たっては，次条第1項に規定する通所介護計画に基づき，利用者の機能訓練及びその者が日常生活を営むことができるよう必要な援助を行う。

つまり，デイサービスの提供は，通所介護計画に基づくということです。

3）介護予防通所介護計画書とは

　以前，介護予防サービス（予防給付）と呼ばれていたサービスは，介護予防・日常生活支援総合事業（新総合事業）に移行しました。要介護認定で，要支援1・2と認定された人と，地域包括支援センターで基本チェックリストを受け，事業対象者となった人が利用できるサービスになりました。少し分かりづらいのですが，地域の実情の違いから，市区町村でサービスの内容やルール（提供人員，金額，提供回数など）が異なります（詳しくは，P.107参照）。介護給付と比べると，生活機能の維持・向上により重点が置かれており，地域包括支援センターが介護予防ケアマネジメントを行います。

　地域包括支援センターが作成したこの介護予防ケアプランを基に，介護予防通所介護計画書を作成します。重要なのは，予防介護を視野に入れた目標を設定し，具体的内容を検討することです。「指定介護予防支援等の事業の人員及び運営並びに指定介護予防支援等に係る介護予防のための効果的な支援の方法に関する基準」には，次の事柄が規定されています。

【指定介護予防通所介護の具体的取り扱い方針〈平成18年3月14日厚生労働省令第37号〉】

第1条の2　指定介護予防支援の事業は，その利用者が可能な限りその居宅において，自立した日常生活を営むことのできるように配慮して行われるものでなければならない。

　2　指定介護予防支援の事業は，利用者の心身の状況，その置かれている環境等に応じて，利用者の選択に基づき，利用者の自立に向けて設定された目標を達成するために，適切な保健医療サービス及び福祉サービスが，当該目標を踏まえ，多様な事業者から，総合的かつ効率的に提供されるよう配慮して行われるものでなければならない。

　3　指定介護予防支援事業者は，指定介護予防支援の提供に当たっては，利用者の意思及び人格を尊重し，常に利用者の立場に立って，利用者に提供される指定介護予防サービス等が特定の種類又は特定の介護予防サービスの事業者若しくは地域密着型介護予防サービス事業者に不当に偏することのないよう，公正中立に行わなければならない。

第4条2　指定介護予防支援事業者は，指定介護予防支援の提供の開始に際し，あらかじめ，介護予防サービス計画が第一条に規定する基本方針及び利用者の希望に基づき作成されるものであること等につき説明を行い，理解を得なければならない。

　上記のことに留意し，私たち生活相談員は，さまざまな行為の中で利用者の能力を引き出し，自宅で生活する際にその能力が生かされるよう，身体的・精神的な自立支援を行う介護予防通所介護計画書を作成します。
　なお，新総合事業は，全国一律の報酬単価ではなく，市区町村で異なりますのでご注意ください。

4）通所介護計画書の作成にかかわるサービスの流れ

　デイサービスでは，次の流れでサービスが提供されます。通所介護計画書は，ケアプランに基づいた内容で作成します。そして，通所介護計画書の内容を利用者・家族に説明し，同意を得て，初めてサービス提供ができるのです。

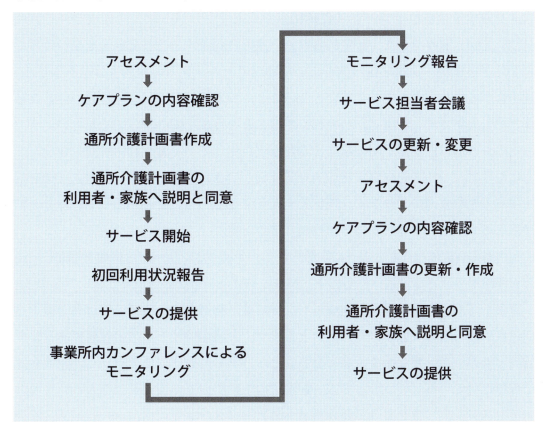

5）通所介護計画書作成の手順

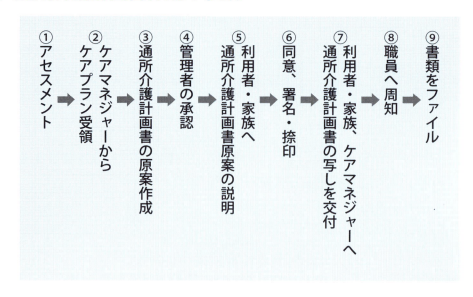

①アセスメント

　利用者が抱えている課題をアセスメントします。アセスメントは利用者のADLや既往歴など心身の状態を把握し，利用者が生活する上での課題を抽出します。アセスメントする項目は，シート（**資料10**）やチェックリストなどを作成し，それに基づいて聞き取りをします。定められた一連の質問をすることで課題を見つけることができますが，課題を見つけることだけがアセスメントの目的ではありません。利用者がこれからの人生でしていきたいこと，つまり「参加目標」を見つけることがとても大切です。利用者がわくわくすることをうまく聞き取ってください。

　この「参加目標」が不明確なまま課題を焦点化していくと，利用者ができないことにだけにサービスを提供する通所介護計画ができあがってしまい，自立支援を阻害する大きな要因になります。現状で本人ができていることや頑張っていることに焦点を当て，それを伸ばすことを目指しましょう。

　利用者の負担にならないように，あらかじめケアマネジャーから情報を聴取し，同じ質問を繰り返さないようにします。**表6**に挙げた項目を聞き取るとよいでしょう。

　介護予防通所介護計画書の作成に当たっては，利用者の介護予防や自立支援をしなければならない課題をアセスメントします。介護給付サービスの対象である要介護者との違いは，要支援1・2であることから基本的動作はほぼ自立し，記憶もほぼ保持されているということです。在宅での生活場面での関連動作能力という視点でアセスメントしましょう。要介護者へのアセスメントと同様，シートやチェックリストなどを作成し，それに基づいて介護予防の視点で聞き取りをします。

資料10 （介護予防）通所介護アセスメントシート

通所（予防）介護　アセスメントシート　【初回】

1. 基本情報

○年　○月　○日　現在

フリガナ 氏名	オオタ　ハナコ 大田　花子　様	性別	男　（女）	記入者	○○　○○
		生年月日			明治　・　大正　・　（昭和） ○年　○月○日　（　○歳）

現住所	〒○○○-○○○○ ○○市○○1-2-3	電話番号	○○○○-○○○○

介護保険情報	要介護度区分　要支援 1・2　　要介護 （1）・2・3・4・5	認定日　　○ 年　　○ 月　　○ 日
	認定有効期間	○.○.○ ～ ○.○.○
通所目的	定期的な外出，入浴	

2. 医療情報

現病歴・既往症	現病歴 ・高血圧 ・両膝関節変形症	既往症	・肺炎 ・白内障（Ope済）
服薬状況	利用時の服薬内容		朝のみ	病歴・既往・ 服薬等の情 報源	□本人　■家族（長男）□ケアマネジャー □その他（　　　　　　　　）
	処方情報書　有　（無）				

認知症高齢者の日常生活自立度	□自立　　□ I 　　■ II a　　□ II b　　□Ⅲa　　□Ⅲb　　□Ⅳ　　　□M
認定医療機関	○○病院	認定医師名	○○　○○

3. 日常生活動作

> 項目ごとにチェックする。

> ケアの留意事項を記入する。

	項目	センターにおける状況	備考
移動	歩行	■自立　　□見守り　　□一部介助　　□全介助	私物のシルバーカー持参。
	移乗	■自立　　□見守り　　□一部介助　　□全介助	
	寝返り	■自立　　□見守り　　□一部介助　　□全介助	
	起き上がり	■自立　　□見守り　　□一部介助　　□全介助	
	移動用具	□杖　　■カート　　□車いす　　□その他（　　　　）	
送迎内容	送迎	■送迎あり⇒A）家族（ 朝 ／ 夕 ）B）ヘルパー対応（ 朝 ／ 夕 ）C）自力 （ 朝 ／ 夕 ）	
	乗降方法	■ステップ　　□リフト　　□その他（　　　　　）	・特記バスポイント等
	乗降介助	□自立　　■見守り　　□一部介助　　□全介助	
食事	食事	■自立　　□見守り　　□一部介助　　□全介助	内服薬の関係でグレープフルーツ禁食。
	食事形態　主食	■普通　□軟飯　□粥　□ミキサー □その他（　　　　　　　）	
	食事形態　副食	■普通　□常食　□刻み　□極刻み □ミキサー　□なめらか　□トロミ使用	
	食事制限	□なし　■あり（ グレープフルーツ　　　　）	
	口腔衛生	■ブラシ　□磨き粉　□うがい　□他（　　　）	
	義歯	□なし　　□あり　　■総義歯　　□部分（　　　）	
	アレルギー	■なし　　□あり（　　　　　　　　　　　）	
	食事用具	□エプロン　　□スプーン　　□フォーク □滑り止めマット　□吸い飲み　□その他（　　　）	
排泄	排泄	■自立　　□見守り　　□一部介助　　□全介助	
	尿意	■あり　　□なし（　　　　　　　　）	
	便意	■あり　　□なし（　　　　　　　　）	
	おむつ使用	■なし　□リハパン　□テープ式　□パッド □失禁パンツ　□ストマ　□その他（　　　　）	
	トイレ使用	■トイレ　□ポータブル　□尿器　□バルーン	
入浴	入浴	□自立　　□見守り　　■一部介助　　□全介助	入浴後，背部に保湿クリーム塗布（背部以外は自分でできる）。
	入浴形態	■一般浴　　□リフト浴　　□機械浴　　□シャワー	
	着替え	□持参なし　■肌着　□全部　□その他（　　　）	
	シェーバー	□持参（毎回 ・ 預かり）　■ しない	
	塗布薬（浴後）	■あり（ 保湿用クリーム　　　 ）□なし	

生活相談員の業務手順　■　87

資料10の続き

4. 視覚・聴覚・コミュニケーション

コミュニケーション能力					
	視　力	■普通	□悪い	□不能	□眼鏡使用
	聴　力	■普通	□大声	□不能	□補聴器使用
	言　語	■普通	□不明瞭	□不能	

5. 認知機能及び周辺症状

認知機能	（5-ア～カ）　1 できる　2 できない　（5-キ～ク）　1 ない　2 ときどきある　3 ある				
5-ア　毎日の日課を理解することが	① 2	5-オ　今の季節を理解することが	① 2		
5-イ　生年月日や年齢を言うことが	① 2	5-カ　自分がいる場所を答えることが	① 2		
5-ウ　直前に何をしていたか思い出すことが	① 2	5-キ　徘徊が	① 2 3		
5-エ　自分の名前を言うことが	① 2	5-ク　外出すると戻れないことが	① 2 3		

周辺症状	1 ない　2 ときどきある　3 ある		
5-1　物を盗られたなど被害的になることが	① 2 3	5-12　ひどい物忘れが	① 2 3
5-2　作話をすることが	1 ② 3	5-13　意味もなく独り言や独り笑いをすることが	① 2 3
5-3　泣いたり笑ったり感情が不安定になることが	① 2 3	5-14　自分勝手に行動することが	① 2 3
5-4　昼夜の逆転が	① 2 3	5-15　話がまとまらず会話にならないことが	① 2 3
5-5　しつこく同じ話をすることが	1 ② 3	5-16　実際に見えないものが見えたり聞こえたりすること	① 2 3
5-6　大声を出すことが	① 2 3	5-17　暴言や暴行が	① 2 3
5-7　介護に抵抗することが	① 2 3	5-18　火の始末や火元の管理ができないことが	① 2 3
5-8　「家に帰る」などと言い落ち着きがないことが	① 2 3	5-19　不潔な行為を行うことが	① 2 3
5-9　1人で外に出たがり目が離せないことが	① 2 3	5-20　食べられないものを口に入れることが	① 2 3
5-10　いろいろなものを集めたり無断で持ってくることが	① 2 3	5-21　その他	
5-11　物を壊したり衣類を破いたりすることが	① 2 3		

在宅における5-ア～21における具体的症状

6. 生活活動

生活歴職歴	○○市生まれ。3人姉妹の長女。20歳で結婚し、1男1女もうける。職歴はなく、専業主婦。町内会では婦人会の役員を務める。
性格趣味	社交的。責任感が強く、面倒見が良い。
本人　家族の要望	本人：子どもたちに迷惑を掛けずに暮らしていきたい。 家族（長男）：楽しく過ごしてもらいたい。
好きな言葉思い出の場所	○○県○○。新婚旅行で訪れた場所。もう一度家族で行きたい。

＞ 本人や家族から得た情報を記入する。

7. 特記事項　（個別対応，介護の問題点，留意事項などを記入。センター利用にあたっての課題等を記入する）

・ADLはほぼ自立。人に頼らず何でも自分でやろうとするため、自宅で転倒したことがある。
・手先が器用で、若い時に洋裁が得意だった。簡単な縫い物であれば今でもできる。

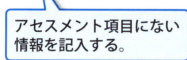

＞ アセスメント項目にない情報を記入する。

表6	アセスメント項目

- 歩行
- 食事
- 着脱衣
- 排泄
- 本人の趣味
- 家族の希望　など

- 動作
- 会話（コミュニケーション）
- 入浴
- 医療面（認知症の有無や既往歴，薬）
- 本人の希望

②ケアマネジャーからケアプラン受領

通所介護計画書は，ケアプランに沿って作成しなければなりません。そのため，作成に当たっては，必ずケアマネジャーからケアプランを受け取りましょう。

なお，ケアプランが交付されない場合は，暫定通所介護計画書を作成し，ケアプランを受領した後に，改めてそのケアプランに沿ったものであるか確認し，必要に応じて変更します。

③通所介護計画書の原案作成

④管理者の承認

通所介護計画書原案の作成に当たっては，サービス担当者会議の内容，ケアプラン，アセスメントを参考に作成します。作成後は，管理者の承認を経て利用者・家族に説明し，同意を得ます。これにより，通所介護計画書原案は成案となります。通所介護計画書（**資料11**）の作成に当たっては，次の項目を記入します。

【有効期間】

利用者の介護保険有効期間を記載します。

【サービスの提供を行う期間】

当該通所介護計画書のサービスを提供する期間です。「3カ月」といった表記ではなく，「○月○日～○月○日」とそのサービスの開始時期と終了時期を記入します。

【居宅（介護予防）サービス計画】

ケアプランの長期，短期の計画を記載します。

【（介護予防）通所介護計画】

ケアプランの長期・短期目標を受け，デイサービスの事業所として設定する介護計画・目標を記載します。デイサービスの中で提供できる援助を視野に入れた上で，達成できそうな目標を設定します。

生活相談員の業務手順　89

資料11　（介護予防）通所介護計画書

通所介護計画書

○○デイサービスセンター
作成年月日　　　　○年○月○日　　　　　　　　　　　　　　　作成者

> 作成年月日と生年月日を入力すると，年齢が自動計算される。

利用者名	」	男・女	昭和○年○月○日 生　### 歳

住所	○○区

介護保険有効期間	～	要介護度

通所介護計画　期間	～

管理者	○○ ○○	所属および所在地	○○デイサービスセン	○○

バス時間（迎えと送り）：別紙送迎表による

> 始まりと終わりの時間を入力すると，「所要時間」に反映される。

日課プログラム	（午前予定時間）	（サービス提供内容）	プログラムの所要予定時間	所	（午後予定時間）			所
	10時25分 ～	サービス提供開始		程度	12時 分 ～	カラオケ	1:00	程度
	10時25分 ～	健康チェック	0:20	程度	14時30分 ～	レクリエーション	0:45	程度
	10時45分 ～	入浴	0:45	程度	15時15分 ～	おやつタイム	0:15	程度
	11時30分 ～	水分補給	0:	程度	15時30分 ～	サービス提供終了		程度
	11時40分 ～	午前活動等/集団体操	1:00	程度	～			程度
	12時00分 ～	脳トレ/口腔体操	0:20	程度	～			程度
	12時20分 ～	昼食/口腔ケア	1:10	程度	～			程度
	～			程度	～			程度
	～			程度	～			程度

> 該当する時間に○印を付ける。

所要時間	5時05分	3時間～4時間	4時間～5時間	5時間～6時間	6時間～7時間	7時間～8時間	8時間～9時間

解決すべき課題	目　標
閉じこもりがちで，夫以外の人と話をする機会がない。	定期的に通所し，他者と会話をすることで心身の活性化を図る。
自宅での入浴が困難。	安全に安心して入浴することで，清潔を保持する。

介護内容	手順・留意事項	頻度	担当者
送迎（ステップ），移動（私物シルバーカー）	安全に乗降車できるよう，見守ります。	月・木	生活相談員介護職員看護職員機能訓練指導員
健康チェック，入浴（一般浴），水分補給	入浴では，ご自身でできることはしていただき，できない部分をお手伝いします。皮膚に異常が見られる場合は，ご連絡します。		
午前活動等，集団体操，リズム体操，脳トレ，カラオケ，余暇活動，季節行事，外出訓練活動，日常生活動作訓練活動等	他者と交流し，楽しく体を動かせるよう活動参加を促します。外出訓練活動では，地域社会交流や屋外移動方法の効果を目的として行います。タオルたたみやエプロン干しなど，役割を担っていただくことで，日常生活動作の維持を図ります。		
個別機能訓練	自宅の階段昇降が安全に行えるよう，主に下肢筋力の維持・向上を目指したプログラムを実施します。		
振替・臨時利用	ご希望がある際にはご相談ください。		

評価	別紙モニタリング報告書による。

本人及び家族の意向
本人：このまま家で暮らしていきたい。家族（夫）：手伝ってあげたくてもできないことが多くなってきた。このままデイサービスを利用していきたい。

> 居宅サービス計画書に記載されている本人および家族の意向を記入する。

通所介護計画書について説明を受け，内容に同意しましたので受領します。

説明・同意日	年	月	日
説明者			
署名			
利用者氏名			
代筆者氏名		続柄（　　　　代筆）	

注意：本人に代わって，代筆者がサインされる場合は，署名欄に利用者氏名，代筆者氏名・続柄をご記入ください。

備考欄（法人記入欄）

備考欄（法人記入欄）

【利用者及び家族の意向】【サービス利用上の留意事項】

　利用者・家族の希望や意向，留意しなければいけない点を記載します。

【援助内容】

　事業所で利用中に提供されるサービスを記入します。サービス区分の根拠となるものです。その利用者にかかわるサービスごとのおおよその所要時間も記載します。これを通所サービス計画と言います。この所要時間の積算が報酬算定区分（3〜4時間，4〜5時間，5〜6時間，6〜7時間，7〜8時間，8〜9時間）になります。

【個別援助内容】

　事業所として設定した介護計画・目標に向けた具体的な援助内容と留意事項を項目別に記載します。

【サービスの実施状況及び目標の達成状況】【評価】

　サービスの提供を行う期間が終了または更新の時期になった時に，これまでのサービスの提供状況と目標に対しての達成状況および評価をモニタリングの内容を記載します。

⑤利用者・家族へ通所介護計画書原案の説明

⑥同意，署名・捺印

　通所介護計画書の原案を作成し，管理者の承認を得たら，利用者・家族に連絡を入れ，説明のために訪問します。通所介護計画書の原案の内容を利用者・家族に説明し，利用者・家族の同意を得て，署名・捺印をもらいます。ただし，捺印は必須ではありません。利用者・家族から記載内容の変更・訂正の依頼があれば再作成します。

⑦利用者・家族，ケアマネジャーへ通所介護計画書の写しを交付

　事業者は，利用者・家族の同意を得た通所介護計画書の写しを利用者・家族とケアマネジャーに交付します。

⑧職員へ周知

　通所介護計画書の交付が済んだら，事業所の全職員に通所介護計画書のサービス内容を周知させ，サービス利用開始に備えます。カンファレンスを開催したり，リーダーに伝達したり，回覧したりして周知させましょう。

⑨書類をファイル

　通所介護計画書の目標やサービス内容に沿ったサービスを提供することが必要なので，職員が何度でも確認しやすい方法でファイルします。

保存期間は，サービス提供が終了してから2年間となりますが，都道府県（市区町村）によっては3年間以上の場合がありますので，保険者に確認してください。

6）計画書作成時の注意点

通所介護計画書作成に当たっては，次の点に注意しましょう。

①丁寧語を使う。

②利用者の気持ちに配慮をする。

〔例〕おやつ→間食，おむつ→パッド

③具体的な述語を使用する。

抽象的な単語は避けます。

〔悪い例〕「安全・安心」「注意します」「配慮します」など

〔良い例〕「転倒を防止する」「1対1で対応します」「食事介助します」「毎回声かけします」

④文字の量に気をつける。一文が長いと読む側も理解しにくくなるので，一文には1つの内容・事柄でまとめる。

〔例〕糖尿病のため，ごはんは小盛りで提供します。

⑤本人および介護者の希望を実現するため，目標設定や具体的なサービス内容を数値化する。

〔例〕フロアー内では，100m以上歩行する。

⑥予防という視点で計画書を作成する。

予防という概念は，要支援の人のみを対象としたものではありません。

⑦自立支援という視点で計画書を作成する。

自分でできることは自分でするという考え方です。

3 モニタリング

1）モニタリングとは

　通所介護計画書に沿って提供したサービスの実施状況の点検と目標の達成状況，そして当該通所介護計画書の評価を一定の方法によって行います。今後の通所介護計画書の目標の設定や新たな課題の抽出につなげていきます。

　介護に関する記録は，介護過程（P.81参照）に沿って記録しなくてはいけません。通常，介護目標で設定された期間の期末に評価を行いますが，期間の中間で評価することをモニタリングと言います。このモニタリングでは，計画どおりサービスが提供されたか，介護目標をどれだけ達成したかを確認します。必要があれば，目標や期間の再設定したり，具体的な改善策としてプログラムを変更したりします。

　プログラムの進捗は，日々の実施記録で確認します。モニタリングの際は視点を変え，介護目標が達成されているか，達成されていないのであればどうすれば達成しやすくなるのかを客観的に確認するとよいでしょう。

　時々，（介護予防）通所介護計画書の評価の欄に，介護目標と関係ないコメントが記述されているのを見かけますが，期末の評価やモニタリングでは，介護目標が達成されているか否かをきちんと記録しましょう。そして，通所介護計画書の修正が必要であれば，カンファレンスを行い，具体的に変更しましょう。

　そのためにも，介護目標はより具体的に，何をクリアすれば介護目標が達成できるのかを利用者が理解しやすいものになっていることがポイントです。

〔例〕300m先のコンビニエンスストアに週３回買い物に行ける。

　介護目標が明確であれば，このモニタリングの時間は，ここ数カ月間頑張ったことに対する充実感を利用者・職員と分かち合える機会であり，後半数カ月の取り組みを確認する機会でもあります。その時に，サービスの改善点や満足度なども併せて確認すると，さらに有効です。

　モニタリングでは，サービスを提供した際の利用者の言動や様子などの情報を得て評価などに活用していきます。評価は，独断で行うのではなく，多職種，複数人で構成されたカンファレンスによって行います。

　提供されたサービスによって通所介護計画書の目標が達成できているかをサービスの更新時や利用者の状態変化時にモニタリングすることと，１カ月に１回利用者

の利用時の様子をケアマネジャーに報告することによって，通所介護計画書およびケアプランを進行管理するのです。

　事業所は利用者の状況を把握して，状況に変化や変更があれば，ケアマネジャーに報告します。それに伴いケアプランの変更などがあった場合は，通所介護計画書も連動して変更しなければなりません。

　介護予防通所介護計画のモニタリングの時期について，基準省令などでは明確な時期は示されていませんが，「当該介護予防通所介護計画に記載したサービスの提供を行う期間が終了するまでに，少なくとも一回は，当該介護予防通所介護計画の実施状況の把握（「モニタリング」）を行うものとする」（厚生労働省令第35号第109条）と定められています。しかし，介護予防通所介護の場合，これとは別に「介護予防通所介護計画に基づくサービスの提供の開始時から，少なくとも一月に一回は，当該介護予防通所介護計画に係る利用者の状態，当該利用者に対するサービスの提供状況等について，当該サービスの提供に係る介護予防サービス計画を作成した指定介護予防支援事業者に報告する」（厚生労働省令第35号第109条），「介護予防支援事業者に対する実施状況等の報告については，サービスが介護予防サービス計画に即して適切に提供されているかどうか，また，当該計画策定時から利用者の状態等が大きく異なることとなっていないか等を確認するために行うものであり，毎月行うこととしている」（老企第25号）とされていることから，毎月ケアマネジャーに報告する義務が規定されています。

2）モニタリングの手順

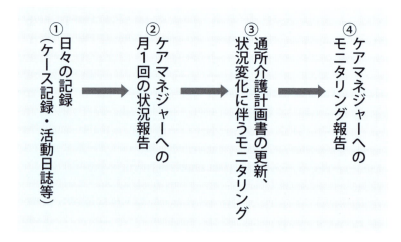

①日々の記録（ケース記録・活動日誌等）

日々の記録は，日常的に行うモニタリングです。この日々の記録は，サービスの実施状況や観察・洞察の積み重ねであり，通所介護計画書の目標の進捗と評価・課題の抽出の基になります。

②ケアマネジャーへの月1回の状況報告

日々の状況を担当のケアマネジャーに報告します。もちろん，日々の利用の中で，変化や援助に関して常に報告する必要はありますが，月1回1カ月の状況をまとめて報告します。サービス提供表と一緒に簡単に報告するのがよいでしょう。

③通所介護計画書の更新，状況変化に伴うモニタリング

通所介護計画書の更新時や利用者の状況が変化した時には，サービスにかかわる職種が集まってカンファレンスを開催します。サービスの見直しや実施状況の確認が必要なことから，通所介護計画書を更新・再作成するためにモニタリングを行います。通所介護計画書の目標が達成できたか，できなかったか，変更が必要か，継続する方がよいのか，今後のサービスの展開を図る上でも検討を行います。

④ケアマネジャーへのモニタリング報告

通所介護計画書更新時，状況変化のモニタリングを事業所内で行い，その結果をケアマネジャーに書面（**資料12**）で報告します。ケアマネジャーは，このモニタリング報告によって，サービス担当者会議の開催とケアプランの検討につなげていきます。

サービス担当者会議の開催に当たっては，事業者として準備しなくてはなりません。

3）モニタリングの内容・項目

モニタリングの項目は，基本的に通所介護計画書のサービス提供にかかわる内容に沿って記録と連動させるとよいでしょう。モニタリングでは，次のことについて，多職種，複数人でカンファレンスを行い評価します。

①計画に沿ったサービスが提供されていたか。
②計画の目標達成に向けたサービス提供となっていたか。
③立てた計画の目標は達成できたか。
④計画に基づいたサービスを提供することで，新たな課題が発生したか。

この4つの観点からモニタリングを進め，更新時や変更時の目標や課題につなげていくことが大切です。

サービス担当者会議の開催に当たり，事業者として準備しなくてはなりません。

資料12　モニタリング報告書

モニタリング報告書

新規　・　認定更新　・　見直し　・　状況変化　・　退　院　・　その他

	担当	所長

ご利用者氏名	大田　花子　様	生年月日	昭和○年○月○日
居宅介護支援事業者名	○○介護事業所	担当ケアマネジャー	○○　○○
居宅介護計画期間	○年○月○日　～　○年○月○日		

状況確認　　　　　　　　　　　　　　　　　　　　　　**変更**　　　　　　　**変更対応**

【送　迎】ステップ乗車・リフト乗車・職員送迎・自〔　なし　・あり〕→

【移　動】自立・見守り・一部介助・全介助・車椅子自操・車椅子介助〔　なし　・あり〕→

該当するものに○印を付ける。

【排　泄】自立・見守り・一部介助・全介助〔　なし　・あり〕→

【食　事】自立・見守り・一部介助・全介助〔　なし　・あり〕→　○○○のため変更

【食事形態 主食】普通飯・軟飯・粥・パン・ミキサー〔　なし　・あり〕→

副食〔普通・常食・刻・極刻・なめらか食・ミキサー〕〔　なし　・あり〕→

状況確認に変更があった場合対応を記入する。

【入　浴】一般浴・リフト浴・機械浴〔自立・見守り・一部介助・全介助〕〔　なし　・あり〕→

【その他】

サービス実施報告事項

・送迎は，ステップにて乗降車が継続できています。

・移動は，ゆっくりと歩行されており安定しています。

・昼食/排泄は自立。

・入浴では，背部のみ洗体介助をしています。その他は，ご自身でできています。

・他者との交流も良好で，いつも笑いが絶えません。

・個別機能訓練では，ご自身で膝の痛みに留意しながら参加されています。

（介護予防）通所介護計画書の目標の達成状況を記入する。

介護状況目標・の評価達成

・定期的に通所し，他者と交流することで心身の活性化を図る。→目標達成，継続が必要。

・安全に安心して入浴する→定期的に入浴することで皮膚状態も良く，清潔が保たれています。目標達成，継続が必要。

課題

・膝の痛みがあるため，ご本人と相談しながら下肢筋力が低下しないよう訓練を継続します。

目標の達成状況が思わしくない場合は，その要因やサービス担当者会議にはかる新たな課題を記入する。

作成日	○年○月○日	年　　月　　日	ご家族
		年　　月　　日	ケアマネ

報告者　　　○○○○

○○デイサービスセンター

4 サービス担当者会議

1）サービス担当者会議とは

　サービス担当者会議は、新規にケアプランを作成した場合、要介護度更新時または要介護度変更時を目安に開催することが定められています。また、ケアプランを変更する際にも、関係者の意見を集約することが義務付けられています。

　このサービス担当者会議では、新たなケアプランを作成するために、さまざまなサービス関係者が協力して、利用者の身体状況や環境、家族のことなど話し合い、利用者の希望や困っていることなどを聴取します。そして、利用者のニーズを明確化して整理し、その利用者にかかわる関係者たちで「利用者の望む生活を実現」させるために、目標の共有化を図ります。

2）サービス担当者会議の手順

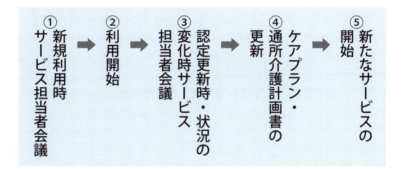

①新規利用時サービス担当者会議 → ②利用開始 → ③認定更新時・状況の変化時サービス担当者会議 → ④ケアプラン・通所介護計画書の更新 → ⑤新たなサービスの開始

①新規利用時サービス担当者会議

　ケアマネジャーは、その利用者が希望すること、困っていること、目標（例えば、トイレまで歩けるようになりたい、介護で疲れて困っている家族への対応など）を利用者や家族から聞き取り、会議までにケアプランを作成しています。サービス担当者会議に出席する生活相談員は、利用者にどのような課題があってデイサービスを利用するのか、利用者がデイサービスでどのように過ごしたいと考えているのかなどニーズの把握と通所介護計画書の目標の確認を行います。

　そのほか、利用に際して**表7**に挙げた事柄については確認しておきましょう。

②利用開始

　通所介護計画書に沿ったサービスを提供します。通所介護計画書に基づいて、職員全員が計画を理解して、その利用者が自立した生活を継続できるように支援します。

表7	新規利用時サービス担当者会議の留意点

①発熱，持病の発症等急変時の緊急対応を確認しておくこと。
②主治医から医療的内容とその対応を確認しておくこと。
③通所介護計画書の解決すべき課題と目標を確認しておくこと。
④予防給付については，運動器機能向上，栄養改善，口腔機能向上の支援目標などを確認しておくこと。

表8	認定更新時・状況の変化時サービス担当者会議での留意点

①その利用者の状態を一番よく把握しているという自覚を持つこと。
②ケアマネジャーとは同等の立場であるという認識を持つこと。
③本人や家族，ケアマネジャーの御用聞きにならないこと。
④サービス担当者会議後は，必ずケアマネジャーから会議の要点等の記録をもらい，内容を確認すること。
⑤モニタリングの結果を説明すること（より具体的に説明する）。更新の際の目標・ニーズの確認すること。
⑥サービス利用を通して，ケアプランに挙げる新たな課題を報告すること。

③認定更新時・状況の変化時サービス担当者会議

　ケアマネジャーは，サービス担当者会議までにデイサービスやそのほかのサービスからのモニタリングを活用したり，直接利用者や家族から聞いたりしながら，新たなケアプランを準備します。ですから，事前にデイサービスからモニタリングの結果を報告しておきましょう。

　サービス担当者会議に出席する生活相談員は，サービス提供時に得たその利用者の情報や状況をしっかりと把握し，利用者が「〜したいこと」「〜できること」「〜できないこと」を誰よりも伝えられる立場にあるはずです。**表8**の事柄に留意して，サービス担当者会議に臨みます。

④ケアプラン・通所介護計画書の更新
⑤新たなサービスの開始

　サービス担当者会議の内容を反映し，ケアマネジャーがケアプランを作成します。事業者はその計画を基に通所介護計画書を作成し，サービスの開始につなげていきます。

　サービス担当者会議を開催して新たな通所介護計画書の原案を作成し，利用者・家族に説明し同意をもらうというここまでの手順は，更新期限後の新たなサービスの開始（初回利用日）までに終了しておくことが必要です。

5　サービス提供票

1）サービス提供票とは

　ケアマネジャーが利用サービスについて，1カ月のプランを作成し，サービス提供票として表記します。1カ月間ごとの介護保険サービス提供計画とも言えます。利用者に同意を得てから，そのサービス提供票を関与する事業者に配布します。サービス提供票を受け取った事業所では，その内容に合わせて介護保険サービスを提供しなければなりませんし，ケアプランに掲載されていない事業所が介護保険サービスを提供しても介護報酬を請求することはできません。

2）サービス提供票の流れ

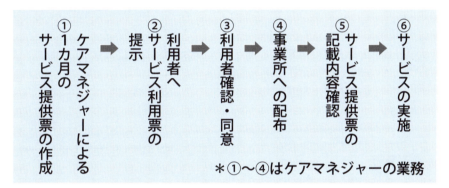

①ケアマネジャーによる1カ月のサービス提供票の作成
②利用者へサービス利用票の提示
③利用者確認・同意
④事業所への配布
　①〜④はケアマネジャーの仕事です。
⑤サービス提供票の記載内容確認
　サービス提供票が届いたら記載内容（**表9**）を確認し，不明な点があればケアマネジャーに問い合わせます。
⑥サービスの実施
　通所介護計画書の目標を職員に周知させ，計画に沿ったサービスを提供します。
　サービス提供票から利用者の利用日を把握し，間違いのないように利用者を迎えに行きます。ショートステイを利用している最中に，迎えに行くことのないように注意しましょう。

表9	サービス提供票で確認すべき内容

認定済みなのか，申請中なのか	区分変更・更新などの理由で認定結果が出ていないと，正式な請求ができず，月遅れ請求になることがある。
要介護度	要介護度の違うサービス提供票では，月の単位数が違う。
サービス内容	デイサービスの種別（小規模，通常規模，大規模，一般，認知症対応型等），サービス区分（3〜4，4〜5，5〜6，6〜7，7〜8，8〜9時間）を確認する。サービス提供票別紙も必ず確認すること。誤りがあれば月の単位数も違ってくる。
利用曜日	利用者が利用する曜日。ショートステイや所用により利用しない日もあるので，必ず確認する。
利用開始時間	実際のサービス提供時間と合っているのか，通所する準備や帰宅受け入れのために訪問介護サービスがデイサービスの前後に入っているか確認する。
利用限度額	要介護度により月の限度額が違う。限度額を超すと全額自己負担（10割負担）。別紙の区分支給限度額を超える単位数の欄に超えた分の単位数が提示されている。自分たちの事業所か他事業所が10割利用者自己負担になるのか確認する。
加算減算の確認	入浴加算，中重度者ケア体制加算，認知症加算，機能訓練加算などが計上されているか確認する。

6 給付管理

1）給付管理とは

　居宅介護支援事業者によるサービスの実績管理（ケアマネジャーによる実績管理）と居宅サービス事業者による実績管理（デイサービスからの介護報酬請求）が1月を単位として行われます。居宅サービス事業者は，サービス実績をデータ化して介護報酬請求という形で国民健康保険団体連合会（以下，国保連）に提出します。国保連は，ケアマネジャーからの給付管理表を基にデイサービスからの介護報酬請求を突き合わせ・審査してから適合したものだけを，居宅サービス事業者（デイサービス事業者）に居宅介護サービス費（介護報酬）として支払います。このサービス実績（介護報酬請求）と介護報酬の管理を行うことを給付管理と言います。

　デイサービスにおける給付管理は，ほとんどの事業所で介護報酬請求用ソフトを購入し，そのシステムの流れに沿って給付管理を行っています。ここでは，基本的な給付管理の流れを説明します。

2）給付管理業務の手順

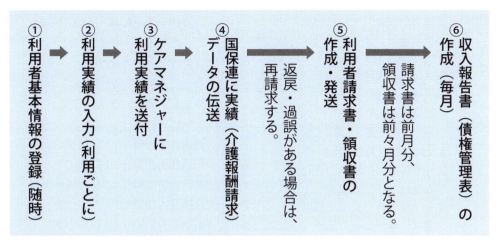

①利用者基本情報の登録（随時）

利用者の基本情報（**表10**）を登録します。

②利用実績の入力（利用ごとに）

提供しているサービスの実績を入力します（**表11**）。加算の種類によっては，1回ごとに加算できるものや月の限度額が設定されている加算があるので注意が必要です。

③ケアマネジャーに利用実績を送付

④国保連に実績（介護報酬請求）データの伝送

国保連への実績（介護報酬請求）データ伝送は，毎月10日が締め日となっています。伝送にミスが生じた場合を考えて，前日までには伝送を終了しておくことができるようにスケジュールを立て（**表12**），報酬明細書を作成します。

⑤利用者請求書・領収書の作成・発送

利用者請求書の作成・発送（中旬）

食事のキャンセル料やその他実費徴収分に漏れがないか確認します。

領収書の発行・発送（翌月の中旬）

利用者から徴収する金額（1割・2割負担，食費，その他実費）が銀行などの金融機関から引き落とされているかどうかを確認し，確認がとれたら領収書を発行します。

表10	登録する基本情報

- 利用者の氏名・性別・生年月日・住所・電話番号
- 居宅介護支援事業者事業所名・事業者番号
- 被保険者番号，保険者番号，要介護度，認定年月日，認定の有効期間

表11	利用実績の入力内容

・利用者名　　　　・利用日　　　・サービス提供時間

・諸加算

介護給付：入浴介助加算（1回につき）	口腔機能向上加算（月2回程度）
中重度者ケア体制加算（1日につき）	同一建物減算単位減算（1日につき）
生活機能向上連携加算1（月1回）	送迎減算（1回につき）
生活機能向上連携加算2（月1回）	サービス提供体制加算Ⅰ1（1日につき）
個別機能訓練加算Ⅰ（1日につき）	サービス提供体制加算Ⅰ2（1日につき）
個別機能訓練加算Ⅱ（1日につき）	サービス提供体制加算Ⅱ（1日につき）
ADL維持等加算Ⅰ（月1回）	処遇改善加算Ⅰ（1日につき）
ADL維持等加算Ⅱ（月1回）	処遇改善加算Ⅱ（1日につき）
認知症加算（1日につき）	処遇改善加算Ⅲ（1日につき）
若年性認知症受入加算（1日につき）	処遇改善加算Ⅳ（1日につき）
栄養改善加算（月2回程度）	処遇改善加算Ⅴ（1日につき）
栄養スクリーニング加算（1回につき）	

表12	国保連伝送までのスケジュール

毎月1～3日：前月分の利用実績を確認し，ケアマネジャーに報告
　　4～6日：ケアマネジャーから問い合わせや修正などの連絡がなければ，介護報酬明細書を作成
　　7～9日：国保連に実績（請求）データを伝送

　利用者から徴収する方法には，金融機関からの引き落とし，金融機関への振り込み，事業所が直接利用者から現金を受け取るなどがあります。

返戻・過誤の確認

　国保連より毎月送付される返戻（保留）一覧表で，介護報酬請求が適切に処理されているかを確認します。返戻・過誤の原因の多くは，利用者基本情報の入力ミスやケアマネジャーの給付管理表とに不整合が生じた場合です。ケアマネジャーとの不整合が生じたことが考えられるのであれば連絡し，再度給付管理表を提出してもらうなど，デイサービスからケアマネジャーに連絡します。

　なお，返戻・過誤の原因が分からない場合は，直接国保連に問い合わせ，原因を調べます。

⑥収入報告書（債務管理表）の作成（毎月）

　次の内容を確認し，収入報告書（債権管理表）を毎月作成します。

・利用者からの1割・2割負担分，食費，実費徴収分が適切に処理されているか。

・国保連への介護報酬請求について，8割・9割分が適切に処理されているか。

・請求単位数と国保連審査決定単位数が一致しているか。

・未収金や預かり金が生じた場合は，適切に処理されているか。

7　進捗管理

1）進捗管理とは

　デイサービスでは，それぞれの利用者に対して通所介護計画に沿ったサービスを提供するため，通所介護計画書の更新や変更などによるモニタリング，サービス担当者会議，通所介護計画書作成に至る事業所内の進捗管理が必要です。

　通所介護計画書の更新・変更の時期は，ケアマネジャーが作成したケアプランの短期目標の期間終了とケアプランの変更時です。利用者ごとに進捗管理表を作成し，個々の利用者の更新時期を把握します。

　ここでは，通所介護計画書の更新時期における基本的な進捗管理について説明します。

2）進捗管理の手順

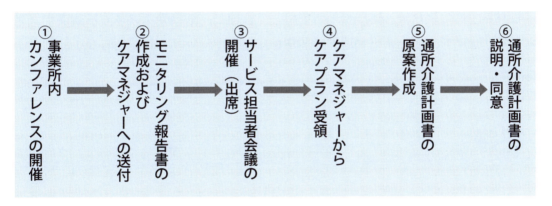

①事業所内カンファレンスの開催

　通所介護計画書の更新期限のおよそ2週間前に，事業所内でカンファレンスを開催し，それぞれの利用者の通所介護計画の目標，サービス内容のモニタリング・評価をします。

②モニタリング報告書の作成およびケアマネジャーへの送付

　カンファレンスで評価した内容に沿ってモニタリング報告書を作成し，ケアマネジャーに送付します。サービス担当者会議開催前までにケアマネジャーに届くようにしましょう。

③サービス担当者会議の開催（出席）

　ケアマネジャーが更新期限の2週間前から1日前にサービス担当者会議を開催し

ます。目標，サービス内容，期間等を検討し，利用者・家族を含む出席者の合意を得ます。デイサービスは，この会議に出席し，モニタリング結果を踏まえた上で確認事項や新たな課題について提案し，検討します。

④ケアマネジャーからケアプラン受領

サービス担当者会議が終了すれば，ケアマネジャーはケアプランを作成します。通所介護計画書の作成のためにも，ケアプランを必ず受領しましょう。

⑤通所介護計画書の原案作成

ケアマネジャーからケアプランを受領したら，それを基に通所介護計画書の原案を作成します。更新期限の1日前までには作成します。

⑥通所介護計画書の説明・同意

通所介護計画書の原案を作成したら，更新期限後最初の利用日までに利用者・家族に通所介護計画書の説明をし，同意を得，署名・捺印をしてもらいます。同意日の記載も忘れないでください。介護報酬算定できるのは，同意日以降の介護保険サービスだけです。

これら一連の流れは，進捗管理票を用いて管理し，漏れのないようにします。進捗管理票は更新月別に該当利用者の名簿を作成して，完了したかどうかチェックするとよいでしょう。

8 記録

1．記録の重要性

記録には，デイサービスで一日を通じて提供した具体的なサービス内容，利用者の状態の変化，通所介護計画書に沿ったケアが行われているか，利用者・家族や他関係機関とのやりとりなどの記載が必要です。客観的に利用者の状況を把握できることが重要です。事業所で定められた様式に従って記録します。特に，通所介護計画書の目標に関することを重点的に記録しておくと，モニタリングを行う時に読み取りやすくなります。

また，地域密着型通所，一般通所など複数のカテゴリーのサービスを同時に提供している場合は，事業ごとに記録をファイルする必要があるので注意しましょう。

2．経過記録・事故記録・会議録

1）経過記録（ケース記録）

　生活相談員は，相談業務を円滑に遂行するために利用者・家族・他関係機関・他職種などとのやりとりを正確に文章化し，利用者のニーズや説明，情報提供した内容，結果などを経時的にケース記録（**資料13**）に残し，各利用者を理解・把握できるように記入します。また，このケース記録は通所介護計画書のモニタリングに大いに活用していきます。

資料13	ケース記録

○年　　　　　　　　　　　　　　　　　　　　　　　　○○　○○　様

項目は下の表から選択する。

記入した職員がサインする。

日付	項目	介護　・　健康　・　相談	記入者サイン
4月3日	Fa	次回の通所は定期通院のためお休みすると長女から連絡を受ける。	○○
4月10日	食事	通常の食事形態は主・副食とも常食であるが，本人の希望で主食はおかゆにと希望があり，提供する。昨夜，「少し食べすぎたから」とのこと。	
	レク	合同レクリエーションでは，チームの仲間の応援を一生懸命されていた。お仲間との会話も弾み，「（興奮して）身体が暑くなった。楽しかった」と感想を述べていた。	
	連絡	主治医より体重を減らすようにとの指導あり，夕食の量を減らしているとの家族から報告あり。1か月位昼食量を連絡帳にて家族に報告すること。同時に少し体を動かして健康に努めたい。	○○
4月12日	レク	日本舞踊鑑賞と踊りの指導を受け，楽しむ。「昔，少し習っていたことがあり，懐かしい」と言っていた。	
	食事	主食・副食とも常食で全量召し上がる。	○○
	医療	貼ってきていた絆創膏がはがれていたので，センターで新しいものを貼付した。昨日自宅で紙を束ねていたら切り傷をつくってしまったと本人述べる。部位は右手人差し指。	○○
4月13日	CM	サービス担当者会の日程調整あり，4月27日10：30自宅にて開催予定。	○○
4月17日	レク	いつもレクリエーションに真剣に取り組んでいる。ボールも上手に投げることができる。美容実施（13：40～14：10）	
	食事	主食・副食とも常食で全量召し上がる。	
	排泄	リハビリパンツストック分10枚長女から受け取る。	○○
4月19日	食事	主食・副食とも常食で全量召し上がる。	○○
	排泄	帰宅前の排泄時，リハビリパンツに少量の血液付着あり。連絡帳に記載し，家族に報告する。	○○
4月24日	Fa	「昨日家で誕生会を開きました。家族それぞれからのプレゼントをもらい，笑顔いっぱいでした。改めて年齢を聞くと90歳と答えていました。母にはゆっくりと歳を重ねてほしいです」と連絡帳に記載がありました。	
	食事	主食・副食とも常食で全量召し上がる。	○○
	排泄	排泄介助時の観察では，リハビリパンツに血液付着はありません。	○○
4月26日		車内で誕生日の話になり，「私は90歳になるんです。7人兄弟のちょうど真ん中」と家族や出身地の金沢のことを教えてくださる。	○○

○○デイサービスセンター

項目	レク	午前レク，午後レク	食事	様子や形態	連絡	相談員等からの連絡
	訓練	個別評価状況/状況変化	医療	フロアでの処置・健康管理	Fa	家族からの連絡等
	排泄	様子や物品の預かり	CM	ケアマネからの連絡	担・会	担当者会議の報告

生活相談員の業務手順　■　105

資料14　会議録

事　務	栄養士	介護チーフ			看護リーダー	介護支援専門員	生活相談員	包括所長	在宅所長	副施設長	施設長

会　議　録

基本は統括者が務める。

2010/10/30形式で入力

会議名		広報委員会	提出日	○年　○月　○日
日　時		○年○月○日（○）○:○ ～ ○:○	場所	○○○○
出席者	司会	○○　　○○, ○○, ○○		
	記録	○○		
欠席者	○○, ○○			

初回に決めた順番で担当する。

議　題

1. 4月号広報誌について
2. ホームページについて
3.

レジメのタイトルを記入する。

内　容

レジメのタイトルを記入する。

1 記事のトップは，事業部門の紹介とする。
　各部署の今年度の抱負と年度初めの行事の紹介を取材（写真付き）。
　3段組みのレイアウト。アラビア数字の表記を使用する。
　人物が映っている方が記事としての印象が良い。ただし，本人に掲載の了解を得ること。
　職員の異動状況は，上長者のみを記載する。記事の内容が多いのでスペースの節約のため。
　原稿の締切は3月20日，編集・校正締切を3月30日，印刷入稿を3月31日というスケジュール。
　配布先は，従前どおり。

2 新しい情報が入った時は，タイムリーに更新していきたい。
　載せたい原稿は，「タイトル，本文，写真」をワンセットにして広報委員に渡す流れを周知する。
　掲載に当たっては，上長者の承認を得ることを忘れずに。
　上長者の承認を得た原稿はサイボウズの事業部門広報のホルダーに入れる。
　合同行事（夏祭り，敬老会，文化祭，忘年会）は，広報委員会で原稿を作成しホームページにアップする。

2）事故記録

　事故記録では，一連の文章化された記録が重要です。発生日時，けがなどの状況，発生場所，家族や関係機関への連絡，事故状況，事故への対応，原因，今後の事故防止対策を記載し，報告書（P.185参照）を作成して各関係機関に速やかに報告します。特に事故記録は，ありのままを記載することが大切で，争議になった場合は重要な証拠となります。

3）会議録

　会議録には，開催日時，場所，出席者，議題，決定した内容を記載します（**資料14**）。会議に出席できない職員のためにも分かりやすく記載し，回覧などにより情報を共有します。

9 介護予防・日常生活支援総合事業（新総合事業）にかかわる業務

1) 新総合事業とは

　2018（平成30）年度から，地域支援事業の「介護予防・日常生活支援総合事業」（以下，新総合事業）が本格的に稼働することになりました（これまでは，国基準の介護予防サービスをそのまま総合事業として提供していた自治体が多かった）。

　この新総合事業の大きな特徴は，地域の実情によって，市区町村でサービス内容やルール（提供人員，金額，提供回数など）が異なる点です。サービス内容や報酬，必要な書類などについては，自治体にご確認ください。

　厚生労働省は，新総合事業の趣旨として「市町村が中心となって，地域の実情に応じて，住民等の多様な主体が参画し，多様なサービスを充実することで，地域で支え合う体制作りを推進し，要支援者等に対する効果的かつ効率的な支援等を可能とする事を目指すもの」[1] と説明しています。本事業が行われる背景には，2025年の超高齢社会の到来があります。医療・介護・予防・住まい・生活支援が一体的に提供される地域包括ケアシステムの構築が急がれているのです。地域包括ケアシステムを構成する「生活支援・介護予防」を担うのが新総合事業です。

2) 新総合事業の類型と担い手

　新総合事業はいくつかのサービス類型があり，自治体では，その類型に合わせて人員配置基準などが見直されています。

通所型サービスA（緩和された基準）：従前の通所介護相当（国基準）となるところが多いです。デイサービスと一緒にサービスを提供するのであれば，人員配置基準はデイサービスと同じです。

通所型サービスB（住民主体による支援）：住民主体（町会，自治会，NPOなど）のボランティア組織が提供することが想定されています。

通所型サービスC（短期集中予防サービス）：リハビリ専門職が，3〜6カ月の期間に集中してサービス提供することを想定しています。

　訪問型（生活支援）は，自治体ごとに研修会を開催して担い手を育成していますが，通所型の研修などは特に行われていません（介護入門研修などは開催されているかもしれません）。

しかし，今後はボランティアや地域の住民の協力によって，必要なサービスが提供されることになるでしょう。日頃から，ボランティア募集のポスターやチラシなどを地域住民や関係機関へ配布しておきましょう。

3）新総合事業サービスの対象者と内容

新総合事業の対象になる人は，要介護認定で「要支援1」「要支援2」と認定された人と，基本チェックリストで「要支援状態になる恐れがある」と判断された人です。

対象者は「事業対象者」と呼ばれ，介護予防ケアマネジメント（事業対象者のケアプラン）により，週1回もしくは週2回のサービスを受けることができます。他の新総合事業サービスとの併用に関しては，自治体でルールが異なります（訪問型サービスや生活支援サービスと併用できることがある）ので，確認してください。

4）サービスを利用するまでの流れ

サービスを利用するまでの流れは，介護給付の利用契約の手順（P.64参照）とほぼ同じです。基本チェックリストを受けた日に介護予防ケアマネジメントを申し込むと，ケアプランが作成されます。

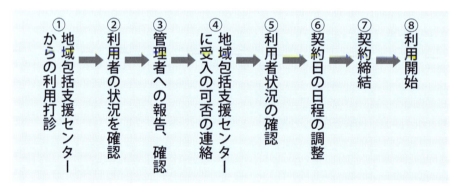

5）サービス提供の書類

介護給付と同様に，新総合事業の利用者にも①アセスメント（**資料15**），②新総合事業通所計画書立案（**資料16**），③サービス提供，④モニタリング（**資料17**）といった一連の流れでサービスを提供します。新総合事業の報酬は，デイサービスよりも低額であるため，自治体によっては書類を簡素化していることもありますが，多くは介護予防通所介護の書類を継続しています。

資料15　新総合事業アセスメントシート

新総合事業　アセスメントシート

記入者　　○○　○○

○年　　○月　　○日　現在

基本情報	フリガナ 氏　名	カマタ　サブロウ 蒲田　三郎　　　　様	性　別 男 ・ 女	生年月日	明治 ・ 大正 ・ 昭和 ○年○月○日（○歳）
	現住所	○○市○○○4-5-6　○○ハイツ101		電話番号	○○○○-○○○○
	介護保険情報	要介護度区分　事業対象者 ・ 要支援1 ・ 要支援2		認定日	○年 ○月○日
		認定有効期間　　○年　　　　○月　　　　○日　～		○年	○月　　○日

本人の思い	本人の思い	（どんなことに困っていて，どのような生活を望んでいますか。） ・杖を使って歩行できるが，近隣の病院や公園まで歩くと疲れてしまう。リハビリをして体力・歩行に自信が付けば，スーパーへ行って買い物をしたい。できれば，電車に乗って妻と銀座に行きたい。
	家族の思い	（サービスに対する意向はありますか。本人にどのような生活を望んでいますか。） ・外出したい気持ちはあるようだが，自信がなく消極的。リハビリをして，本人の行きたい所へ行けるようになると良い。
	現状の生活	（今，どんなことを頑張って生活していますか。） ・お風呂は浴槽のまたぎが大変だったが，手すりや台を付けてもらったので安心して入れている。 ・週2回，妻と一緒にごみ捨てに行っている。
	本人の強み	（趣味・特技・好きなこと・地域との関係性・生活歴等。） ・足が悪くなるまでは，近所の人たちとカラオケや町内会の旅行に行っていた。大工仕事が好きで，昔は子ども用のいすやベンチを作っていた。

自立支援計画表アセスメント項目からの優先課題	優先順位	生活機能	現状	できるようになりたいこと
	1	外出	近隣の病院や公園には行けるが，体力がなく歩行に自信がないため，妻が同行している。	スーパーに行ったり，電車に乗って出かけたりしたい。
	2			
	3			

○○○○法人○○○○○統一書式

資料15の続き

> 項目ごとにチェックする。

						特記事項
身体機能	移　動	歩　行	■自立　□介助（　　　　　　　　　　　　　　　）			フロア内は自立しているが，外では見守りが必要。
		移動用具	■杖　　□カート　　□車いす			
	起居動作	寝返り	■自立　□つかまればできる			
		起上り	■自立　□つかまればできる			
		階段昇降	□自立　　□支えがあればできる　　■生活上なし			
	送迎内容	送　迎	■送迎あり⇒A)家族（　朝　/　夕　）C)自力（　朝　/　夕　）			
		送迎方法特記	迎えに行く前に電話する。			
	食　事	食事方法	■自立　□介助（　　　　　　　　　　　　　　　）			内服薬の関係でグレープフルーツ・納豆は禁食。
		食事形態	主食	■普通　　□軟飯　　□粥　　□ミキサー		
			副食	□普通　　■常食　　□刻み　　□極刻み　　□ミキサー　　□なめらか		
		食事用具	□エプロン　□スプーン　□フォーク　□滑り止めマット　□その他			
		食事制限	□なし　■あり（　グレープフルーツ・納豆　　）			
		口腔衛生	■ブラシ　□磨き粉　□うがい　□他（　　　　）			
		義歯	□なし　■あり（　上のみ総義歯　　　　　　　）			
		アレルギー	■なし　　□あり（　　　　　　　　　　　　　）			
	排　泄	排泄方法	トイレに行くのが間に合わなくて失敗することが　□ある　■ない			不安なため，予備のリハビリパンツを持参している。
			■自立　□介助（　　　　　　　　　　　　　）			
		おむつ使用	■なし　　□リハパン　　□パッド　　□失禁パンツ			
	入　浴	入浴方法	□利用中の入浴あり（一般浴　・　リフト浴　・シャワー浴） ■自宅で入浴ができる（自分で湯船につかれる・　シャワーのみ　・　家族介助） □自宅で入浴ができない（自分で湯船につかれない　・　お風呂がない）			
		着替え	□なし　　□肌着　　□全部			
	コミュニケーション能力	視　力	□普通　　□悪い　　■眼鏡使用			
		聴　力	■普通　　□大声　　□補聴器使用			
		言　語	■普通　　□不明瞭			

> ケアの留意事項を記入する。

医療情報	現病歴	・○○○（○年） ・○○○（○年）		既往歴	・○○（○年） ・○○○（○年）
	服薬状況	利用時の服薬 (有)　・　無	認知症状等		

特記事項	（個別対応，介護の問題点，留意事項などを記入。）

> アセスメント項目にない情報を記入する。

○○○○法人○○○○○統一書式

資料16　新総合事業通所計画書

新総合事業通所計画書

> 作成年月日と生年月日を入力すると，年齢が自動計算される。

○○デイサービスセンター
作成年月日　　○年○月○日　　　　　　　　　　　　　　作成者

利用者名	大田　一郎　様	男・女	昭和○年○月○日 生 ### 歳	初　回
住所	○○市○○○1-2-3			

介護保険有効期間	～	要支援状態区分	

新総合事業通所計画　期間	○年○月○日～○年○月○日

管理者	○○　○○	所属及び所在	○○市○○○8-8-8　　　Ｔｅｌ

バス時間（迎えと送り）：別紙送迎表による

> 始まりと終わりの時間を入力すると，「所要時間」に反映される。

日課プログラム	（午前予定時間）	（内容）	所要予定時間		（午後予定時間）				
	10時25分　～	サポート開始			13時00分　～	定クア		0:30	程度
	10時25分　～	手洗い・うがい	0:15	程度	13時30分　～	カラオケ		1:00	程度
	10時40分　～	健康チェック	0:20	程度	14時30分　～	クリエーション		0:45	程度
	11時00分　～	午前活動・リハビリ	1:10	程度	15時15分　～	おやつタイム		0:15	程度
	12時10分　～	脳トレ・口腔体操	0:25	程度					
	12時30分　～	昼食	0:30	程度					
					15時30分	サポート終了			

所　要　時　間	5時05分

本人の思い	（どんなことに困っていて，どのような生活を望んでいますか）
家族の思い	（本人にどのような生活を望んでいますか） 独居（家族聞き取りなし）

目標達成に向けたサポート内容

センターでの目標	本人が取り組むこと	センターでのサポート
①外出はショッピングカーを使用しているが不安定であり，荷物が多い際は転倒を繰り返している。福祉用具を使い安定した歩行ができ，自信を持つことができる。	①歩行器の使用方法を理解する。歩行器を使用して安全に歩行する。	①持参した歩行器に荷物を置いた状態で，屋外の歩行訓練を実施。
②自宅でシャワーだけでなく浴槽に入れるようになるため，浴槽の高さを跨ぐことができるようになる。	②手すりにつかまり，浴槽の高さまで足を上げる訓練を行う。	②片足立ちでの体幹訓練。福祉用具を使用したまたぎの訓練。

達成状況・評価	別紙モニタリング報告書による。

新総合事業通所計画書について説明を受け，
内容に同意しましたので受領します。

説明・同意日	年　　月　　日
説明者	
署名 利用者氏名	
代筆者氏名	続柄（　　　　　代筆）

備考欄（法人記入欄）

注意：本人に代わって，代筆者がサインされる場合は，
署名欄に利用者氏名，代筆者氏名・続柄をご記入ください。

生活相談員の業務手順　■　111

資料17　新総合事業モニタリング報告書

	担当	所長

新総合事業モニタリング報告書

新規　(見直し)・　状況変化　・　退　院　・　その他

ご利用者氏名	大田　一郎　様	生年月日	昭和○年○月○日
居宅介護支援事業者名	○○○介護事業所	担当ケアマネジャー	○○　○○
新総合事業通所計画期間	○年○月○日～　○年○月○日		

目標	①自分で買い物	②自宅で入浴	
本人の意見	もう買い物に行けるようになった。	一人で入ることはできていない。 怖さがある。 本人に聞き取り確認する。	
事業所からの意見	屋外での歩行は, 荷物を積んだ状態でも安定している。	足を上げる際, 体幹の維持ができずふらついてしまう。 自宅の手すりなどの福祉用具の見直しが必要ではないか。	
目標達成状況・次のステップ	■達成　□一部　□未達 達成できている。 今後も継続して買い物を続けて行くことが良い。 （社会資源への参加をしていく。）	福祉用具の使用は慣れてきている。 今後は自宅で訪問看護などを利用し, 見守りのもと入浴できるようにしてほしい。 デイサービスを3カ月ほど継続し, 様子を見ていく。	□達成　□一部　□未達

作成日	○年○月○日	年　　月　　日	本人・ご家族
		年　　月　　日	ケアマネ

報告者

○○デイサービスセンター

自治体によっては，新総合事業から卒業することを目標にしているところもあります。その場合は，長期・短期の介護目標の設定がポイントになります。本人へのアセスメントを丁寧に行い，なりたい利用者自身の姿を意識した目標を一緒に作成することが重要です。

6）生活相談員の業務

　要介護者と異なり，事業対象者は身体能力が十分にありますが，外出（通院，買い物など）の課題を抱えている人は多いと思います。生活相談員は，多職種協働で（介護予防）通所介護計画を作成しますので，この外出の課題を解決する目標やプログラムを設定することが増えてきます。

　また，身体機能の向上が見込め，介護サービスから卒業する人もいます。卒業後の生活を維持していくために，地域に存在する高齢者サービス（地域支援事業の一般介護予防事業）やNPO法人などが行っている見守りサービスなどの情報を提供し，利用者の不安を払拭することも必要です。卒業後を見据え，地域の社会資源と連携をとっておきましょう。

　特に新総合事業では，限られた期間の中で限られた資源を使い，サービスを利用することで身体機能・精神機能の維持・改善を行います。以前のような生活を取り戻し，再度地域に戻る利用者もいれば，引き続き支援が必要な利用者もいるため，地域のインフォーマルな社会資源とつながることはとても大切です。このような支援を率先して行うのが生活相談員です。要介護利用者のケースでは，なかなか経験できない支援なので，新しいスキルを習得する必要があります。

　地域密着型通所介護では，運営推進会議などを通じて地域の事業対象者の情報なども得やすいことから，新総合事業で活用することができます。これまでとは異なる地域のつながり方を経験することになるでしょう。

　報酬が低額なため，経営上の理由でこの事業から撤退をする事業者もありますが，デイサービスにとっては今後地域に根差した事業所経営を考える上でいろいろなことが学べるチャンスになるはずです。

生活相談員の業務手順　■　113

10 ケアマネジャーとの連携

1．ケアマネジャーとの連携と報告

　ケアマネジャーは，利用者の心身の状態や介護に対する意向などを細かく把握しながら，必要なサービスを組み合わせ，ケアプランを作成します。生活相談員は，デイサービスの「位置付け」や「役割」を十分に理解した上で，地域で暮らす利用者の「生活の全体像」を把握し，ケアマネジャーと連携することが大切です。
　特に生活相談員は，初回利用時だけでなく，利用者に体調の変化があった場合，利用者から相談を受けた場合，事故や苦情があった場合などは，速やかにケアマネジャーに報告しなければなりません。利用者に課題や問題が生じた場合には，ケアマネジャーと連携を図り，解決に導くことが必要です。

2．新規利用者の初回利用報告

1）初回利用報告とは

　新規利用者が初めてデイサービスを利用した日は，ケアマネジャーも利用者の状況を心配しています。特に，認知症のBPSDによる通所拒否や介護拒否，事業所のサービスや他の利用者との相性など，今後の利用継続が可能かどうかについてデイサービスでの様子を初回利用終了後，ケアマネジャーに報告します。

2）初回利用報告の手順

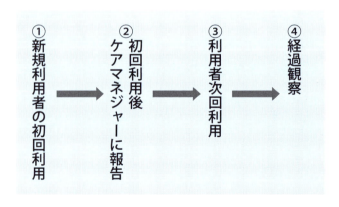

①新規利用者の初回利用 → ②初回利用後ケアマネジャーに報告 → ③利用者次回利用 → ④経過観察

①新規利用者の初回利用

生活相談員は，新規利用者の利用経過，身体状況，通所介護計画書の内容を職員に周知させ，観察の視点を明確にします。特に初回利用日については，サービス提供終了後，速やかに職員から情報を収集します。

②初回利用後ケアマネジャーに報告

その日のミーティングで，新規利用者の状況を職員間で話し合い，その内容をケアマネジャーに報告します。

③次回利用日の対応

初回利用時に課題が生じた場合は，職員間で利用者の様子を観察し，課題解決に向けた取り組みを行います。利用者へのアプローチを微調整し，次回の利用に対応します。

④経過観察

利用が落ち着いてきて新規利用者の状況が把握できた時点で，課題解決に向けた取り組みの内容をケアマネジャーに報告します。

3．体調変化報告

1）体調変化報告とは

デイサービスを利用中に職員が気が付いた利用者の体調面での変化（いつもと違う）は，速やかにケアマネジャーに連絡します。デイサービスは，看護師などの専門職が配置され，比較的短い期間で身体状況を継続して観察できる利点があります。

また，利用中に利用者の体調が急変した場合は，適切な処置を施し，家族に連絡すると同時に，ケアマネジャーへの報告も忘れてはいけません。その後のケアプランを含む支援経過に影響があるからです。

2）体調変化報告の手順

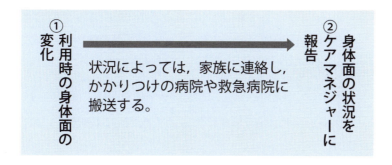

①利用時の身体面の変化

　利用者の血圧，体温，脈拍などのバイタルサインの異常や食欲の有無など，身体面に変化がある時は，看護師に確認してもらい，様子を観察します。看護師がいない小規模事業所の場合や状況によっては，家族に連絡し，かかりつけの病院か救急病院に搬送します。

②身体面の状況をケアマネジャーに報告

　利用者の身体面での変化をケアマネジャーに報告し，情報を共有します。新たな課題がある場合は，一緒に取り組み，ケアプランや通所介護計画書を変更します。

4．生活相談報告

1）生活相談報告とは

　利用者・家族から，相談や悩みの訴えがあったり普段の会話の中から相談を引き出したりした場合は，その相談の内容に応じ，利用者・家族の了承を得て，ケアマネジャーに報告します。課題がある相談や悩みの場合は，ケアマネジャーと連携を図り，解決していきます。

2）生活相談報告の手順

①利用時の生活相談

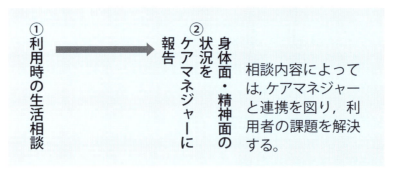

　利用者からの相談や悩みなどの訴えや，利用者から相談や悩みを引き出した場合は，その相談に応じ，適切な対応をします。

②身体面・精神面の状況をケアマネジャーに報告

　相談内容により，利用者の了解を得てケアマネジャーに連絡し，情報を共有します。課題がある場合には，連携を図り，解決ができるような取り組みを一緒に行います。

5．苦情・事故報告

1）苦情・事故報告とは

　デイサービスを利用していると，利用者や家族から苦情を受けることがあります。事象への迅速な対応は当然ですが，ケアマネジャーへの報告も忘れてはなりません。連携して仕事をしている以上，報告の義務があります。内容，状況，対応を正確にまとめ，対応策があればそれを伝達します。ケアマネジャーが同様の訴えを聞いていることや，ケアマネジャー経由で苦情が来ることも多々あります。苦情に迅速に対応するということは，事業所の業務の見直しやサービス改善に役立ち，ケアマネジャーへの信頼を築くことにもなるはずです。また，ケアマネジャーと連携して苦情に取り組むことが必要な場合もあります。

　事故については，苦情同様に迅速な対応が必要ですが，事故原因と再発防止の対策を十分に検証しなければなりません。そして，今後も利用してもらうために，利用者・家族はもちろん，ケアマネジャーにも安心と信頼を約束することが必要です。

2）苦情・事故報告の流れ

①苦情・事故対応

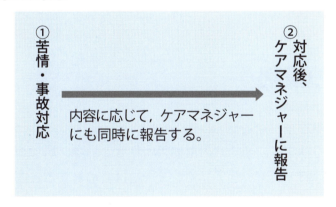

　事業所で苦情や事故が発生した場合は，まず謝罪し早急に適切に対処します。利用者・家族には真摯な態度で対応することが大切です。

②対応後，ケアマネジャーに報告

　苦情や事故は，必ずケアマネジャーに報告します。いずれも，状況と原因を事業所内で十分に検証し，対応内容とその結果を伝えます。併せて，今後の再発防止対策も報告します。報告の際には，客観的で正確な情報を提供します。

11 事業所内連携

1．事業所内連携の重要性

　デイサービスは，「加齢に伴って生ずる心身の変化に起因する疾病等により要介護状態となり，入浴，排泄，食事等の介護，機能訓練並びに看護及び療養上の管理その他医療を要する者等について，これらの者がその有する能力に応じ自立した生活を営むことができるよう……」といった介護保険法の目的（第1条）に沿い，さまざまな利用者の課題に対応することが望まれます。そのために，生活相談員，介護職員，看護師，機能訓練指導員（理学療法士，作業療法士など）など，多職種がそれぞれの専門性を発揮し，チームを組んで一人ひとりの利用者のケアを行っていくことがとても重要です。

　チームケアは，職種や職員の役割を明確にし，お互いがその職務と責任を理解することから始まります。また，事業所として事業計画を立案し執行していく上で，職員個々の合意形成を図っていくことは，事業の成功に向け非常に重要なステップです。同様に，通所介護計画の目標に向けての取り組みを意欲的に実施できるように職員個々のベクトルを合わせていくことは必要不可欠です。

2．各職種の役割

①生活相談員

　利用者の相談援助のほかに，通所介護計画書の作成と管理，新規利用者の受け入れ手続き，家族との連絡・調整，ケアマネジャーをはじめとする各関係機関との連携やネットワークづくり，事業所の地域貢献への取り組みなどが主な業務です。

②介護職員

　食事，排泄，入浴，移動などの介助やレクリエーション，利用者とのコミュニケーションなど，個々の利用者に合った自立支援に向けたケアを行います。さらに，サービス提供中に観察したり聴取したりした利用者の身体的・精神的状況や情報をまとめ，報告することは介護職員の重要な役割です。

③看護師

　利用者の健康管理，疾病の処置，衛生管理を行います。医療面について家族やケ

アマネジャーとの連携，利用者の主治医との連携を行います。また，利用者や職員に向けて医療に関する情報の発信，啓蒙の役割があります。

④機能訓練指導員

　理学療法士，作業療法士，言語聴覚士，看護師，柔道整復師，あん摩マッサージ指圧師のいずれかの資格を有する者で，個別機能訓練計画書を立案し，これに基づいて利用者の機能訓練を実施します。また，身体機能に関する情報をまとめ，報告します。

3．各職種間の連携の方法

1）連携の推進

　まず，各職種の役割や専門性を理解することが必要です。お互いの立場を認め合い，いつでも話し合える風通しの良い職場環境をつくり，コミュニケーションが円滑に取れることが重要です。そして，職員個々が肯定的な感情を持ち，物事を前向きにとらえ，お互い支え合う取り組みを考えていきましょう。

　具体的な方法としては，1日の振り返りができる「場」（夕方ミーティング）を設定することがよいでしょう。介護・福祉職はコミュニケーションを生業とする職業ですから，自己覚知をし，相手を思いやる姿勢を絶やさぬことが大切です。

2）夕方ミーティングの手順

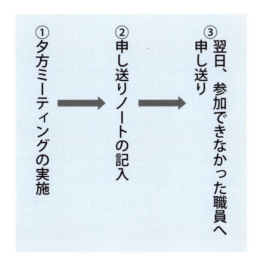

①夕方ミーティングの実施　②申し送りノートの記入　③翌日，参加できなかった職員へ申し送り

①夕方ミーティングの実施

　すべてのサービスが終了したら，できる限り職員が参加し，夕方ミーティングを

実施し，１日の情報の共有やお互いの業務についての確認をします。また，利用者個々の通所介護計画の目標に沿ったサービスを提供できたか，日々の確認と問題点の抽出と暫定的な対応方法を話し合います。

②申し送りノートの記入
③翌日，参加できなかった職員へ申し送り

　夕方ミーティングには職員全員が参加できないこともありますので，申し送りノートを整備し，その日の出来事を翌日でも振り返りができるように記録しておくことが大切です。できればノートに頼らず，職員間で常に声かけをするようにして，より一層コミュニケーションを図りましょう。

12 地域連携

1）地域連携の必要性

　要介護者や事業対象者に介護保険サービスを提供することだけがデイサービスの役割ではありません。「地域交流の拠点」という機能・役割が期待されています。すでにこのような機能・役割を持っているデイサービスもあるでしょうし，現在模索中のところもあるでしょう。

　事業所が「地域交流の拠点」になれば，その地域にある地域資源の情報が集約されて他の地域資源とつながりやすくなり，地域独自の新たなサービスの創造や地域課題の解決に貢献することができます。

　ですから，突然，組織同士の連携から始まるというよりは，生活相談員個人として関係性が始まることが多いのです。「あの生活相談員がいるから，立ち寄ってみよう，相談してみよう」となれば，しめたものです。生活相談員同士の連携が，地域ネットワークになり，そこから地域資源の把握，地域資源の活用，地域資源の掘り起し，創造へとつながっていきます。これからの課題を解決するヒントは，皆さんが所属している事業所周辺の地域資源にあるのです。

　今後は，新総合事業から卒業する利用者が増えていきます。卒業した人の中には，身体機能の低下により，再度介護保険の対象者になる可能性が高い人もいます。サービスの提供先は変わりますが，継続してその人を支援していくのことは変わりません。このような切れ目のない支援を地域包括支援センターを中心に，各サービス事業所が協力して行っていくことになります。

2）地域資源とのかかわりの手順

① 地域資源の把握と参加 → ② 地域資源の掘り起こし・創造

①地域資源の把握と参加

　地域の情報を得るには，地域包括支援センターを訪ねることをお勧めします。地域包括支援センターには，さまざまなイベントや組織の案内など情報がたくさん集まっています。地域包括支援センターの職員に「○○のような支援を望んでいる利用者がいるのですが，情報をご存じないですか？」と聞くことで具体的な回答を得ることが多くあります。定期発行される町会・自治体の広報などにも，有益な情報が載っています。利用者や家族，当事者会や家族会などからも地域資源の情報を収集もできることがあります。

　情報を収集したら，次は，その中から地域で開催されるイベントや集いに参加してみましょう。利用者が初めて参加する時は，家族や生活相談員などの知り合いが一緒に参加すると，利用者も不安を感じないかもしれません。

　イベントに参加すると，地域資源を具体的に知ることができます。そこから得られた情報は，利用者や家族，ケアマネジャー，地域包括支援センターの職員に，生の声として伝えることができます。地域資源を把握することで，確実に支援の質が上がり，量が増えます。利用者と地域をいかにつなげていくか，ここは生活相談員として腕の見せ所です。

　さらに，こうしたイベントに参加したり運営を手伝ったりすることで，地域の人たちと顔なじみの関係になっていきます。利用者送迎の途中や通勤途中に，地域の人たちから声をかけられるようになると，生活相談員として充実感を感じる一場面になることでしょう。

　こういった活動に参加している地域の人たちも高齢になれば，本人や配偶者，家族や友人が介護保険サービスを利用する可能性があります。そのような時，事業所

の生活相談員に相談を持ちかけられることもあるでしょう。このような場面も，地域とサービス事業所の連携の一つになります。

ほかにも，商店街や町内会の祭り，小学校や児童館の運動会や餅つき大会，薬局や文化センターなどが開催している体操教室などがあります。積極的に参加しましょう。

地域資源に生活相談員がかかわっている事例を紹介します。

【事例1　オレンジカフェ（認知症カフェ）への参加】

地域包括支援センターでは，認知症について地域住民へ啓蒙活動や認知症に関するさまざまな情報提供を行っています。中でも有名なのは，「オレンジカフェ（認知症カフェ）」という認知症高齢者の集いの場です。月に1度程度，複数の場所で行われています。

この集いには，認知症について学ぶ勉強会もあります。認知症を発症した人への接し方や認知症の予防法などを，地域のさまざまな専門職（薬局，整骨院，医師，生活相談員，介護職員など）が自分の得意な分野を発揮して教授してくれます。ほかにも，個別相談ができたり，時には身体を一緒に動かして介護予防の体操を行ったりもしています。

最近では，認知症に特化せず，地域の人たちの暮らしが豊かになるような情報提供の場，地域高齢者の集いの場へと変化をしているところもあります。

【事例2　サロン（茶話会）への参加】

地域の民生委員が主体となっている活動に茶話会があります。月に1度，行政の出張所を借りて，さまざまな団体（地域の介護事業所，地域のボランティア）が地域高齢者向けのプログラムを考え，交流の場をつくっています。

映画鑑賞会や歌・踊りの発表会，落語，工作教室，体操教室など多彩なイベントを地域高齢者に向けて提供するほか，プログラム終了後は悩み相談会になり，そこから具体的なサービスにつながることもあります。生活相談員は，地域の良き相談者としての役割を果たせます。

②地域資源の掘り起こし・創造

生活相談員は，地域資源の掘り起こしや創造などの役割も期待されています。地域によっては，活用できる地域資源が乏しいところもあると思います。また，地域資源は整ったものの運営がうまくいっていなかったり成熟していなかったりという課題もあるかもしれません。大田区通所事業者連絡会では後方支援の取り組みを始めました。その事例を紹介します。

【事例　サンデイ教室】

「サンデイ教室」は，事業所の休業日である日曜日を活用し，地域の高齢者が気軽に集まって楽しむことができる交流や介護予防の"笑顔の場"です。興味のある教室に参加して一緒に笑顔の時間を過ごすことを目的としています。この取り組みでは送迎を行いませんので，自分で集まることのできる地域の高齢者が対象です。

現在，開設している教室は体操・お灸，押し花，書道の３教室で，月に１度の開催です。同じ地域の異なる事業所では，手淹れコーヒー教室を開催しています。この活動を継続させるため，１教室当たり500円の参加費を支払ってもらっています。

「サンデイ教室」のような取り組みは，まだまだ始まったばかりです。デイサービスは，コンビニエンスストアより多く存在しています。この資源・量を上手に活用することで，地域福祉の向上にもっと貢献できるかもしれません。運営方法はどうであれ，こうした活動が全国のデイサービスで行われ，地域独自の連携が盛んになることを願いながら，日々わくわくしながら教室を運営しています。

この先，日本の介護を担っていくのは，間違いなく現在介護の仕事に携わっている私たちであり，特に生活相談員はその活躍を期待されています。現状や未来に悲観することなく，前向きに考え，行動をする，そんな生活相談員がたくさん増えることを望んでいます。

13 月次書類メンテナンス

1）月次書類メンテナンス

サービス提供実績を記録していく帳票などの書類は，利用者の増減，計画の変更，方針の転換などに伴い，必ず変更・更新が必要になってきます。実態に合わない帳票を使用することは，サービス提供にミスを生じ，提供したサービスの根拠としての機能が果たせなくなります。特に実績根拠になる業務日誌や加算関係書類は，その対象になります。定期的に書類をメンテナンスして，適正な帳票書類を作成しましょう。せっかくサービスを提供した実績があるのに，書類が不備なために介護報酬の算定漏れや誤請求が起こることのないようにしましょう。

2）月次書類メンテナンスの手順

【情報変更】

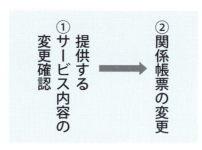

①提供するサービス内容の変更確認

利用者は，増減のほか，利用曜日，利用時間，保険情報（要介護度，区分支給限度額）など，さまざまな変更があります。正確に情報を収集し，介護保険証など根拠となる書類の確認も忘れずに行いましょう。

②関係帳票の変更

確認できた情報は，速やかに変更する場合と，月初や月末など定時期に変更する場合があります。帳票の性格や効率化を勘案し，変更の時期を定めておくとよいでしょう。

3）その他の書式の改訂

利用者の変化に伴う月次書類のメンテナンスのほかに，従来使用していて不具合が生じたり，使い勝手が悪くなったり，成果に結び付かなかったりして，書類自体の全面改訂や廃止を行うことがあります。この場合には，次のことに注意して書式を改訂しましょう。

①職員の不具合の箇所を正確に聴取すること。
②書きやすさと見やすさの視点で検討すること。
③ファイルの方法も考慮すること。
④縦横，サイズ（Ａ４，Ｂ４など）は重要。長期的視野で検討すること。
⑤コンプライアンスが確認できることの視点が漏れないようにすること。
⑥管理者の承認を得て書式を改訂すること。
⑦次の見直しの時期を設定して，使い始めること。

【業務日誌】

業務日誌は，提供サービス実績の根拠書類となる重要な書類です（**資料18**）。しかも，毎日記入が必要であり，利用者の増減などの反映もきめ細やかに必要な書類です。

資料18　業務日誌（通常規模）

業務日誌（一般コース）

サービス提供時間
9時15分〜17時00分

担当	副所長	通所所長	統括事業所長

　　　年　　　月　　　日　　曜日

○○デイサービスセンター

通所者人員数および職員配置

	一般	総合事業	合計
定員数	30		
予定数	25	3	28
利用実数	24	3	27

	確保すべき勤務延時間数	確保時間	現行
相談員	7.75	7.75	○K
介護職	22.06	34.84	○K

	定数	実数	現行
看護職	1	1	○K
機能指導	1	1	○K

活動内容

午前 ○○体操／○○の歌
午後 ○○ゲーム

> 確保すべき勤務延時間数は，介護報酬の解釈を参考にする。

勤務者名

相談 介護	相談 介護	相談 介護	相談 介護	相談 介護	相談 介護
長島 茂美 8:15〜17:00					
介護 ○○○○ 8:15〜17:00	介護 ○○○○ 9:00〜17:45	介護 ○○○○ 8:45〜17:30	介護 ○○○○ 9:00〜17:45	介護 ○○○○ 8:30〜17:15	介護
看護 ○○○○ 8:15〜17:00	看護	機能 ○○○○ 8:15〜17:00	機能		管

乗車時間

1号車　1.75 時間
2号車　2.16 時間

> 職員の確保時間は，職員のサービス提供時間内の勤務時間からバス乗車時間を引いたものになる。

No.	一般	利	送	浴	認	機	時	Ca	No.	一般	利	送	浴	認	機	時	Ca
1	○○○○	○		浴				B	22	○○○○	○						D
2	○○○○	○		浴				B	23	○○○○	○		浴				B
3	○○○○	○	2					C	24	○○○○	○		✕				B
4	○○○○	○						B	25	○○○○							B
5	○○○○	/		浴				B	2	26	○○○○	○		浴			B
6	○○○○	○	✕					B	27								
7	○○○○	○						B	28								
8	○○○○	○		浴				B	計	合計	24		14				

時短・自力利用者

利用者名	来所	退所	時間
○○○○	8:45	16:50	7:35
○○○○	9:15	16:50	7:35
○○○○	10:15	15:45	5:30

No.	一般	利	送	浴	認	機	時	Ca
9	○○○○	○		浴				B
10	○○○○	○		浴				B
11	○○○○	○						B
12	○○○○	○		浴				B
13	○○○○	○		浴				B
14	○○○○	○		浴				C
15	○○○○	○		浴				B
16	○○○○	○						D
17	○○○○	○		浴				B
18	○○○○	○		浴				C
19	○○○○	○		浴				B
20	○○○○	○						D
21	○○○○	○						C

No	総合事業	利	送	浴	認	運	時	Ca
1	○○○○	○						D
2	○○○○	○						D
3	○○○○	○						D
4								
計	合計	3						

特記事項

○○○○様　キャンセル￥400
○○○○様　朝自力来所
○○○○様　本人希望入浴中止

サービス時間

8時間05分提供	A	名
7時間05分提供	B	17 名
6時間05分提供	C	4 名
5時間05分提供	D	6 名
4時間05分提供	E	名
3時間05分提供	F	名
		名
		名
		名

> 滞在時間ではなく，通所介護計画書の算定時間が根拠となる。

- ○印は利用あり。／印は利用なし。
- Ca（キャンセル）　1は650円，2は400円。
- 送（送迎）　実施は空欄，自力は✕，朝送迎のみ実施1，夕送迎のみ実施2
- 浴（入浴）　実施は○，中止は✕

○○○○法人○○○○○統一書式

生活相談員の業務手順　■　125

表13	業務日誌に記載する内容

- 利用者数（利用者名）

- 職員配置数（勤務者名）
  ※生活相談員や看護師の配置実績数や介護職員の法定配置定数と実績数を適切に把握することが必要。

- サービス内容

- 特記事項

- 諸加算実績

　業務日誌の内容については，請求業務と運営基準のチェックが同時に行われることが望ましく，特に，利用者数の定員管理や生活相談員・介護職員・看護師の日々の配置実績定数を適切に管理することが運営基準遵守上必要であり，その記録として活用されます。

　また，地域密着型通所，一般通所など複数のカテゴリーのサービスを同時に提供している場合は，カテゴリー別に整備する必要があるので注意しましょう。

　表13に示した項目が記入できる書式があるとよいでしょう。

【副簿（入浴・機能訓練などの加算関係，送迎バス運行表)】

　副簿については，業務日誌の補助や実績記録の別表として活用します。利用者のサービス提供が証明できるような帳票を作成します。入浴や機能訓練などの諸加算も，副簿を作り，毎日記載していくことが必要です。送迎バス運行表には，事業所の出発時間，到着時間を必ず記載します。なお，送迎バス運行表については，P.191で解説します。

引用・参考文献
1）厚生労働省ホームページ：総合事業（介護予防・日常生活支援総合事業）
　http://www.mhlw.go.jp/stf/seisakunitsuite/bunya/0000192992.html（2018年6月閲覧）
2）東京都社会福祉協議会　高齢者施設福祉部会編：高齢者福祉施設 生活相談員業務指針'10 業務標準化のためのガイドライン，社会福祉法人東京都社会福祉協議会，2010.
3）若林美佳監修：すぐに役立つ 最新介護・福祉の法律 しくみと手続き，三修社，2008.
4）奈良高志：超入門通所介護計画書の教科書，日総研出版，2008.

第**7**章

デイサービスの
機能訓練

この章では，生活相談員の視点で個別機能訓練加算とその他の加算について解説します。

---

1 平成30年度介護報酬改定からとらえる個別機能訓練

1．平成24年度・27年度介護報酬改定ごとの個別機能訓練加算の歩み

個別機能訓練加算は，各事業所での機能訓練が重要との考え方から平成24年度の介護報酬改定時に開始されました。平成27年度介護報酬改定では，「通所介護及び短期入所生活介護における個別機能訓練加算に関する事務処理手順例及び様式例の提示について」という通知に「住み慣れた地域での在宅生活を継続することができるように，生活機能の維持又は向上を目指し機能訓練を実施することを求められる」とあります[1]。また，個別機能訓練加算の目的・趣旨などの徹底を図り，加算の実効性を担保するために実務などに加えて，事務処理手順例や様式例が記されました。

さらに平成27年度介護報酬改定では，効果的に機能訓練を実施する観点から個別機能訓練加算（Ⅰ）・（Ⅱ）の算定要件が変更され，従前の加算要件に利用者の居宅を訪問した上で利用者の居宅での生活状況を確認することが新たに加算要件として加わりました。国は，たとえ重度な要介護状態となっても住み慣れた地域で自分らしく，生きがいや役割をもって生活できる地域の実現を目指すと共に，高齢者の自立支援に向けた取り組みを進めていくために，デイサービスの個別機能訓練体制を見直しました（**表14**）。

2．介護保険法の自立についての理解

平成30年度介護報酬改定により介護保険法の自立支援が再度注目され，生活相談員をはじめとする従事者は，改めて介護保険法の自立支援を理解した上で，個別機能訓練加算（Ⅰ）・（Ⅱ）の算定目的・趣旨を理解し実践することが求められました。

参考資料 介護保険法

第一条（目的）（前略）その有する能力に応じた自立した日常生活を営むことができ
るよう，必要な保健医療サービス及び福祉サービスに係る給付を行うため，国民の
共同連帯の理念に基づき介護保険制度を設け，（後略）

第二条（第二項）（前略）要介護状態等の軽減又は悪化防止に資するよう行われると
ともに，医療と連携に十分配慮して行わなければならない

第二条（第四項）（前略）その居宅において，その有する能力に応じた自立した日常
生活を営むことができるように配慮されなければならない

表14 個別機能訓練加算の歩み

平成24年度介護報酬改定：個別機能訓練加算（Ⅰ）（Ⅱ）の設立
• 機能訓練の重要性を求められて開始

平成27年度介護報酬改定：個別機能訓練加算の目的・趣旨等の周知・徹底を図る
• 住み慣れた地域での在宅生活を継続できるように，①生活意欲の継続，②生活機能
の維持・向上に資する効果的な支援（計画・実行）を行う事業所を評価するため，
従前の個別機能訓練加算の実効性を担保するための仕組みを整備
• 算定要件（名称，加算料金など）の見直し
• 事務処置手順などの様式例（居宅訪問，興味・関心，計画書など）の提示を実施

3．個別機能訓練を進める際の生活相談員の心得

　これまでの個別機能訓練加算の算定要件の変遷を見ると，いわゆる団塊の世代が
すべて後期高齢者となる2025年に向けて，要介護度が軽度であろうと重度であろ
うと住み慣れた地域で自分らしく，生きがいや役割を持って生活できる地域を実現
するためには，身体機能の訓練だけではいけないことが分かります。生活意欲の継
続や生活機能の維持・向上を目指して機能訓練を実施し，ICFの生活機能モデルに
ある「心身機能」「活動」「参加」のそれぞれの要素（P.82）にバランス良く働きか
けて日常生活の活動を高め，家庭や社会への参加を促すのです。これが一人ひとり
の生きがいや自己実現のための取り組みを支援することになり，QOLの向上を目指
すことにつながります。

　要介護が中等度の人の中には，目標達成が難しい人もいます。このような時こそ
生活相談員は，どうすれば効果的に利用者の生活機能を改善し残存機能を活用でき
るのか，どうすれば緩やかな悪化・重症化の遅延につながるのか，少しでも目標が

デイサービスの機能訓練 ■ 129

達成でき利用者に喜んでもらえるのか，やる気を出してもらえるのか，どうすれば家庭や社会への「参加・役割」につながるのかなどを追求し，他職種を巻き込んで展開する役割があります。また，一人で頑張っている専門職がいれば，多職種で共に知恵を絞り，協働するようアドバイスをしたり鼓舞したりするといったチームを俯瞰した動きが求められます。

「時間（日）」が進むにつれて「心身機能」「活動」「参加」の３つの要素は，さまざまな諸事情から状態が悪化したり閉じこもりになったり，家族の状況に変化が見られたりします。そのため，「時間（日）」も踏まえた上で個別機能訓練をしていくことを心がけます。

こうした考え方は，今後の介護保険事業を運営するデイサービス・通所リハビリテーションを問わず，機能訓練サービスを提供する事業所は，必ず持つべき考え方と言えます。

生活相談員は，これらの考え方を管理者や機能訓練指導員などと協力し，全職員に周知徹底をすると共にサービス提供の実践に努めます。

4．個別機能訓練加算（Ⅰ）・（Ⅱ）<small>（表15）</small>

1）個別機能訓練加算（Ⅰ）

個別機能訓練加算（Ⅰ）は，常勤専従の機能訓練指導員を配置し，利用者の自立支援と日常生活の充実に資するようなプログラムを複数メニューから選択して実施することが求められます。座る・立つ・歩くなどができるようになるといった「身体機能の向上」を目指すことを中心に行われるものです。

ここで注意しておきたいことは，「生活行為（機能）向上」の視点を踏まえずにプログラムを計画したり提供したりしてはいけないということです。個別機能訓練加算（Ⅰ）であっても，「生活行為（機能）向上」（活動・参加）の視点を踏まえたプログラム作りが求められます。

2）個別機能訓練加算（Ⅱ）

個別機能訓練加算（Ⅱ）は，利用者が住み慣れた地域において自宅で可能な限り自立して暮らし続けることができるよう，機能訓練指導員が直接利用者に対して訓練を実施した際に算定できるものです。ここでも，前述した「心身機能」「活動」「参加」のそれぞれの要素にバランス良く働きかけ，生活機能の維持・向上を図ることが大切です。

| | 表15 | 心身機能訓練から生活行為力向上訓練まで総合的に行う機能の強化（個別機能訓練加算） |

（平成27年度介護報酬改定資料）

概要	地域での在宅生活が継続できるよう生活機能の維持・向上に資する効果的な支援を行う事業所を評価するため，現行の個別機能訓練加算の加算要件に，居宅を訪問した上で計画を作成することを新たな要件として加えるとともに，加算の評価を引き上げる。		
点数の新旧		平成24年度	平成27年度
	個別機能訓練加算（Ⅰ）	42単位/日	46単位/日
	個別機能訓練加算（Ⅱ）	50単位/日	56単位/日
追加要件	個別機能訓練加算（Ⅰ）・（Ⅱ）共通 機能訓練指導員等が利用者の居宅を訪問した上で，個別機能訓練計画を作成しその後3月ごとに1回以上，利用者の居宅を訪問した上で，利用者又はその家族に対して，機能訓練の内容と個別機能訓練計画の進捗状況等を説明し，訓練内容の見直し等を行っていること		

（参考資料）社保審─介護給付費分科会 第141回（H29.6.21）参考資料3通所介護及び療養通所介護を一部改変

　また，平成27年度介護報酬改定で改めて周知されたのは，例えば，目標設定では単に「関節可動域訓練」「筋力増強訓練」といった身体機能向上を中心としたものではなく，「週1回，囲碁教室に行く」といった具体的な生活上の行為の達成を目標としなければならないという点です。居宅における生活行為（トイレに行く，自宅の風呂に一人で入る，料理をする，掃除・洗濯をするなど）や地域における社会的関係の維持に関する行為（商店街に買い物に行く，孫とメール交換をする，インターネットで手続きをするなど）は目標となり得ます。

3）個別機能訓練加算（Ⅰ）・（Ⅱ）の関係性

　個別機能訓練加算（Ⅰ）・（Ⅱ）を別々に算定する場合は，それぞれの加算の目的・趣旨が異なることから，それぞれの目標を明確に立てて訓練を実施することが必要です（**表16**）。

5．実務等（加算算定要件の見直し）・事務処置手順等の様式例の提示・実施

　平成27年度介護報酬改定では，個別機能訓練の実務等・事務処置手順等でのサービスの質を確保するためにも，手順例や様式例を周知して利用者主体の日常生活に着目した目標を設定するためにも，訓練計画を立てる前の「ニーズ把握・情報収集」に力を入れていくことの大事性が共有されました。高齢者の状態は，それぞれの人

表16　デイサービスの個別機能訓練加算

	個別機能訓練加算（Ⅰ）	個別機能訓練加算（Ⅱ）
機能訓練指導員の配置	常勤・専従1人以上配置（時間帯を通じて配置）	専従1人以上配置（配置時間の定めなし）
機能訓練指導員	理学療法士，作業療法士，言語聴覚士，看護職員，柔道整復師またはあん摩マッサージ指圧師	
個別機能訓練計画	（利用者ごとに心身の状況に応じた上で）多職種共同で作成	（利用者ごとに心身の状況を重視した上で）多職種共同で作成
機能訓練項目	利用者の自立支援と日常生活の充実に資するよう複数種類の機能訓練項目	利用者の生活機能向上を目的とする機能訓練項目（1人でお風呂に入るといった生活機能の維持・向上に関する目標設定が必要）
訓練の対象者	訓練の対象者人数制限なし	5人程度以下の小集団または個別
訓練の実施者	制限なし（機能訓練指導員が直接実施する必要はなく，機能訓練指導員の管理の下に別の従事者が実施した場合でも算定可）	機能訓練指導員が直接実施
実施回数	実施回数の定めなし	概ね週1回以上実施

- 機能訓練指導員が2人配置されていれば，同一日に同一の利用者に対して両加算を算定することも可能。
- 機能訓練指導員等が利用者の居宅を訪問した上で個別機能訓練計画を作成し，その後3カ月に1回以上，利用者の居宅を訪問した上で利用者またはその家族に機能訓練の内容と個別機能訓練計画の進捗状況などを説明し，訓練内容の見直し等を行っていることが必要。〈（Ⅰ）・（Ⅱ）共通〉

（参考資料）社保審―介護給付費分科会　第141回（H29.6.21）参考資料3通所介護及び療養通所介護を一部改変

生や日常生活を反映した個性的なものであり，それゆえにニーズも多様です。生活相談員は，訓練計画を立てる前に，人生の過ごし方や日常生活の視点で意欲，趣味活動などの「ニーズ調査・情報把握」をしっかりと行うことが大切です。利用者が少しでも自立した日常生活を送り，活動や参加を通して有意義な時間を過ごすことにつながるよう，より良い目標や計画を引き出すことを目指していきましょう。

【個別機能訓練の実務等・事務処置の手順】

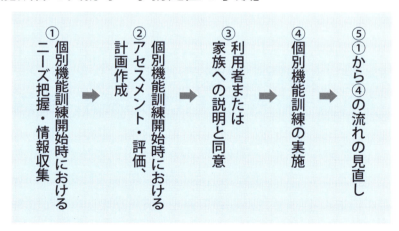

①ニーズ把握・情報収集個別機能訓練開始時における → ②アセスメント・評価，計画作成個別機能訓練開始時における → ③利用者または家族への説明と同意 → ④個別機能訓練の実施 → ⑤①から④の流れの見直し

①個別機能訓練開始時におけるニーズ把握・情報収集

「機能訓練指導員等」（以下，機能訓練指導員）が個別機能訓練を行う場合は，利用者の日常生活や人生の過ごし方のニーズを把握すると共に，利用者の居宅を訪問して，利用者の生活状況（ADL，IADL）を確認します。

収集すべき情報は，医師からは医療提供の状況，ケアマネジャーからは居宅サービス計画に基づいた情報（本人・家族の意向，総合的支援方針，解決すべき課題，長期短期目標，サービス内容など）です。なお，ニーズを把握するためには「興味・関心チェックシート」，居宅訪問の際のアセスメント項目として，「居宅訪問チェックシート」を使用します。

「興味・関心チェックシート」は，利用者の興味の強弱を知ると共に，その中心的なものが何かを把握できます。これにより，訓練の優先順位を考える際や利用者と人間関係を構築する際などに活用できるでしょう。「居宅訪問チェックシート」は，利用者の現役時代に行っていた仕事や趣味などを具体的に把握できますので，「できること」や「あきらめていること」など，ニーズを引き出すのに活用するとよいでしょう。

②個別機能訓練開始時におけるアセスメント・評価，計画作成

把握した利用者のニーズと居宅での生活状況を参考に，多職種協働でアセスメントとそれに基づく評価を行い，個別機能訓練計画を作成します。作成する際は，居宅サービス計画および通所介護計画と連動し，これらの計画と整合性が保たれるようにすることが重要です。

厚生労働省が提示している「通所介護計画書」「個別機能訓練計画書」の様式は，算定内容を盛り込んだものとなっていますので，法令遵守の視点から見ても活用するのがよいでしょう。ただし，記入について厚生労働省からの説明はありませんので，活用する際は現場でもしっかりと記入の仕方を周知させてください。

③利用者または家族への説明と同意

個別機能訓練計画の内容を利用者またはその家族に分かりやすく説明し，同意を得ます。その際，個別機能訓練計画の「写しを交付」します。

④個別機能訓練の実施

機能訓練指導員が，個別機能訓練計画に沿った機能訓練を実施します。

⑤①から④の流れの見直し

①から④までの過程について，3カ月ごとに1回以上，個別機能訓練計画の進捗状況などに応じ，利用者やその家族の同意を得た上で見直しなどを行います。利用

者の心身の状態変化などにより，必要であれば速やかに見直すことが必要です。

このように，個別機能訓練については，実務や事務処置の手順などを前述の通知に沿って実施することでサービスの質を確保することができます。手順例や様式例を十分に理解してください。特に，利用者主体の日常生活に着目した目標設定するためにも，個別機能訓練計画を立てる前のニーズの把握と情報収集に力を入れることがとても大事です。

高齢者の状態は，それまでの人生や日常生活を反映した個性的なものであるため，ニーズも多様です。生活相談員は，個別機能訓練計画を立てる前に，その利用者の人生や日常生活の視点でニーズを把握し，情報を収集します。そして，利用者が少しでも自立した日常生活を送り，活動や参加を通して有意義な時間を過ごすことができるような，より良い目標や計画を引き出しましょう。

そのためにも，「興味・関心チェックシート」や「居宅訪問チェックシート」にある項目や要素を踏まえる必要があります。また，自社の様式を独自に使用する場合は，参考様式に記載されている項目や要素を踏まえた様式であるかを確認しておきましょう。

6．デイサービス運営の方向性

1）個別機能訓練への取り組み方は
デイサービス運営の方向性を考えてから

次は事業所内で個別機能訓練をどのように取り扱うかを考えます。例えば，算定要件の「3カ月に1度の居宅訪問」は誰が担うのか，訓練プログラムの内容と訓練方法は現状のままでよいのか，地域包括ケアシステムの一つである総合事業の対象者となる要支援者の現場でのプログラムの兼ね合いはどうするかなど，多く課題が出てくることが考えられます。注意したいのは，個別機能訓練加算にとらわれすぎないということです。

2）生活相談員の専門性を生かしたデイサービス運営の方向性

デイサービス運営の方向性を考える際は，生活相談員が日頃から地域や利用者の声に耳を傾け，その専門性を発揮してニーズを把握し，調査・整理します（**表17**）。そして，得られた利用者のニーズは職員間で共有するように働きかけます。

その上で，事業所の「強みと弱み」を理解した上で把握したニーズを参考に，デ

表17	デイサービス運営の方向性を考える際に有効な情報

- 利用された人の契約・利用の理由は？
- 現在，利用者になってくれる人の継続理由は？
- 利用者が本当に求めているものは何か？
- ケアマネジャーから見た上記3つの理由は何か？
- これまでにあった利用者やケアマネジャーからのクレームや不満は？

イサービス運営の方向性を考えます。これで初めて，個別機能訓練の提供の有無や資源を注ぐ程度などが見えてきます。

3）一部利用者の自己負担増を踏まえた打開策

　2015（平成27）年8月から，一部利用者の自己負担が2割になりました。統計によれば，大筋では利用者の5人に1人が対象となっているようですから，事業所は看過してはいけません。2割負担となった利用者が自己負担額を抑えようと利用回数を少なくすることにより，機能訓練の効果が目標に達しなかったり，稼働率の低下による事業所の経営悪化につながったりする恐れがあるからです。

　この問題の打開策は次の2点です。

・利用者数の倍増

　以前より少ない回数でも目標達成につながるようなプログラムにして実績を追求する。「○○デイサービスに通うと〜ができるようになる」「〜が食べられるようになる」「〜が改善された」など，地域の中で一目置かれる存在になる（オンリーワンを目指す）。

・利用回数の現状維持

　サービス力とホスピタリティ力を強化し，「満足度は従来の2倍」と利用者に感じてもらえるようなサービス提供を目指す。

7. 個別機能訓練の提供方法
「卒業型アプローチ」への取り組み

　これからの個別機能訓練は，前述したとおりQOLの向上を目指す「目標志向型アプローチ」が重要視されます。3カ月に1度評価し，計画を見直すのもそのためです。目標を達成したら，「デイサービスからの卒業」を検討しましょう。つまり，「卒

デイサービスの機能訓練 ■ 135

業型アプローチ」への取り組み方をチームで検討するのです。業務目標や行動指針を考慮し，利用者にとって一連（SPDCAサイクル）のサービスプログラムの中で，どこのタイミングで何を改良すべきかなどを検討する必要があります。その際生活相談員は，利用者の反応を汲み取り，意思が固まりやすい時や行動変容が起こりやすい時を見極め，利用者の視点で改良すべき内容を提案することが求められます。

2 個別機能訓練実施の流れ ―個別機能訓練実施の手順

個別機能訓練を実施する際に生活相談員が求められることを確認しておきましょう。

①ケアプランの内容確認

②居宅を訪問して生活状況，興味・関心などの調査，アセスメントシートの作成，医師の指示書などの事前確認

③初回利用時，理学療法士等によるアセスメントと身体評価
　個別機能訓練の目標，各訓練内容などを立案（訓練内容は暫定）
　初回利用時は，個別機能訓練加算を算定しない

④機能訓練指導員によるカンファレンスの実施
　訓練内容の最終決定（訓練内容が決定），介助方法やリスクについて情報の共有　など

⑤個別機能訓練計画を多職種協働で作成（計画書は暫定）

⑥個別機能訓練計画書の説明と同意（計画書が決定）

⑦個別機能訓練のサービス提供の実施（実施内容を記録する）
　＊計画書同意後，計画どおりのサービス提供した際は，加算算定可能。

⑧個別機能訓練のサービス提供後，機能訓練指導員等で情報共有

⑨３カ月目の期限内に機能訓練の結果を評価

⑩評価や進捗状況の説明・記録・見直し
　３月ごとに１回以上，居宅を訪問し生活状況を確認した上で，以前の個別機能訓練計画の内容（評価含む）や進捗状況等を説明し記録すると共に訓練内容の見直しなどを行う（訓練内容は暫定）

⑪④～⑦の繰り返し

①ケアプランの内容確認

●デイサービスにおける居宅サービス計画書の扱い

　ケアマネジャーは，利用者の状態をアセスメントし，居宅サービス計画書（以下，ケアプラン）を作成したら，利用者に説明し同意を得た上で，デイサービス事業所にサービスの提供を依頼します。デイサービス事業所は，しっかりと依頼内容を踏まえて提供するサービスを組み立てていきます。

●ケアプランで見るべきポイント

　ケアプラン第１表は，利用者や家族の希望や総合的な課題，各課題に向けた目標などが具体的かつ心身機能・活動・参加の３要素がバランス良く書かれています。ここで利用者の在宅生活での支援の方向性が決まります。適切に記入されていなければケアプラン第２表にある短期目標がずれてしまい，仮に目標が達成できたとしても次なる自立ステップへの道が停滞することになりかねません。

　ケアプラン第２表には，デイサービス事業所への依頼内容が記載されています。利用者の生活全般の課題，長期・短期目標と達成までの期間が示されていますので，サービスに携わる職員はこれらを踏まえた上で，事業所としてデイサービスの目標やサービス内容，訓練目標および計画などを組み立てます。

　ここで注意するのは，長期・短期目標とそれぞれの達成期間です。中でも短期目標の達成期間の設定については慎重に行います。デイサービスは，その短期目標の期間をひと区切りとしますので，事業所での訓練目標と計画もこの時期に合わせます。個別機能訓練加算を算定するには，３カ月に１度モニタリングを行う必要がありますから，短期目標の期限をこれにうまく合わせるとよいでしょう。

ケアプラン第3表には，週間サービス計画と利用者の日常生活上の活動が記載されています。これにより利用者の活動と参加が確認できますので，日頃の活動量や参加内容，参加頻度を把握します。個別機能訓練の計画を考える際の参考にしましょう。ただし，通院や趣味活動については記載されていませんので，アセスメントをして改めて情報を収集する必要があります。

　ケアマネジャーも，介護保険法が改正される度に，ケアプランの書き方をはじめ，各種算定要件について学び直さなければなりません。生活相談員は，ケアマネジャーの労苦に共感し，ケアプランを基に機能訓練目標やサービス方針を考える際は，率先してケアマネジャーの相談相手になりたいものです。ケアプランの記載内容が抽象的であった場合は，少しでも具体的な内容が導き出せるよう助言する働きかけも重要です。

②居宅を訪問して生活状況，興味・関心などの調査，アセスメントシートの作成，医師の指示書などの事前確認

●アセスメントシートを活用した情報共有と業務の効率化

　前述したケアプランの確認に加え，機能訓練指導員が利用者宅に出向き，ケアプランでは把握しづらい食事，入浴，排泄，更衣，服薬管理などの情報を調査してアセスメントシートに記入します。

　このアセスメントシートから自宅での生活状況を把握し，次のステップである個別機能訓練計画作成に役立てます。デイサービスを利用する前に利用者へのアプローチをイメージすることができますので，業務の効率化にもつながります。

●居宅訪問するタイミング

　利用者宅を訪問するタイミングとして適しているものを次に挙げておきますので，参考にしてください。

・利用を開始した時
・問題点の経過や実態を把握することが必要な時（3カ月に1回程度）
・問題点の解消後に確認が必要な時
・在宅生活を継続する上で新たな課題が発生した時
・トラブルが発生した時

●居宅訪問の際の流れ

　利用者宅の訪問については，次のように進めます。

ⅰ）利用者に訪問の意義と目的などを説明し，同意を得る。
ⅱ）訪問の日時を利用者・家族と相談して決める。
ⅲ）決定した日時をケアマネジャーに報告する。

ⅳ）訪問し，アセスメントを実施する。

ⅴ）アセスメントシートに記入する。

ⅵ）訪問の結果を事業所内で大まかに共有する。

●**居宅訪問を拒む利用者・家族への配慮**

　居宅訪問を嫌がる利用者・家族もいます。介護保険サービスを受ける場合は必ず居宅訪問がありますので，すでにうんざりしている人もいます。これに個別機能訓練加算のための居宅訪問が３カ月に１回の頻度で加わるのですから，なおさらです。

　こうしたことを理解した上で，①居宅訪問の意義と目的，②訪問の頻度，③日程の調整などについて丁寧に説明し，同意を得てから居宅訪問日時の調整に取りかかりましょう。居宅訪問に携わる職員は，利用者・家族に負担のかかりすぎないように効率的に行います。

●**居宅訪問の日時**

　当たり前のことですが，急に居宅を訪問するのは失礼です。事前に利用者・家族に相談して日時を決定します。

　利用者・家族の都合に合わせて日時を決めるのがよいとは思いますが，デイサービス事業所職員の都合も考えなければなりません。事業所内で職員のスケジュールを調整して候補となる日時を複数用意しておきましょう。

　また，居宅訪問は，滞在時間が長くなりやすい傾向にありますので注意しましょう。滞在時間の目安を事前に決めておくことをお勧めします。

　居宅訪問は３カ月に１回程度の頻度ですので，どの職員が訪問しても比較的，同じ内容，同じ滞在時間になるようなスケジューリングを心がけましょう。

●**ケアマネジャーへの報告**

　訪問日時が決定したらケアマネジャーに報告します。ケアマネジャーの同席の有無についても確認するとよいでしょう。

〈居宅訪問の意義〉

　個別機能訓練は，地域・自宅で暮らすための生活機能が重要視され「心身機能」「活動」「参加」の３つの要素を取り入れ総合的に実施します。そのため，調査する項目も広く深くなりましたが，利用者が在宅生活を継続できるようにするための居宅訪問ととらえ，重要視して取り組んでいきましょう。

　生活相談員は，率先して居宅訪問を実行すると共に，機能訓練指導員が訓練を遂行できるよう，管理者と共に，専門性を発揮して見本を示し教育訓練者としての役割を担います。

デイサービスの機能訓練 ■ 139

●**居宅訪問時の調査項目**

　居宅訪問時の調査項目は，前述の「興味・関心チェックシート」「居宅訪問チェックシート」を活用するとよいでしょう。

・本人の心身機能の確認

・家屋調査（段差，幅，高さ，扉などの状況）

・利用者の自宅内外での活動状況

・自宅周辺の状況

・家族の介護状況

・福祉用具使用の有無と状況　など

●**課題を明確にするための確認**

　トイレ，風呂場，玄関，居室など課題となる場所や場面については，利用者自身に動作をしてもらって状況を確認します。時には，資料として写真撮影を依頼することもあります。

　こうした調査に不快感を抱く利用者もいます。訓練の目的と利用者にとって有益であることを丁寧に説明することが大切です。

　訪問した職員は次の手順で調査を進めます。

ⅰ）相手の気持ちを配慮した上で声をかける

ⅱ）課題となる場所や場面の確認させてもらう

ⅲ）写真撮影の許可を得る

ⅳ）個人情報保護に配慮した撮影をする

　どんなにささいなことであっても，必ず利用者の同意を得てから確認作業に移ります。特に写真撮影は，第三者でも課題を把握しやすくチーム間で共有しやすい資料として有効なものですが，個人情報保護について十分な配慮が必要です。

●**居宅訪問の効率化**

　先に述べたように，居宅訪問は，滞在時間が長くなりやすいため，効率化が必要です。訪問しなくても利用者から得られる課題や希望などの情報は，事前に収集しておきましょう。その情報を基に，居宅訪問時に最終確認をするという流れが理想です。事前の準備が訪問の効率化につながります。

●**アセスメントシートの作成**

　居宅訪問時に活用した「興味・関心チェックシート」「居宅訪問チェックシート」に基づいてアセスメントシートに記載します。

●**訪問結果の共有**

　アセスメントシートに記入したら，機能訓練指導員を中心に多職種でカンファレンスを行います。また，居宅訪問した職員から訪問結果の概要を報告してもらい，事業所内（多職種）で共有します。

　そして，少しでも利用者や家族が望む生活に近づけられるように意見を出し合います。この工程は，初回利用時の機能訓練指導員等によるアセスメント・身体評価時のイメージづくりに効果的です。

●**医師の指示書等の事前確認**

　機能訓練の実施に当たっては，医師からの診療情報提供書や指示書などを参考にします。機能訓練指導員がより良い機能訓練サービスを考えるためにも，生活相談員は，ケアマネジャーや利用者の担当医などから積極的に情報を収集します。

　初回利用時の他，通院・入院後に利用を再開した時にも，診療情報提供書や指示書などは必要です。

　このように，病院とデイサービス事業所の書類のやり取りが地域における「医療と介護の連携」につながります。

●**ケアマネジャーや担当医等との連携―「お互い様」の視点**

　ケアマネジャーや担当医等は，大勢の利用者や患者を受け持っており，とても多忙です。事業所が必要とする書類作成に手が回らず遅れてしまうことも珍しくありません。チームケアの視点からも，そのような相手の事情を理解して謙虚な姿勢で連絡・調整に取り組むようにしてください。相手も準備がしやすいように早めの連絡するというのも一つの方法です。

　外部機関と連絡・調整する際は，「お互い様」の視点と「優しさ」を大事にしましょう。

③初回利用時，理学療法士等によるアセスメントと身体評価

●**訓練時間の設定**

　個別機能訓練（Ⅰ）（Ⅱ）は別々のサービス内容として位置付けられており，各々のサービスに対して，個別機能訓練の課題と目標，訓練内容，訓練時間，訓練担当者を考えます。

　効果的な機能訓練にするには，概ね週1回以上の実施が適切です。また，1回当たりの訓練時間は，適切な時間設定が必要であり，機能訓練計画書に記載しなければなりません。機能訓練は，長時間実施すればよいというものではありません。利用者が満足感を得られる時間も考慮し，デイサービスで提供する他のプログラムとの兼ね合いを加味して訓練時間を設定しましょう。

デイサービスの機能訓練 ■ 141

●**機能訓練指導員が行うアセスメント・身体評価**

　アセスメントをする際は，次の点を確認します。

ⅰ）ケアプランの内容

ⅱ）居宅訪問した際に獲得したアセスメントシート

ⅲ）医師の指示書

　中でも，ⅱは，「心身機能」「活動」「参加」の３つの要素を重視したシートになっていることから大変参考になりますので，アセスメントシートを確認してから機能訓練指導員がアセスメントをすることがチーム連携のためには重要です。

　事前に情報を収集してアセスメントに臨むことは，利用者にさまざまな質問をする作業も省け，効率的です。利用者にとっても何度も同じことを答える必要がなくなり，負担も軽減します。

　機能訓練指導員が質の良い評価を行って良いプログラム作成をするためにも，生活相談員は，アセスメントシートに記載されている内容では分からない，文章で表現できないようなニュアンスをチームが集うカンファレンスで口頭報告することが必要です。これにより，チーム間での利用者の情報や目標の共有がよりスムーズになるでしょう。

　次に機能訓練指導員は，ケアプランに記載されている目標を踏まえた上で，機能訓練目標を設定し，訓練内容を考えます。目標を抽出した際，ケアプランに書かれている目標内容と明らかな相違があった場合は，事業所内で共有した上で，改めてケアマネジャーに報告し，今後のサービス方針について見直しを含めて相談します。

　身体評価は，生活動作をチェックします。まずは，利用者が困っていることや希望を聞き取り，次に身体を実際に動かしてもらったり触ったりして評価します。重点的な訓練目標もこの時に確認していきます。訓練による事故を防ぐため，無理のない目標を設定しましょう。

④機能訓練指導員等によるカンファレンスの実施

　機能訓練従事者である職員（生活相談員，介護職，看護職，理学療法士など）によるカンファレンスを開催し，個別機能訓練計画書に記載する機能訓練目標や訓練内容，サービス提供中のリスク管理を踏まえた上での介助方法などについて合議し決定します。また，生活相談員は，機能訓練指導員に，初回利用後の利用者の感想を代弁するなど，チーム間での共有に努めます。

〈多職種協働における問題点〉

　多職種協働での問題点は，機能訓練やプログラムについての理解が，理学療法士等と介護職や生活相談員とで違う場合があるということです。互いに上辺だけの理解に留まり，本質を理解していないこともあります。食事，排泄，入浴介助が未経験の機能訓練指導員もいれば，機能訓練は理学療法士が行うもので自分には関係がないと思う介護職もいます。

　このような職員同士でカンファレンスをしても，「生活状況に対する課題・目標・訓練」内容についての理解はずれが多く，質の高いサービスを提供することができません。

　大切なのは，サービスを提供するチームは一体感を持ち，互いを尊重すると共に，互いの領域に一歩踏み込むぐらい深く理解し合おうとする姿勢です。これを実践するには，事業所内で勉強会やミニ研修会などを開催することがとても有効です。その歩み寄りにより，より良いサービスの提供につながっていくと思います。

⑤個別機能訓練計画を多職種協働で作成（計画書は暫定）

　個別機能訓練計画書（**資料19**）は，理学療法士等だけでなく生活相談員でも作成できますが，管理者の承認が必要です。

　なお，個別機能訓練加算（Ⅰ）（Ⅱ）は，前述のとおり別々のサービス内容として位置付けられていますので，それぞれのサービス計画が必要です。また，個別機能訓練計画書には，訓練目標，目標達成度，訓練内容，訓練時間，訓練担当者を必ず記載してください。

　計画書を作成する際は，個別機能訓練加算（Ⅰ）（Ⅱ）それぞれの用紙でもよいですし，1枚の用紙にまとめても構いません。通所介護計画と個別機能訓練加算（Ⅰ）（Ⅱ）の計画が同じ時期ならば，効率良く1枚の用紙にまとめて作成するのがよいでしょう。作成者は，記入漏れやミスに注意します。

●多職種協働による作成

　個別機能訓練計画書は，多職種協働での作成が求められています。これは，チーム間で共通の認識を持ち，一体的にサービスを提供できるようにするためです。

　多職種協働による作成と言っても，事業所により人員配置などはさまざまです。下記は作成手順の一例として参考にしてください。

デイサービスの機能訓練　■　143

資料19　個別機能訓練計画書

【個別機能訓練計画書】

| 作成日：〇年〇月〇日 | | 前回作成日：〇年〇月〇日 | | | 計画作成者：〇〇　〇〇 | | | | |

ふりがな：くんれん　たろう	性別	大正・昭和	要介護認定	管理者	看護	介護	機能訓練	相談員
氏名：訓練 太郎	男	〇年〇月〇日生	介(2)	〇〇	〇〇	〇〇	〇〇	〇〇

本人のご希望：
①奥様の手を借りずに１人で，お風呂に入るため両手で頭を洗えるようになる。
②音楽を聴きに２階（２０段，１段２０cm）に行き，，奥様の見守りなしで一人で階段を下りられるようになる。
家族のご希望：
①自分で頭を洗え，最後まで一人で入浴できるようになってほしい。

病名，合併症（心疾患，呼吸疾患等）：	生活課題：	在宅環境（生活課題に関する在宅環境課題）：
・2016年１月：脳梗塞発症 ・右片麻痺 ・高血圧症	・奥様は右上腕に痛みがあり，最近は頭洗介助が大変な様子あり。 ・一人で自由に２階に行って音楽を聴きたいが，下りる時は奥様に見守りをしてもらい，自立しきれていない（自由がない）。〈本人談〉	・階段が滑りやすい素材だが，滑り止めテープなどはない。
運動時のリスク（血圧，不整脈，呼吸等）： ・疲労感がたまると，右側下肢の動きが鈍くなり，転倒につながりやすいので注意。		本人および家族の希望を踏まえて，生活する上での課題を記入する。

個別機能訓練加算Ⅰ

長期目標：〇年〇月	両手（特に右手を活用）で頭を洗えるようになる。	目標達成度	達成・一部・未達
短期目標：〇年〇月	階段を滑らずに下りられるようになる（奥様の見守りなし）。	目標達成度	達成・一部・未達

	プログラム内容	留意点	頻度	時間	主実施者
①	平行棒にて踏み台昇降	2分を超えると，疲労感出る	1セット	3分	C
②	肋木でスクワット	左右の重心均一（左に傾く傾向）に	2セット	2分	C
③	棒訓練　（上下，前後）	両手の肘を伸ばして実施する	2セット	2分	C
			プログラム立案者：〇〇〇〇		

個別機能訓練加算Ⅱ

長期目標：〇年〇月	入浴のすべての工程が一人でできるようになる。	目標達成度	達成・一部・未達
短期目標：〇年〇月	階段昇降が一人ででき，気兼ねなく２階で音楽を楽しみ	目標達成度	達成・一部・未達

	プログラム内容（何を目的に（〜のために）〜する）	留意点	頻度	時間	主実施者
①	２階で音楽を聴くため，階段を下りる練習をする。	自宅階段（20cm）まず段差15cmで実施	2セット	3分	D
②	２階で音楽を聴くため，階段を下りる練習をする。	自宅階段（20cm）まず段差20cmで実施	3セット	4分	D
③	両手で洗髪できるようにするために，左手で右手を持ち，洗う練習をする（前頭部近辺目標）。	右肘を持ち，上にあげるよう促す	2セット	1分	D
④	両手で洗髪できるために，左手で右手を持ち，洗う練習をする（頭頂部近辺目標）。	右肘を持ち，上にあげるよう促す	3セット	1分	D

（注）目的達成の為具体的内容を記載例：買い物に行けるようになるために屋外歩行の練習する等）プログラム立案者：〇〇〇〇

特記事項：	プログラム実施後の変化（総括）　再評価日：〇年〇月〇日
・洗髪の際，右肩の痛みは出ないが　経過を追う。 ・デイサービスでの入浴の際，職員　援のもと洗髪を実践する。	・階段昇降も一人で行えるようになり，２階で音楽を楽しめている（達成）。 ・奥様が階段に滑り止めテープを貼ってくださり，効果がある様子。 ・前頭部には右手が上がるので洗えているが，頭頂部までは上がらず洗えていない（課題）。

重要！ 何を目的にするか具体的に記入する。

上記計画内容について　　　　　　　　〇年〇月〇日	上記計画書に基づきサービス説明を行い内容に同意を頂きましたので，ご報告申し上げます。 〇年〇月〇日
ご本人氏名：　　〇〇　〇〇	〇〇〇〇〇
ご家族（代筆）：	介護支援専門員様／事業所様

通所介護〇〇〇　〒000-0000　住所：　県〇〇市　00-00 事業所番号：〇〇〇〇〇〇〇〇　Tel:000-000-0000/Fax:000-000-0000	管理者：〇〇　〇〇 説明者：〇〇　〇〇

＊上記情報を担当ケアマネジャーにFAX済　〇年〇月〇日

〈個別機能訓練計画書の作成手順の一例〉

ⅰ）機能訓練指導員によるカンファレンス時に，計画書の項目について話し，大筋を詰める。〔機能訓練指導員〕

ⅱ）カンファレンス時に，作成担当者を決める。〔生活相談員，介護職員〕

ⅲ）個別機能訓練計画書のたたき台を作成する。〔作成担当者（生活相談員，介護職員）〕

ⅳ）たたき台を閲覧し，修正点は，赤ペンで追記してサインする。〔機能訓練指導員〕

注意：この作業は時間がかかるため，早く最終確認まで進める工夫が必要です。

ⅴ）最後に，管理者が確認して修正・追記する。〔管理者〕

ⅵ）個別機能訓練計画書として完成させる。〔作成担当者（生活相談員，介護職員）〕

ⅶ）利用者・家族に説明し同意を得る。〔機能訓練指導員〕

●**目標は具体的に**

個別機能訓練計画書に記載する目標は，利用者・家族が理解でき，モチベーションが上がるように具体的な表現にしましょう。「具体的」とは，「買い物に行けるようになるために屋外歩行を練習する」のように，目的と訓練内容が明確なことです。

このように具体的な目標を立てることで，利用者・家族も機能訓練に取り組む姿勢が違ってくるでしょう。

⑥個別機能訓練計画書の説明と同意（計画書が決定）

個別機能訓練計画の原案の作成を終えたら，利用者・家族に個別機能訓練計画の内容を説明し同意を得て成案となり，ようやく介護報酬算定（加算算定）ができます。

通所介護計画書や個別機能訓練計画書（Ⅰ）（Ⅱ）を配布する際の説明は，主に機能訓練指導員が行います。この時のポイントは，利用者自身が訓練する「イメージ」を持ち，「やる気」になるかという点です。言葉で丁寧に説明するだけでなく，訓練で使用する物品を見せたり，実際に訓練する場に行ったりすると訓練するイメージが膨らみ，安心感も得られるでしょう。

説明し同意を得たら，その日付と説明者の氏名を記入した後に利用者または家族の署名をもらい，その個別機能訓練計画書をケアマネジャーに配布します。

デイサービスの機能訓練 ■ 145

⑦個別機能訓練のサービス提供の実施（実施内容の記録）

　機能訓練計画に基づいて訓練を実施し，機能訓練記録用紙に，毎回の訓練状況（達成具合，反応，変化など）のほか，実施時間，訓練内容，担当者などを記録します。ここで初めて算定要件が確保できます。記録用紙は，利用者ごとに保管され，常に個別機能訓練の従事者が閲覧できるようにします。

　記録しておくことにより，3カ月に1回の評価時に活用できると同時に根拠となる書類となります。また，1人の利用者に，複数の理学療法士等がかかわる事業所であれば，職員間の情報共有に記録は欠かせません。毎回の訓練状況を記録し，しっかりと経過を追って長期・短期目標の達成につなげましょう。

　上記に加えて，毎月の最後の訓練日などに1カ月の目標達成状況を記録しておくと，3カ月ごとの評価がスムーズになります。

⑧個別機能訓練のサービス提供後，機能訓練指導員等で情報共有

　多職種で利用者にサービスを提供するため，訓練実施後は，サービス利用状況についてミーティング（情報共有）することが必要です。多職種がそれぞれの視点で得た心身機能，表情，感想，その他の観察内容などを記録し，他職員でも閲覧できるようにしましょう。

　ミーティング時，生活相談員は，家族やケアマネジャーから得た情報，自宅での生活状況，問題点，家庭環境の変化などを報告し，訓練時の環境設定などが自宅と施設で乖離しすぎないように努めます。自宅での生活状況の最新情報を多職種で共有できるように努めることは，生活相談員の大切な役割です。

　ミーティングに参加できない職員がいる場合は，記録用紙を通じて情報の共有を徹底します。また，「出社後は必ず記録を確認すること」を習慣づけるように指導するなど，情報共有の大切さを伝えることも必要です。

⑨3カ月目の期限内に機能訓練の結果を評価

　個別機能訓練開始後3カ月目の期限内に，これまで取り組んできた機能訓練における訓練実績と目標達成状況について本人の主観も参考に評価し，実施記録用紙などに記載します。

　目標を達成した場合は，次なる課題の有無について確認すると共に，目標の内容についても検討します。目標達成できなかった場合は，訓練の内容や実施方法，時間（頻度）などが適切であったか検討し，必要に応じて計画を見直します。

　その後，3カ月に1回以上の頻度で居宅を訪問する機会を活用し，実際の課題場所・課題場面を確認して，3カ月間も取り組んだ機能訓練の最終評価とします。

⑩評価や進捗状況の説明・記録・見直し

利用者・家族に前述の最終評価結果や個別機能訓練計画の進捗状況を説明します。

そして，個別機能訓練計画書に記載された長期・短期目標について「達成」「一部達成」「未達成」のいずれかを判断し，次の個別機能訓練計画の作成時に反映します。

また，3カ月の個別機能訓練計画の振り返りとして，利用者本人が「総括」として「心身機能」「活動」「参加」の3要素の視点でプログラム実施後の変化を記載します。

さらに，「居宅訪問チェックシート」を活用して生活状況での変化を追い，今後の個別機能訓練計画に反映します。最後に，居宅訪問した日時などを記録に残します。これが訪問した証拠になります。

⑪④～⑦の繰り返し

上記の④～⑦の流れを繰り返します。

---

3 注意事項

1．利用者・家族に説明する時

利用者・家族や職員に次期の個別機能訓練計画書を説明する際は，以前の個別機能訓練計画書からの変更箇所が分かりやすいように下線を引いたり色をつけたりして工夫しましょう。訓練内容を継続する場合は，特に力を入れていきたいポイント（訓練内容，動作など）を説明します。利用者の中には，「継続するということは，良くなっていないということか…」と力を落とす人もいますので，今回の訓練のポイントをよく説明し，やる気を失わないように注意しましょう。

機能訓練指導員や生活相談員は，利用者の心情を理解して訓練を実施します。たとえ目標を達成できなくても，「訓練によって，身体機能が維持できていることも立派な成果」という考え方を伝えることで，利用者は自信を持つことができます。また，生活相談員は，理学療法士等に代わって利用者・家族に説明をする場合がありますので，満足してもらえる説明ができるように，日頃から利用者の訓練状況について確認し，カンファレンスを通して状況を把握しておくように努めましょう。

利用者・家族に説明し同意を得た後は，生活相談員がケアマネジャーに報告します。その際も，具体的に報告するように心がけてください。より良いケアプランの作成につながります。

デイサービスの機能訓練 ■ 147

2．利用者の状況を確認する時

　生活相談員による利用者の自宅内外での生活状況（心身状況，行動範囲，各動作，環境など）の確認作業は一層厳格化されました。理学療法士等が個別機能訓練内容を考える際に生活相談員が得た情報を活用して評価を効率化し，質の良い訓練プログラム作成につなげるためです。

　例えば，「茶碗は持てるが，食べこぼしが多い」という情報があったとしましょう。これを利用者に詳しく確認したところ，肩関節周辺が硬くなっており茶碗を口まで運べないということが分かりました。生活相談員は，さらに詳しく①どの程度，手が上げられるのか，②食事の際のいすとテーブルの高さは適切か，③使用している茶碗の大きさや重さは適しているか，④食事前に疲れきっていないかなど，利用者の実際の動作や環境を確認します。

　このように，身体面や意欲などの精神面に加えて環境面の視点でも見ていくと，次第に原因が分かり課題が明確になってきます。

　掘り下げた確認や観察によって課題が見つかれば，その課題の目標も具体的になり，より利用者に適したサービスを提供したり個別機能訓練を計画したりすることができるのです。

4　加算を算定する場合の機能訓練指導員の配置

1）個別機能訓練加算（I）の算定

・算定要件は，常勤専従で，提供時間に配置が必要です。理学療法士等が欠勤や提供時間にかかるような遅刻，早退をした場合は算定できません。

・非常勤配置の理学療法士等が配置されていても，常勤配置でないので算定はできません。

例1：理学療法士等（常勤専従）が欠勤の日　→　算定不可

例2：理学療法士等（常勤専従）が午前のみ出社，午後休みの日　→　算定不可

例3：理学療法士等（常勤専従）が遅刻して出社した日　→　算定不可

例4：（理学療法士等（常勤専従），理学療法士等（非常勤専従）の計2名を配置し，理学療法士等（常勤専従）が遅刻して出社。理学療法士等（非常勤専従）は通常勤務できた日　→　算定不可

	例1	例2				例3，4	例1
曜日	月	火	水	木	金	土	日
理学療法士等（常勤専従）	休み	午後休	出勤	出勤	出勤	遅刻	休み
理学療法士等（非常勤専従）				出勤		出勤	
算定の可否	×	×	○	○	○	×	×

例5：理学療法士等を常勤専従の看護職員で算定し，その者が欠勤の日　→　**算定不可**

	例5						例5
曜日	月	火	水	木	金	土	日
理学療法士等（常勤専従）	休み	出勤	出勤	出勤	出勤	出勤	休み
算定の可否	×	○	○	○	○	○	×

　個別機能訓練加算（Ⅰ）の配置は常勤専従規程とありますので，仮に看護師を理学療法士等として算定した場合は，個別機能訓練加算（Ⅰ）のみの取り扱いとなります。看護職員としての役割は，事業所では担うことができません。

　つまり，事業所で個別機能訓練加算（Ⅰ）を常勤専従看護師で算定し，さらに看護業務等を行う場合は，看護師をもう1人配置することが必要です。

2）個別機能訓練加算（Ⅱ）の算定

例6：理学療法士等（常勤専従）が欠勤の日　→　**算定不可**

	例6						例6
曜日	月	火	水	木	金	土	日
理学療法士等（常勤専従）	休み	出勤	出勤	出勤	出勤	出勤	休み
算定の可否	×	○	○	○	○	○	×

例7：理学療法士等（非常勤専従）が欠勤の日　→　**算定不可**

例8：理学療法士等（非常勤専従）が遅刻や早退の日　→　**算定可能**

　　＊個別機能訓練加算（Ⅱ）を看護職員で取得している場合も同様の扱いになります。

	例7	例8			例8		例7
曜日	月	火	水	木	金	土	日
理学療法士等（非常勤専従）	休み	遅刻	出勤	出勤	早退	出勤	休み
算定の可否	×	○	○	○	○	○	×

デイサービスの機能訓練　■　149

例9：全営業日に複数の機能訓練指導員が毎日配置されている日　→　**算定可能**

曜日	月	火	水	木	金	土	日
理学療法士等（非常勤専従）	出勤	休み	出勤	休み	出勤	休み	休み
理学療法士等（非常勤専従）	休み	出勤	休み	出勤	休み	出勤	休み
算定の可否	○	○	○	○	○	○	×

3）個別機能訓練加算（Ⅰ）と（Ⅱ）の両方を算定

　個別機能訓練加算（Ⅰ）と（Ⅱ）の両方を算定可能にするには，加算ごとに理学療法士等を配置しておくことが必要です。

●理学療法士等（常勤専従），理学療法士等（非常勤専従）の計2名配置の例

例10：理学療法士等（常勤専従）のみ出社した日　→　**個別機能訓練加算（Ⅰ）のみ算定可能**

例11：理学療法士等（常勤専従）が遅刻して出社。理学療法士等（非常勤専従）は通常勤務できた日　→　**個別機能訓練加算（Ⅱ）のみ算定可能**

例12：理学療法士等（常勤専従）が欠勤。理学療法士等（非常勤専従）のみ通常勤務した日　→　**個別機能訓練加算（Ⅱ）のみ算定可能**

例13：理学療法士等（常勤専従），理学療法士等（非常勤専従）の2人が通常勤務できた日　→　**個別機能訓練加算（Ⅰ）（Ⅱ）共に算定可能**

例14：理学療法士等（常勤専従），理学療法士等（非常勤専従）が欠勤した日　→　**（Ⅰ）（Ⅱ）共に算定不可**

	例10	例11		例12		例13	例14
曜日	月	火	水	木	金	土	日
理学療法士等（常勤専従）	出勤	遅刻	出勤	休み	出勤	出勤	休み
理学療法士等（非常勤専従）		出勤		出勤		出勤	
算定の可否 (Ⅰ)/(Ⅱ)	○/×	×/○	○/×	×/○	○/×	○/○	×/×

　個別機能訓練加算（Ⅰ）（Ⅱ）は，資格要件と配置基準を満たしたのみでは介護報酬算定できず，計画作成や実施記録，モニタリングのすべてを実施しなければなりませんので，注意が必要です。

参考資料	「指定居宅サービスに要する費用の額の算定に関する基準（訪問通所サービス，居宅療養管理指導に及び福祉用具貸与に係る部分）及び指定居宅介護支援に要する費用の額の算定に関する基準の制定に伴う実施上の留意事項について」の要点

〈個別機能訓練加算について〉

　個別機能訓練加算は，理学療法士，作業療法士，言語聴覚士，看護職員，柔道整復師又は，あん摩マッサージ指圧師（以下「理学療法士等」という）が個別機能訓練計画に基づき，通所介護事業所を計画的又は期間を定めて利用する者に対して，計画的に行った機能訓練（以下「個別機能訓練」という）について算定します。

　個別機能訓練加算に係る機能訓練は，専ら機能訓練指導員の職務に従事する理学療法士等を1名以上配置して行うものです。

　この場合において，例えば，1週間のうち特定の曜日だけ理学療法士等を配置している場合は，その曜日において理学療法士等から直接訓練の提供を受けた利用者のみが当該加算の算定対象となります。

　ただし，この場合，理学療法士等が配置される曜日はあらかじめ定められ，利用者や居宅介護支援事業者に周知されている必要があります。

　なお，通所介護事業所の看護職員が当該加算に係る機能訓練指導員の職務に従事する場合には，当該職務の時間は，通所介護事業所における看護職員としての人員基準の算定に含めません。

　個別機能訓練を行うに当たっては，機能訓練指導員，看護職員，介護職員，生活相談員その他の職種の者（以下「機能訓練指導員等」という）が共同して，利用者ごとにその目標，実施時間，実施方法等を内容とする個別機能訓練計画を作成し，これに基づいて行った個別機能訓練の効果，実施時間，実施方法等について評価等を行います。

　なお，通所介護においては，個別機能訓練計画に相当する内容を通所介護計画の中に記載する場合は，その記載をもって個別機能訓練計画の作成に代えることができます。

　個別機能訓練加算に係る機能訓練は，身体機能そのものの回復を主たる目的とする訓練ではなく，残存する身体機能を活用して生活機能の維持・向上を図り，利用者が居宅において可能な限り自立して暮らし続けることを目的として実施するものです。

　具体的には，適切なアセスメントを経て利用者のADL及びIADLの状況を把握し，日常生活における生活機能の維持・向上に関する目標（1人で入浴が出来るようになりたい等）を設定のうえ，当該目標を達成するための訓練を実施します。

　上記の当該目標については，利用者又は家族の意向及び利用者を担当する介護支援専門員の意見も踏まえ策定することとし，当該利用者の意欲の向上につながるよう，段階的な目標を設定するなど可能な限り具体的かつ分かりやすい目標にします。

デイサービスの機能訓練 ■ 151

参考資料の続き

　個別機能訓練加算に係る機能訓練は，類似の目標を持ち同様の訓練内容が設定された５人程度以下の小集団（個別対応含む）に対して機能訓練指導員が直接行うこととし，必要に応じて事業所内外の設備等を用いた実践的かつ反復的な訓練をします。

　実施時間については，個別機能訓練計画に定めた訓練内容の実施に必要な１回あたりの訓練時間を考慮し適切に設定します。

　また，生活機能の維持・向上のための訓練を効果的に実施するためには，計画的・継続的に行う必要があることから，おおむね週１回以上実施することを目安にします。

　個別機能訓練を行う場合は，機能訓練指導員等が居宅を訪問した上で利用者の居宅での生活状況（起居動作，ADL，IADL等の状況）を確認し，多職種共同で個別機能訓練計画を作成した上で実施します。

　その後３月ごとに１回以上，利用者の居宅を訪問し，利用者の居宅での生活状況を確認した上で，利用者又はその家族に対して個別機能訓練計画の内容（評価を含む）や進捗状況等を説明し記録するとともに訓練内容の見直し等を行います。

　また，評価内容や目標の達成度合いについて，当該利用者を担当する介護支援専門員等に適宜報告・相談し，必要に応じて利用者又は家族の意向を確認の上，当該利用者のADL及びIADLの改善状況を踏まえた目標の見直しや訓練内容の変更など適切な対応を行います。

　個別機能訓練に関する記録（実施時間，訓練内容，担当者等）は，利用者ごとに保管され，常に当該事業所の個別機能訓練の従事者により閲覧が可能であるようにします。

　個別機能訓練（Ⅰ）の機能訓練指導員の加算を算定している場合であっても，別途個別機能訓練（Ⅱ）加算に係る訓練を実施した場合は，同一日であっても個別機能訓練加算（Ⅱ）を算定できます。

　しかし，この場合にあっては，個別機能訓練（Ⅰ）の機能訓練指導員の加算に係る常勤専従の機能訓練指導員は，個別機能訓練加算（Ⅱ）に係る機能訓練指導員として従事することはできず，別に個別機能訓練加算（Ⅱ）に係る機能訓練指導員の配置が必要です。また，個別機能訓練加算（Ⅰ）は，身体機能への働きかけを中心に行うものですが，個別機能訓練加算（Ⅱ）は，心身機能への働きかけだけでなく，ADL（食事，排泄，入浴等）やIADL（調理，洗濯，掃除等）などの活動への働きかけや，役割の創出や社会参加の実現といった参加への働きかけを行い，心身機能，活動，参加といった生活機能にバランスよく働きかけるものです。

　なお，当該加算の目的・趣旨に沿った目標設定や実施内容等の項目等については，別に通知するところによります。

押さえておきたいQ&A

〈個別機能訓練について〉

Q：通所介護の個別機能訓練加算について，既に加算を取得している場合，4月以降は，利用者の居宅を訪問した上で利用者の居宅での生活状況を確認し，多職種共同で個別機能訓練計画を作成するまで，加算は取れないのか。

A：平成27年4月以降，既に加算を算定している利用者については，3月ごとに行う個別機能訓練計画の内容や進捗状況等の説明を利用者又は利用者の家族に行う際に，居宅訪問を行うことで継続して加算を算定して差し支えない。

Q：個別機能訓練加算（Ⅰ）の算定要件である常勤専従の機能訓練指導員として，病院，診療所，訪問看護ステーションとの連携による看護職員を1名以上あてることにより加算の要件を満たすと言えるのか。

A：個別機能訓練加算（Ⅰ）の算定要件である常勤専従の機能訓練指導員は配置を求めるものであるため，認められない。

Q：通所介護の個別機能訓練加算について，利用者の居宅を訪問し，利用者の在宅生活の状況を確認した上で，多職種共同で個別機能訓練計画を作成し機能訓練を実施することとなるが，利用者の中には自宅に人を入れることを極端に拒否する場合もある。入れてもらえたとしても，玄関先のみであったり，集合住宅の共用部分のみであったりということもある。このような場合に，個別機能訓練加算を取るためにはどのような対応が必要となるのか。

A：利用者の居宅を訪問する新たな要件の追加については，利用者の居宅における生活状況を確認し，個別機能訓練計画に反映させることを目的としている。このため，利用者やその家族等との間の信頼関係，協働関係の構築が重要であり，通所介護事業所の従業者におかれては，居宅訪問の趣旨を利用者及びその家族等に対して十分に説明し，趣旨をご理解していただく必要がある。

Q：利用契約を結んではいないが，利用見込みがある者について，利用契約前に居宅訪問を行い利用者の在宅生活の状況確認を行い，利用契約に至った場合，個別機能訓練加算の算定要件を満たすことになるか。

A：利用契約前に居宅訪問を行った場合についても，個別機能訓練加算の居宅訪問の要件を満たすこととなる。

Q：個別機能訓練加算（Ⅰ）と個別機能訓練加算（Ⅱ）を併算定する場合，1回の居宅訪問で，いずれの要件も満たすことになるか。

A：個別機能訓練加算（Ⅰ）と個別機能訓練加算（Ⅱ）を併算定する場合，それぞれの算定要件である居宅訪問による居宅での生活状況の確認は，それぞれの加算を算定するために別々に行う必要はない。なお，それぞれの加算で行うべき機能訓練の内容は異なることから，両加算の目的，趣旨の違いを踏まえた上で，個別機能訓練計画を作成する必要がある。

デイサービスの機能訓練　■　153

Q：居宅を訪問するのは，利用者宅へ送迎をした後そのまま職員が残り，生活状況を確認することでも認められるか。

A：認められる。

Q：個別機能訓練計画の作成及び居宅での生活状況の確認について，「その他の職種の者」は，機能訓練指導員，看護職員，介護職員又は生活相談員以外に，どのような職種を想定しているのか。また，個別機能訓練計画作成者と居宅の訪問者は同一人物でなくてもよいか。さらに，居宅を訪問する者が毎回変わってしまってもよいのか。

A：個別機能訓練計画については，多職種共同で作成する必要がある。このため，個別機能訓練計画作成に関わる職員であれば，職種にかかわらず計画作成や居宅訪問を行うことができるため，機能訓練指導員以外がこれらを行っても差し支えない。なお，3月に1回以上，居宅を訪問し，生活状況を確認する者は，毎回必ずしも同一人物で行う必要はない。

Q：利用者の居宅を訪問した上で，個別機能訓練計画の作成・見直しをすることが加算の要件であることから，通所介護事業所における長期の宿泊サービスの利用者は，訪問すべき居宅に利用者がいないため，居宅を訪問できない。このような場合は，加算を算定できないことでよろしいか。

A：個別機能訓練加算は，利用者の居宅でのADL，IADL等の状況を確認し，生活課題を把握した上で，利用者の在宅生活の継続支援を行うことを評価するものであることから，このような場合，加算を算定することはできない。

Q：居宅を訪問している時間は，人員基準上，必要な配置時間に含めて良いか。

A：個別機能訓練加算（Ⅰ）で配置する常勤・専従の機能訓練指導員は，個別機能訓練計画におけるプログラムに支障がない範囲において，居宅を訪問している時間も配置時間に含めることができる。生活相談員については，今回の見直しにより，事業所外における利用者の地域生活を支えるための活動が認められるため，勤務時間として認められる。

〈地域連携の拠点としての機能の充実について〉

Q：生活相談員の勤務延時間に，地域の町内会，自治会，ボランティア団体等と連携し，利用者に必要な生活支援を担ってもらうなど社会資源の発掘，活用のための時間が認められたが，具体的にはどのようなものが想定されるのか。また，事業所外での勤務に関しては，活動実績などの記録を保管しておく必要があるか。

A：例えば，以下のような活動が想定される。

・事業所の利用者である要介護者等も含んだ地域における買い物支援，移動支援，見守りなどの体制を構築するため，地域住民等が参加する会議等に参加する場合

・利用者が生活支援サービスを受けられるよう地域のボランティア団体との調整に出かけていく場合

・生活相談員の事業所外での活動に関しては，利用者の地域生活を支えるための取組である必要があるため，事業所において，その活動や取組を記録しておく必要がある

〈個別機能訓練加算について〉

Q：ある利用者が通所介護と短期入所生活介護を利用している場合，それぞれの事業所が個別機能訓練加算を算定するには，居宅訪問は別々に行う必要があるか。

A：通所介護と短期入所生活介護を組み合わせて利用している者に対し，同一の機能訓練指導員等が個別機能訓練計画を作成しており，一方の事業所で行った居宅訪問の結果に基づき一体的に個別機能訓練計画を作成する場合は，居宅訪問を別々に行う必要はない。

厚生労働省：平成27年度介護報酬改定に関するQ&A Vol.1（平成27年4月1日），問40〜49
厚生労働省：平成27年度介護報酬改定に関するQ&A Vol.2（平成27年4月30日），問4

5 平成30年度介護報酬改定からとらえる個別機能訓練と新設加算など

1） 平成30年度介護報酬改定と個別機能訓練加算

　第1章でも述べましたが，改めて平成30年度介護報酬改定における個別機能訓練などにかかわる加算を見ていきましょう。

　今回の改定では，団塊の世代がすべて後期高齢者となる2025年に向けて，国民一人ひとりが自身の状態に応じて適切なサービスを受けられるよう，効率的に質の高い介護サービスを提供する体制整備を推進するため，改定率は＋0.54％となりました。

　概要は4つに分けられます。

①**地域包括ケアシステムの推進**：中重度の要介護者も含め，どこに住んでいても適切な医療・介護サービスを切れ目なく受けられる体制を整備する。

②**自立支援・重度化防止に資する質の高い介護サービスの実現**：介護保険の理念や目的を踏まえ，安心・安全かつ自立支援・重度化防止に効果がある質の高い介護サービスを実現する。

③**多様な人材の確保と生産性の向上**：人材の有効活用・機能分化，ロボット技術などを活用した負担の軽減，各種基準の緩和などを通じた効率化を推進する。

④**介護サービスの適正化・重点化を通じた制度の安定性・持続可能性の確保**：介護サービスの適正化・重点化を図り，安定した制度，持続可能な制度を確立する。

デイサービスの機能訓練 ■ 155

そして，これまでの「経験と勘に基づく介護」から「根拠に基づく科学的介護」への転換が図られ，今回の改定は，その第一歩になることでしょう。

その中でも，個別機能訓練加算に関する項目から解説します。

2）全国の個別機能訓練加算の算定状況と今後の取り組み

厚生労働省が発表する資料（**図3・4**）からも分かるとおり，個別機能訓練加算（Ⅰ）・（Ⅱ）を算定し，機能訓練指導員を配置している事業所では効果が出ているにもかかわらず，個別機能訓練加算（Ⅰ）・（Ⅱ）を算定できている事業所数は全体の2～3割にとどまっています。この状況を変えることは，今後の自立支援・重度化防止に資する介護を推進するためには欠かせません。この問題の解決に向けた取り組みが**表18**です。

「アウトカム」とは結果・成果のことです。今回の改定より，評価期間中に規定の指標を用いて評価し，ADL（日常生活動作）を維持・改善させた度合いが一定レベルを超えている事業所は，その後の一定期間にわたって加算を算定できるようになりました。

また，地域包括ケアシステムの推進のための栄養改善の取り組みが**表19**です。栄養改善加算を算定している事業所の割合は，他の加算の算定状況と比較しても極端に低い状況である（**資料21**参照）ため，今回の改定では算定しやすくなりしました。

以上のように，今回の改定では，これまでのデイサービスにおける機能訓練の問題解決に向けた見直しが行われました。

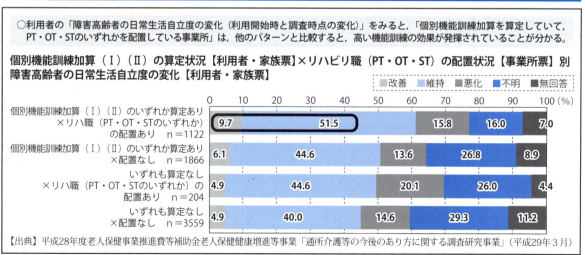

図3 通所介護の機能訓練による効果等

図4	通所介護の主な加算の算定状況

○通所介護の加算をみると，「算定あり」は「入浴介助加算」が85.9%で最も割合が高い。次いで「個別機能訓練加算（Ⅱ）」が29.8%となっている。
○利用登録者に占める利用割合をみると，「入浴介助加算」が80%，「個別機能訓練加算（Ⅰ）」が77%，「個別機能訓練加算（Ⅱ）」が68%で割合が高くなっている。一方で「延長加算」等は5％以下となっている。

加算の算定状況　n＝1,538【事業所票】

- ①延長加算＿9時間以上10時間未満　8.1／72.1／19.8
- ②延長加算＿10時間以上11時間未満　3.8／73.8／22.4
- ③延長加算＿11時間以上12時間未満　2.7／74.6／22.7
- ④延長加算＿12時間以上13時間未満　1.3／75.5／23.2
- ⑤延長加算＿13時間以上14時間未満　1.5／75.4／23.1
- ⑥入浴介助加算　85.9／9.6／4.5
- ⑦中重度者ケア体制加算　12.8／79.3／7.9
- ⑧個別機能訓練加算（Ⅰ）　20.3／69.1／10.6
- ⑨個別機能訓練加算（Ⅱ）　29.8／61.7／8.5
- ⑩認知症加算　7.1／90.0／2.9
- ⑪若年性認知症利用者受入加算　6.1／82.7／11.2
- ⑬栄養改善加算　0.7／87.3／12.0
- ⑭口腔機能向上加算　7.9／80.8／11.3
- ⑮サービス提供体制強化加算（Ⅰ）イ　27.8／53.2／19.0
- ⑯サービス提供体制強化加算（Ⅰ）ロ　7.8／62.5／29.7
- ⑰サービス提供体制強化加算（Ⅱ）　18.1／57.3／24.6

（■算定あり　■算定なし　□無回答）

加算を算定している事業所の割合等　n＝1,538【事業所票】

	算定している事業所の割合（%）	加算を算定している事業所の利用者登録者に占める算定者の割合（%）
①延長加算：9時間以上10時間未満	8.1%	5％
②延長加算：10時間以上11時間未満	3.8%	2％
③延長加算：11時間以上12時間未満	2.7%	1％
④延長加算：12時間以上13時間未満	1.3%	1％
⑤延長加算：13時間以上14時間未満	1.5%	7％
⑥入浴介助加算	85.9%	80％
⑦中重度者ケア体制加算	12.8%	
⑧個別機能訓練加算（Ⅰ）	20.3%	77％
⑨個別機能訓練加算（Ⅱ）	29.8%	68％
⑩認知症加算	7.1%	32％
⑪若年性認知症利用者受入加算	6.1%	3％
⑬栄養改善加算	0.7%	3％
⑭口腔機能向上加算	7.9%	29％
⑮サービス提供体制強化加算（Ⅰ）イ	27.8%	
⑯サービス提供体制強化加算（Ⅰ）ロ	7.8%	
⑰サービス提供体制強化加算（Ⅱ）	18.1%	

【出典】平成28年度老人保健事業推進費等補助金老人保健健康増進等事業「通所介護等の今後のあり方に関する調査研究事業」（平成29年3月）

厚生労働省：第141回社会保障審議会介護給付費分科会「参考資料3　通所介護及び療養通所介護」（平成29年6月21日）より引用，一部改変

表18	自立支援・重度化防止に資する介護の推進を目的とした取り組み

概要	機能訓練指導員対象者の拡大 • 機能訓練指導員の対象資格（理学療法士，作業療法士，言語聴覚士，看護職員，柔道整復師またはあん摩マッサージ指圧師）に，一定の実務経験を有するはり師，きゅう師を追加する。個別機能訓練加算における機能訓練指導員の要件についても，同様の対応を行う	心身機能の維持に係るアウトカム評価の創設
加算	（新設）生活機能向上連携加算200単位/月 ※個別機能訓練加算を算定している場合は100単位/月	（新設）ADL維持等加算（Ⅰ）　3単位/月 （新設）ADL維持等加算（Ⅱ）　6単位/月
ねらい	個別機能訓練のサービスの質の向上と実施事業所数の拡大を図る	介護保険の理念や目的を踏まえ，安心・安全で，自立支援・重度化防止に資する質の高い介護サービスを実現する

表19	地域包括ケアシステムの推進を目的とした取り組み

概要	栄養改善加算の見直し（栄養改善の取り組みの推進） • 栄養改善加算について，管理栄養士1名以上の配置が要件とされている現行の取り扱いを改め，外部の管理栄養士の実施でも算定を認める 栄養スクリーニングに関する加算の創設（栄養改善の取組の推進）
加算	（新設）栄養スクリーニング加算　5単位/回 ※6月に1回を限度
ねらい	中重度の要介護者も含め，どこに住んでいても適切な医療・介護サービスを切れ目なく受けることができる体制を整備する

デイサービスの機能訓練　■　157

6 新設加算の算定要件と運用例

1）機能訓練指導員対象者の拡大

[概要]

・機能訓練指導員の対象資格（理学療法士，作業療法士，言語聴覚士，看護職員，柔道整復師またはあん摩マッサージ指圧師）に，一定の実務経験を有するはり師，きゅう師を追加。

・個別機能訓練加算における機能訓練指導員の要件についても同様。

[**算定要件**] 一定の実務経験を有するはり師，きゅう師とは，理学療法士，作業療法士，言語聴覚士，看護職員，柔道整復師またはあん摩マッサージ指圧師の資格を有する機能訓練指導員を配置した事業所で6カ月以上勤務し，機能訓練指導に従事した経験を有する者。つまり，すでに個別機能訓練加算を算定している事業所は，はり師またはきゅう師を6カ月以上勤務させれば要件を満たすということ。

2）生活機能向上連携加算の新設

[**概要**] 生活機能向上連携加算を創設し，通所介護事業所の職員と外部のリハビリテーション専門職が連携して，機能訓練のマネジメントをすることを評価する。

[**加算**] 生活機能向上連携加算　200単位/月

※個別機能訓練加算を算定している場合は100単位/月

[**算定要件**]

1．訪問・通所リハビリテーションを実施している事業所またはリハビリテーションを実施している医療提供施設（原則，許可病床数200床未満）の理学療法士，作業療法士，言語聴覚士，医師が，デイサービスを訪問し，デイサービスの職員と共同でアセスメントの実施および個別機能訓練計画の作成を行うこと。

2．リハビリテーション専門職と連携して，個別機能訓練計画の進捗状況を3カ月に1回以上の頻度で評価し，必要に応じて計画・訓練内容などの見直しを行うこと。

　今後は，事業所にリハビリテーション専門職（以下，リハ職という）の視点を取り入れる必要があります。生活相談員は，管理者に相談し事業所内の方向性を決めるべきです。生活機能向上連携加算を算定できれば，職員配置の経費は掛かるものの**表20**のようなメリットが考えられます。

表20	生活機能向上連携加算を算定することによるメリット

[メリット1]

　さらに地域との関係性が向上し，地域包括ケアシステム構築の一翼を担うことができる。

　〈例〉利用者が通っているクリニックと連携することで，何かあった時に相談できる関係先が増える。

[メリット2]

　さらに結果・成果の出せるデイサービスに発展することができる。

　〈例〉利用者の生活機能の改善につながり，利用者も職員も楽しくやりがいのある視点が増える。

[メリット3]

　さらに機能訓練のサービスの質と量の向上を図ることができる。

　〈例〉現在は理学療法士によるサービス提供だけであるが，外部の作業療法士と連携することで作業関係の訓練にも対応可能になる。

表21	デイサービスと外部リハビリテーション職との役割分担例

	役割	ポイント
デイサービス職員	・アセスメント表の作成 ・個別機能訓練計画の作成 ・計画に基づいた訓練実施	訓練の方向性の確認と共有
外部リハ職	・アセスメントの協働 ・個別機能訓練計画作成における意見 ・3カ月に1回以上の評価・モニタリング ・必要に応じた計画・訓練内容等の見直し	共同でアセスメント実施 個別機能訓練計画作成への関与 訓練の方向性の確認と共有

　生活機能向上連携加算は，算定要件を満たせば毎月算定することができます。ポイントは，これまでの訪問介護の生活機能向上連携加算の算定要件にある利用者の「自宅訪問」ではなく「事業所」を訪問する点です。

　また，前述の算定要件1を満たすには，連携する事業所に見学に行くなど，早めに関係性を確保しておく必要があります。ただし，訪問・通所リハビリテーションを実施している事業所は全国的に見ても少ない傾向ですので，他のデイサービスと競合する可能性があります。地域によって異なるでしょうが，医療提供施設などとの提携を模索する方が実現性が高いかもしれません。

　表21は，デイサービスと外部施設のリハ職の役割分担例です。

リハ職との業務委託契約

　さまざまな意見があるかと思いますが，実際に外部施設のリハ職と連携しているデイサービスが業務委託する際の確認事項を**表22**にまとめました。

　リハ職は，訪問先では主体性の向上とスピードアップに重点を置きます。デイサービス管理者の指示のもと，現場リーダーとコミュニケーションを密に取り，機

表22　業務委託契約時の確認事項（例）

項目	内容	備考
リハ職がデイサービスを訪問する頻度	・週間稼働数	1〜2回/週
リハ職がデイサービスを訪問する時間	・デイサービスにて出退勤打刻（直行直帰はしない）	1件45分以上60分未満の稼働
連携する費用	・利用者対応件数の確認	最低対応人数（ノルマ）を設定
リハ職が訪問した時のノルマ	・訪問時のノルマ件数を共有	―
	・アセスメントの所要時間	1件20分目安
	・実績費用はデイサービスが負担	―
リハ職が休みの時の対応	・契約事業所との間で打ち合わせ ・連絡方法と欠席時の連絡方法 ・代行有無の確認 ・休みの時の振り替え対応	委嘱状の発行
リハ職が訪問した時の業務内容	・アセスメント	1件20分目安
	・個別機能訓練計画作成における意見	1件5分目安
	・3カ月に1回以上の評価	1件10分目安
	・必要に応じた計画・訓練内容などの見直し	1件10分目安
	・必要に応じた利用者への指導	1件5分目安
その他	・デイサービスが利用者を選定し，1カ月の予定を作成	―
	・個人情報保護・守秘義務の徹底	誓約書への署名
	・リハ職がかかわる書類の確認と使用方法	―

能訓練のマネジメントを行います。利用者の在宅生活の状態像を把握し，より良いアプローチを考え，利用者や他の専門職にアドバイスを提供して，機能訓練などを展開していきます。

　提携先医療機関との情報共有も大事です。チャットを利用する場合は，シンプルで使い勝手が良いものを選びましょう。

3）心身機能の維持に関するアウトカム評価の創設

[**概要**]　一定期間内にデイサービスを利用した者のうち，ADLの維持または改善の度合いが一定水準を超えた場合を評価する。

[**加算**]

・ADL維持等加算（Ⅰ）　3単位/月

・ADL維持等加算（Ⅱ）　6単位/月

［算定要件］

ADL維持等加算（Ⅰ）

・以下の要件を満たすデイサービスの利用者全員について，評価期間（前々年度の１～12月の１年間）終了後の４～３月の１年間，新たな加算の算定を認める。

・評価期間に連続して６カ月以上利用した期間（注１）（以下，評価対象利用期間）のある要介護者（注２）の集団について，以下の要件を満たすこと。

　①総数が20人以上である。

　②①について以下の要件を満たす。

　　　a．評価対象利用期間の最初の月において，要介護度３～５である利用者が15％以上含まれている。

　　　b．評価対象利用期間の最初の月の時点で，初回の要介護・要支援認定があった月から起算して12カ月以内であった者が15％以下である。

　　　c．評価対象利用期間の最初の月と当該最初の月から起算して６カ月目に，事業所の機能訓練指導員がBarthel Index（注３）を測定しており，その結果がそれぞれの月に厚生労働省に報告されている者が90％以上である。

　　　d．cの要件を満たす者のうちBI利得（注４）が上位85％（注５）の者について，各々のBI利得が０より大きければ１，０より小さければ－１，０ならば０として合計が０以上である。

（注１）複数ある場合には，最初の月が最も早いもの。

（注２）評価対象利用期間中，５時間以上のデイサービス費の算定回数が５時間未満のデイサービス費の算定回数を上回るものに限る。

（注３）ADLの評価に当たり，食事，車いすからベッドへの移動，整容，トイレ動作，入浴，歩行，階段昇降，着替え，排便コントロール，排尿コントロールの計10項目を５点刻みで点数化し，合計100点満点として評価するもの。

（注４）最初の月のBarthel Indexを「事前BI」，６カ月目のBarthel Indexを「事後BI」，事後BIから事前BIを控除したものを「BI利得」という。

（注５）端数は切り上げ。

・また，上記の要件を満たしたデイサービスにおいて，評価期間の終了後にもBarthel Indexを測定・報告をした場合は，より高く評価される（（Ⅰ）（Ⅱ）は各月でいずれか一方のみ算定が可能）。

ADL維持等加算（Ⅱ）

・（Ⅰ）の要件を満たしたデイサービスで，評価期間終了後もBI評価を測定し，そ

デイサービスの機能訓練　■　161

表23	**Barthel Indexの活用例**
初回アセスメント時	生活相談員が既存のアセスメントシートに加えて使用。
初回評価時	機能訓練指導員が指標を確認し，再評価

の結果を厚生労働省に報告している。

この加算のねらいは，サービス提供によるアウトカム（結果）評価を出すことのほかに，その結果を厚生労働省が収集することがあります。また，2018（平成30）年4月に設置された加算ですが，すぐ算定することはできず，最短で2019（平成31）年4月からの算定となります。

加算に必要なBarthel Indexですが，アセスメント時やモニタリング時に，チーム全体でこの指標を活用することもできます（**表23**）。

4）栄養改善加算の見直し

前述の個別機能訓練加算でも触れましたが，栄養改善加算は，他の加算と比較しても算定している事業所の割合は低く，食事の提供，栄養管理，水分摂取など食に関する健康状態の維持についての課題に対応するものです。

[**概要**] 管理栄養士1人以上が配置されていなくても，外部の管理栄養士が実施すれば算定できる。

[**加算**] 栄養改善加算　150単位/回

[**実施者**] 管理栄養士等とその他の職種

[**算定要件**]

　人員配置：デイサービスの職員としてまたは外部（他の介護事業所，医療機関，栄養ケア・ステーション）との連携により，管理栄養士を1人以上配置していること。

　運用：低栄養状態にある利用者またはそのおそれのある利用者に対して，改善などを目的に栄養改善サービスを行った場合，3カ月間に限り1カ月に2回を限度として1回につき150単位を加算。ただし，栄養改善サービスの開始から3カ月後も低栄養状態が改善せず，栄養改善サービスを継続して行うことが必要と認められる利用者については，引き続き算定することができる。

表24	栄養スクリーニングおよび栄養改善加算の実施における役割分担例	
	役割	**ポイント**
管理者	• 管理栄養士の確保 • 連携依頼・契約	居宅療養管理指導を行っている近隣の施設やクリニック，管理栄養士協会などにアプローチ
介護職	• 栄養スクリーニングで低栄養者を選出 • 本人の意向を確認 • 職員間で情報を共有	利用者全員にアンケートを実施
生活相談員	• ケアマネジャーと連携 • サービス担当者会議を開催 • 通所介護計画を変更	• ケアマネジャーと栄養改善サービスの必要性有無を相談 • ケアマネジャーの居宅介護サービス計画の変更

5）栄養スクリーニングの新設

　栄養改善加算の対象者選定は，栄養スクリーニングによって行います。

[**概要**] 実施可能な栄養スクリーニングを行い，栄養状態に関する情報をケアマネジャーと文書で共有した場合に評価する。

[**加算**] 栄養スクリーニング加算　５単位/回

　※６カ月に１回を限度

[**算定要件**] サービス利用者に対し，利用開始時および利用中６か月ごとに栄養状態について確認を行い，当該利用者の栄養状態に係る情報（医師，歯科医師，管理栄養士などへの相談提言を含む）をケアマネジャーに文書で共有した場合に算定する。

　加算点数を見ても，自事業所でできること・できないことを考慮した上で，運用の効率化と工夫を検証し導入しましょう。

　栄養スクリーニングおよび栄養改善加算の実施における役割分担例を**表24**にまとめます。

　事業所としては，管理栄養士との連携が難しくて栄養改善加算を算定できなくても，低栄養者を発見するための栄養スクリーニングは，通所介護計画における解決すべき課題項目の作成や適切な事業所サービスを行う上で必要であると考えます。アセスメントシートに栄養に関する項目を追加するなどして利用者の課題把握を図るべきです。

デイサービスの機能訓練 ■ 163

引用・参考文献

1）厚生労働省：高齢者の地域における新たなリハビリテーションの在り方検討会報告書（案）平成27年3月）

http://www.mhlw.go.jp/file/05-Shingikai-12301000-Roukenkyoku-Soumuka/0000078416.pdf（2005年10月閲覧）

2）厚生労働省：全国介護保険・高齢者保健福祉担当課長会議　別冊資料（介護報酬改定）

http://www.mhlw.go.jp/file/05-Shingikai-12301000-Roukenkyoku-Soumuka/0000076606.pdf（2015年10月閲覧）

3）厚生労働省：平成27年度介護報酬改定に関するQ＆A Vol.1（平成27年4月1日）

4）厚生労働省：平成27年度介護報酬改定に関するQ＆A Vol.2（平成27年4月30日）

5）藤田健次：デイサービス機能訓練指導員の実践的教科書，日総研出版，2011.

6）厚生労働省：第141回社会保障審議会介護給付費分科会「参考資料3　通所介護及び療養通所介護」（平成29年6月21日）

http://www.mhlw.go.jp/file/05-Shingikai-12601000-Seisakutoukatsukan-Sanjikanshitsu_Shakaihoshoutantou/0000168705.pdf（2018年5月閲覧）

7）厚生労働省：高齢者の地域における新たなリハビリテーションの在り方検討会報告書（平成27年3月）

http://www.mhlw.go.jp/file/05-Shingikai-12301000-Roukenkyoku-Soumuka/0000081900.pdf（2018年5月閲覧）

8）厚生労働省：通所介護及び短期入所生活介護における個別機能訓練加算に関する事務処理手順例及び様式例の提示について　老振発第0327第2号（平成27年3月27日）

http://www.fukushihoken.metro.tokyo.jp/kourei/hoken/kaigo_lib/tuutitou/9_tankiseikatu.files/kobetsukinou-kasan.pdf（2018年6月閲覧）

第8章

知っておくべき管理業務

デイサービスでは，管理者が生活相談員を兼務している場合は多く，管理者と生活相談員はお互い補完する関係であるとも言えます。見学対応や契約業務，サービス担当者会議への出席，利用者の情報管理，家族・ケアマネジャーへの対応など日々の業務を分担しているところもあるでしょう。生活相談員は利用者の情報を把握しているだけでなく，現場の介護職員や看護職員から頼られている存在であることから，管理者としても事業所の運営には生活相談員の協力が欠かせません。事業所運営を主体となって管理していくのは，もちろん管理者ですが，管理者は生活相談員にも管理業務を理解してもらい，協力を得る必要があります。一方，生活相談員は，管理業務をある程度把握し，管理者を補佐する姿勢が求められます。

生活相談員の最も重要な業務の一つは，利用者にとって現状のサービスが望ましいものか，より良いサービスはないかを検証することです。利用者への介護サービスの提供は，事業所の総力で行うものであり，管理業務を把握していることで，より質の高いサービスを生み出すことができるからです。

1 管理業務とは

管理者の業務については，債権管理や事務処理なども多く，普段あまり目にしないため，一般の職員にとって多くはなじみがないものです。「所長は事務所で何をやっているのか分からない」という職員も多いのではないでしょうか。管理業務とは，もちろん事業所の運営を管理する業務ですから，内容がよく分からないものがあったとしても，どれ一つとして事業所にとって（もちろんそこで働く職員にとっても）関係のないものはありません。逆に，事業所の日々の業務に密接に関係しているものであることは理解しておく必要があるでしょう。

ところで，管理者が行っている管理業務とはどのようなものでしょうか。大雑把に言えば，事業所の日々の運営がスムーズに行われるようコントロールする業務です。管理業務の主なものとして，収支管理・実績（債権）管理・人事労務管理といった事務関連の業務，実際の日々の運営に関するサービス提供管理やトラブル処理でもあるクレーム・事故対応などが挙げられます。また，非常災害時の対応に関する防災対策や昨今重要視されている地域との連携なども管理者の業務に含まれます。

これらについて，順を追って見ていきましょう。

2 収支管理

　文字どおり収入と支出を管理することです。3〜5年の中・長期計画もあります
が，まずは事業年度（4月〜翌3月）の収入と支出の計画を立て，月ごとに管理す
る年次・月次の収支管理を行いましょう。管理者は年間の収支計画を達成するため
に，毎月の収入（＝売り上げ）と支出（＝経費）が計画どおりになるよう管理しま
す。収支管理は所長の仕事で，職員には関係ないと思っているかもしれませんが，
事業を継続していくには適正な利益が必要です。事業所の利益こそが職員の給与の
源泉であることを忘れてはなりません。売り上げの増大と経費の削減は，すべての
事業所にとって重要な課題であると共に，すべての職員が関心を持つべきことでも
あるのです。

1）売り上げの管理

　月の売り上げは利用者数の増減に大きく左右されます。天候不順やインフルエン
ザの流行など利用者数を減少させる要因はさまざまです。利用者が施設への入所や
入院で利用を中止したり休止したりして，実利用者数が減少することもあります。
管理者は，毎月の売り上げを安定させるために，実利用者数の減少に備えた新規契
約促進とそのための営業活動などの対策を検討・実施しています。

　生活相談員は，管理者と協力して新規契約促進など実利用者数の増加に努めま
す。生活相談員が実際に営業を分担する場合もあるため結果も期待されますが，生
活相談員の本来の重要業務である事業所とケアマネジャーとの連携を強化すること
が，長い目で見て効果的であるとも言えます。利用者に利用日を増やすことを提案
してくれたり，新規利用者を紹介してくれたりするのは，ケアマネジャーが事業所
を信頼してくれている証です。生活相談員がケアマネジャーと連絡を密に取り，要
望を把握し，それに応える（応えようと努力する）ことが，ケアマネジャーの信頼
を勝ち得る最も有効な手段なのです。

2）経費の管理

　経費には，家賃・駐車場代，人件費（正社員・パート社員の給与や残業代），水
道光熱費，送迎車のガソリン代，給食費用などの外部委託費，消耗品費，アクティ
ビティ費用などさまざまな項目があります。家賃・駐車場代や正社員の給与などは

知っておくべき管理業務　■　167

固定費であり，毎月の出費が決まっています。残業代や水道光熱費，消耗品費など
の変動費は，作業効率を上げたり，無駄を省いたりすることで削減可能です。適正
な収益は，事業所の成長の原資であり，事業所全職員の給与の源泉であることは，
先に述べたとおりです。すべての職員がコスト意識を持つことが必要です。

3 実績（債権）管理

　デイサービスは，利用者ごとに週何回，何曜日に来所し，機能訓練や入浴など提
供するサービスが決まっており，その実施状況を確実に記録することが求められて
います。法人ごとに実施状況を記録する帳票が作成され，確実に記録するよう指導
されるのは，その記録に基づいてケアマネジャーへの実績報告や介護報酬請求がな
されるからです。行政による実地指導や監査では，介護報酬の請求が適正に行われ
ているか（サービス提供していないのに請求するいわゆる不正請求がないか）が徹
底的にチェックされます。

1）実績報告

　毎月，ケアマネジャーから各利用者のサービス提供票が送られてきます。サービ
ス提供票には，利用日やサービス提供時間，各種加算サービスなどが記載されてい
ます。このサービス提供票に従ってサービスを提供しますが，その際，日々のサー
ビスの実施状況を記録したチェック表がきちんと作成されていることが必須です。
特に，入浴や個別機能訓練など加算にかかわる実施状況は，確実に記録することが
大切です。サービスの実績報告については，できるだけ速やかにケアマネジャーに
提出する必要があります。居宅介護支援事業所によっては，毎月1日に提出を求め
るところもあります。末日に来所する利用者の実績報告を翌月1日に提出するとい
うことになりますから，時間的な余裕はありません。サービスの実施状況が日々確
実に記録されていることが肝要です。

2）請求業務

　ケアマネジャーからのサービス提供票とサービス提供実績に相違があれば実績に
合わせて修正します。一部は負担割合に応じて利用者に請求しますが，残りは毎月
10日までに国民健康保険団体連合会（国保連：大田区の場合は，東京都国民健康

保険団体連合会）に請求します。国保連への請求は，請求管理ソフトで作成した請求データを伝送することができますので，入力データに間違いがなければ滞りなく処理されます。利用者への請求については，現在銀行引き落としがほとんどですからデータ送信による一括処理が基本です。ただし，各利用者に事前に請求書を発行する必要があります。

実績報告や請求業務については，原則，管理者（または事務部門など）が行っていますが，こうした業務が月末から月初にかけて集中しており，管理業務を圧迫していることは理解しておきましょう。

4 人事労務管理

介護事業は，労働力への依存度が高い，いわゆる労働集約型産業です。慢性的な人材不足が続く介護業界において，職員の採用や勤怠の管理は，管理者の非常に重要な，そして最も頭を悩ませている業務であると言えるでしょう。

1．勤怠管理

勤怠管理とは，職員の勤務状況を把握し管理することで，管理者の職責です。事業所は，まず就業規則などの各種規則を整備しなければなりません。そして，その規則に従い，タイムカードや出勤帳簿などで職員の勤務状況を管理します。通常の勤務状況のほか，休日出勤や有給休暇の取得，時間外勤務（残業）なども適切に処理・対応する必要があります。

職員に対する不当な労働の強要や過度の残業が続くことは，違法であるだけでなく，職員のモチベーションを下げ，離職者を増やす原因にもなります。勤怠をしっかり管理することは，職員を的確に評価すると共に労働環境の改善にも役立ちます。

1）勤怠管理に必要な帳票

勤怠管理は，労働基準法における監督や介護保険法の人員配置基準の根拠になります。実地指導の時は，勤怠管理についての検査が行われます。勤怠管理において必要な主な帳票を**表25**に示します（勤怠管理に必要な帳票は法人ごとに違いがあります）。

知っておくべき管理業務　■　169

表25	勤怠管理に必要な帳票

- **職員名簿・職員台帳**
  職員の履歴を管理するために使用
  入職，退職，異動，資格取得等の種類と年月を記録・保管

- **資格証明書**
  職員が持っている資格・免許証の写しを保管
  介護保険法上の申請等の根拠書類として必要

- **勤務表・ローテーション表**
  職員の出勤・休暇のスケジュール表
  変則ローテーションがある場合は，職員の分担を明記
  介護保険法の人員配置基準の遵守根拠になる

- **出勤簿・タイムカード**
  勤務表の予定に対して，職員の出勤状況を確認する書類
  勤務実績の根拠となる書類で，勤務表と同様に介護保険法の人員配置
  基準の遵守根拠になる

- **時間外勤務届（資料20）**
  職員の残業についての管理書類
  残業は管理者の命令によって発生し，実績を管理者が確認

- **休暇整理簿**
  職員の休暇についての管理書類（**資料21**）
  休暇の種類は，年次有給休暇，特別有給休暇，産前産後休暇，生理休
  暇，介護休暇などがあり，事業所が設定
  職員は事前に取得申請をするのが原則

- **出張命令簿**
  職員の出張についての管理書類
  残業と同様に管理者の命令によって発生し，実績を管理者が確認する
  仕組み

| 資料20 | 時間外勤務届 |

時間外勤務届

○○○○ **様**

> 人事・総務・統括など，人事労務管理部門責任者あてとする。

下記内容で時間外勤務をさせたく申請します。

○ 年 ○ 月 ○ 日

> 残業は，原則として事前に申請する。

（申請者）　○○○○　　　印

氏名	年月日(曜日)	時間	時間数	業務内容
○○○○	○月○日（○）	18:00 ～ 19:30	1.5H	サービス担当者会議出席
		～		
		～		
		～		
		～		
		～		

承認（　　）

■ 上記のとおり時間外勤務をさせましたので報告します。
□ 上記申請は下記のように変更がありました。

平成　　　年　　　月　　　日

（申請者）　　　　　　　　　　　印

氏名	年月日(曜日)	時間	時間数	業務内容
		～		
		～		
		～		
		～		
		～		
		～		

> 事前申請と実際の残業内容が相違した場合は，変更内容を記載する。

承認（　　）

○○○○デイサービスセンター

知っておくべき管理業務　171

資料21　年次有給休暇管理表

年次有給休暇管理表
（○年度）

所属	氏名
○○○○ デイセンター	○○○○

有給休暇日数	
前年度繰り越し	5
本年度有休日数	10
合計	15

承認		
承 統括	認 管理者	
㊞	㊞	

有給休暇取得日	日数	有休残	本人印	請求日	備考
6月 12日（水）　8時30分から 6月 12日（水）17時30分まで	1	14	㊞	6月5日	
月 日（ ）　　時　分から 月 日（ ）　　時　分まで				月　日	
月 日（ ）　　時　分から 月 日（ ）　　時　分まで				月　日	
月 日（ ）　　時　分から 月 日（ ）　　時　分まで				月　日	
月 日（ ）　　時　分から 月 日（ ）　　時　分まで				月　日	
月 日（ ）　　時　分から 月 日（ ）　　時　分まで				月　日	
月 日（ ）　　時　分から 月 日（ ）　　時　分まで				月　日	
月 日（ ）　　時　分から 月 日（ ）　　時　分まで				月　日	
月 日（ ）　　時　分から 月 日（ ）　　時　分まで				月　日	
月 日（ ）　　時　分から 月 日（ ）　　時　分まで				月　日	
月 日（ ）　　時　分から 月 日（ ）　　時　分まで				月　日	

原則、事前に申請する。

有休日数は、入社してからの年数により異なる。

2）勤務表作成の手順

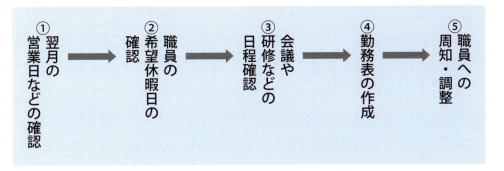

①翌月の営業日などの確認
　事業所の営業日は週6日だったり，年中無休であったり，法人によってさまざまです。あらかじめ決めてある休業日（日曜日や年末年始など）以外の営業日（年中無休なら365日）の中で，交代で休みを取っている事業所が大半でしょう。一般的に年初に提示された年間の営業日や月別の休暇日数から，翌月の営業日・職員の休暇数を確認します。

②職員の希望休暇日の確認
　勤務表作成に当たっては，事前に職員に希望休暇日があるかどうかを確認します。管理者は職員の事情を最大限考慮すべきですが，職員もできる限り業務を優先することを心がける必要があります。何より「お互い様」であることを理解し，職員同士で融通し合う関係性をつくることも重要です。

③会議や研修などの日程確認
　管理者が出席する本社会議や事業所での会議，社内研修や外部研修など事前に予定されているものはできるだけ早く職員に開示しておきます。そうすることで，職員の希望休暇日も事業所内の予定を極力避けてもらうことができます。

④勤務表の作成
　①～③を踏まえて勤務表を作成します。特定の職員に負担が集中しないようバランスの取れた勤務表作成に留意します。
　管理者として注意すべきことは，法令を遵守した職員配置が必須であるということです。出勤する介護職員数が基準に満たない，生活相談員や看護職員が不在の日があるなどといったことがないよう注意が必要です。

⑤職員への周知・調整
　勤務表を作成したら，できるだけ早く職員に周知しましょう。職員の希望休暇日や会議日程の見落としなど事前に確認できます。

2．採用業務

　介護保険法で利用定員に対する事業所の配置人員は決まっており，日々の運営を円滑に行うためにも，職員採用は事業所の規模や利用者数の増加に応じて計画的に管理します。職員採用は，本社や法人本部において一括で行っていたり，正社員は本社，パート社員は事業所と採用権限を分担したりと法人ごとに仕組みが異なります。管理者を除いて事業所職員が採用に直接かかわることは少ないでしょうが，事業所（法人）が多くの費用を使って採用活動を行っていることを理解しておく必要があります。

【採用の手順】

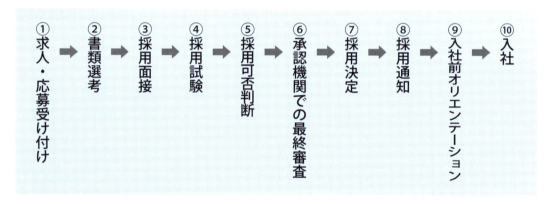

①求人・応募受け付け

　求人は新聞折り込みや求人誌・フリーペーパーへの掲載，ハローワークやインターネット媒体などさまざまな方法で行われます。求職者から問い合わせがあれば，必要事項を聞き取り，速やかに担当者につなぎます。

②書類選考

　受け付けを終えた応募者に必要書類（履歴書，職務経歴書，資格証など）の送付を依頼します。書類到着後は，内容を詳細に検討し，第1次選考を行います。

③採用面接

　書類選考に通った応募者は，採用面接に進みます。介護は利用者と直接触れ合う職種であり，資格や経験以上に人柄や介護に対する姿勢が問われます。書類では分からない応募者の個性を判断する上で面接は重要なものですから，複数の面接官で行う，役職別に複数回行うなど，法人ごとに面接方法を工夫しています。

　面接時は，採用側が応募者を観察するだけでなく，応募者も採用側の法人・事業所を観察しています。応募者からも入社したいと思われるよう，面接官を含む全職

員が社会人としてふさわしい態度で臨むことが必要です。

④採用試験

　法人によっては，ペーパーテストを課すところがあります。ペーパーテストは性格や思考方法を判別したり，言語能力や計算力・記憶力などの事務処理能力を判定したりするものなど多彩であり，法人ごとに組み合わせを変えるなどして実施しています。ペーパーテストは面接官の主観が入らないため，応募者の人物像を的確に表すこともあります。

⑤採用可否判断

　応募書類や面接，ペーパーテストの結果を踏まえて応募者の適性を検討し，採否を判断します。

⑥承認機関での最終審査

　⑤の結果を承認機関（本部事務局や最高決定権者）に報告し，最終的な採否を決定します。

⑦採用決定

　最終面接の際に，応募者には採否決定の日時と連絡方法を伝えておきます。採否が決定したら，伝えた日時の前であってもできるだけ早く応募者に伝えます。

⑧採用通知

　採用が決定した応募者に対して，採用する旨の通知を行います。電話や文書，メールなど，その方法は事業所によって異なります。

⑨入社前オリエンテーション

　採用が決定した応募者には，入社前のオリエンテーションを実施します。オリエンテーションは社員教育の第一歩です。統括部門や管理者など責任ある職員が，法人の理念や方針などをしっかりと伝えることが重要です。また，入社に必要な書類（秘密保持誓約書など）も事前に準備し，記入方法なども丁寧に説明することで，応募者は安心して入社日を迎えることができます。

⑩入社

　初出勤の日は，誰でも緊張するものです。事業所の先輩職員には事前に出勤日や本人の様子などを伝え，温かく迎えるよう指導しておきましょう。また，新しい人材が入社する時は在職者に自身の態度を改めさせる機会でもあります。特に採用したのが新卒者であれば，初めて社会に出る新人に対して社会人の先輩として恥ずかしくない態度をとることはもちろん，新人の目標となるよう努力することを十分に理解してもらいましょう。

知っておくべき管理業務　■　175

3．職員研修

　研修には，すでに現場で一定期間勤務している職員に対する現任研修と入社間もない職員に対する新任研修があります。

　職員の育成は，どのような組織においても非常に重要で，かつ頭を悩ませる課題です。ここでは育成の要である職員研修について説明しますが，いかに重要な題材を取り上げても，またどれだけ効果的な方法で実施しても，研修が成功するかどうかは，結局，研修を受講する職員の心構え一つであるとも言えます。研修受講者が，素直に学ぶ姿勢で研修に臨むことができれば，その研修の成功は約束されたようなものです。管理者は，自らが研修で学ぶことの重要性を信じ，どんな研修からも収穫を得ようという姿勢を職員に伝えましょう。この思いが職員に伝われば，事業所全体の研修に対する姿勢が改善されていきます。なお，研修には，すでに現場で一定の期間勤務している職員に対する現任研修と入社間もない職員に対する新任研修があります。

1）現任研修

　現任の職員に対して，介護の質を高めるための研修を実施します。現任と言っても勤続年数や経験，個人の技量によって，職員の持っている能力の程度はさまざまです。現在の能力を少しでも高めることが利用者の利益になりますが，それ以上に自らの能力を高める（新しい知識を習得する，それまでできなかったことができるようになる）ことは，本人の自信につながり，モチベーションを高めることにもなります。

【研修実施の手順】

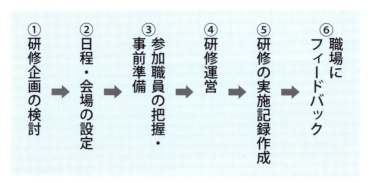

①研修企画の検討

　年度内に実施する研修テーマをあらかじめ決めておき，年間の事業計画の中で実施時期を明確にしておきます。テーマごとに実施担当者を決め，それぞれが企画書

を作成します。担当者（複数人のチームでもよい）は，日時，会場，講師，当日の運営方法，時間配分などを検討します。外部講師を依頼する場合は，事業所の課題について講師とすり合わせを行い，適切な資料を準備してもらいます。内部で講師を選出する場合は，研修テーマに沿った情報を収集し，資料を作成します。

②日程・会場の設定

開催日時は，基本的にサービス提供時間を避けて設定し，常勤職員だけでなく非常勤職員も出席しやすいように設定します。会場は事業所内か事業所から交通の便の良い近場の公共施設などを利用します。公共施設は半年から2カ月前までに予約するなど，施設によって規定が違うので注意しましょう。

③参加職員の把握・事前準備

回覧などで研修のタイトル・日時・会場・講師を告知し，出欠席を確認します。参加者数によっては，当日運営の方法や会場設営に変更が出る場合もありますので，日程には余裕を持って参加人数を把握しておきましょう。

事前準備として，開催前には講師と連絡を取り，当日使用する物品や資料，会場に到着する時刻，研修の進め方など打ち合わせておきます。その後，会場の管理者に会場設営の方法を伝えます。プロジェクターやスクリーンが必要な場合は，その旨を伝えておきましょう。資料は，参加人数のほかに講師用，記録用などを含め多めに準備した方がよいでしょう。

また，研修アンケートを作成したり，講師料の支払いのため領収証などの準備をしたりすることも忘れずにしておきます。

④研修運営

事前に，会場設営，受付，記録，講師の接待，資料配付，進行などの役割分担を決定しておきましょう。研修当日は，スムーズな運営ができるよう，担当者同士で打ち合わせすると共に，マイクやプロジェクターなどの機器材に不具合がないか確認しておくことも必要です。

⑤研修の実施記録作成

参加者の感想などをアンケートに記入してもらう時間やその回収時間も，研修時間内に設定します。記録係による研修内容記録や写真と共に実施記録を作成し，ファイリングしましょう。

⑥職場にフィードバック

参加者の感想やアンケートをまとめ，研修内容記録と共に参加できなかった職員に回覧します。また，この研修で現場のルールづくりなどの取り組みについて決定

したことがあれば，周知のために各職場に回覧・配布します。場合によっては，職員を集めて説明することも必要です。

【研修のテーマ】

　研修の目的は，提供するサービスの質を向上させることです。サービスの質を支えるのは，介護技術です。歩行介助や車いすの操作，移乗介助，入浴介助，食事介助など介護にかかわるすべての項目が研修対象になります。経験の浅い職員はもちろん，経験が豊富な職員であっても定期的に研修に参加し，自らの介助方法を見直すことが必要です。ベテラン職員が講師となって教えるというのが一般的でしょうが，誰かが教えるという形式にとらわれず，それぞれの職員が自分の介助方法を紹介し，他の職員がそれを見てアドバイスをするという形式にすれば，一方的に教えられるよりも身につく場合もあります。教える時は，なぜそのような介助方法・手順をするかという理由も伝えることを忘れてはなりません。

　また，介護に関連する知識を習得することも重要です。介護自体が利用者の生活全般にかかわってくることから，介護に関連する知識と言っても非常に広範囲にわたっています。各法人・事業所において研修項目を設定していることでしょうが，介護保険法に基づく「介護サービス情報の公表制度」において確認対象となっている以下の項目については，あらかじめ年間研修計画に組み込んでください。

（1）プライバシー保護の取り組み

　入浴や排泄の介助にかかわることから，利用者の羞恥心への配慮は不可欠です。利用者の尊厳を保持できるように配慮しているか，より良い方法はないかを事業所内で検討していく必要があります。

（2）身体拘束の排除のための取り組み

　身体拘束の考え方や身体拘束における弊害を職員全員が認識し，共有する必要があります。身体拘束は身体や手足を縛ることだけではありません。職員の言葉による行動抑制も，広義の意味で身体拘束に当たることを認識しましょう。事業所内での事例を挙げながら検討してみましょう。

（3）倫理および法令遵守

　大変広範囲なテーマです。倫理とは，人として守り行うべき道であり，道徳です。職員としての常識であるにもかかわらず，介護施設などで職員による暴力や虐待など，およそ倫理とは対極の事件が発生していることも事実です。法人の倫理規定・行動基準の確認や倫理に反する具体的な事例を共有しましょう。

　また，デイサービスは，介護保険法などさまざまな法令に基づいて運営されてい

ます。人員基準（職員の資格や人数など）や設備基準（食堂兼機能訓練室の広さや相談室の設置など）など身近な事例を基に分かりやすく説明し，職員に法令を守ることの重要性を認識してもらいましょう。

（4）事故の発生予防または再発防止

「事故を未然に防ぐ（発生予防）」「同様の事故を繰り返さない（再発防止）」の両面から，事故防止を意識する機会をつくることが重要です。

（5）事故の発生等緊急時の対応

デイサービスに多い転倒事故や容態の急変などが起こった際の対応をあらかじめ決め，職員に周知しておく必要があります。事業所内，送迎中などの場面に分けて対応マニュアルを整備・共有します。

（6）非常災害時の対応

地震，火災，水害，雷や豪雨などの災害時についても，利用者と職員の安全を確保できるよう適切に対応することが求められます。利用者と一緒に行う震災・火災訓練は特に重要です。事業所は，防災マニュアルを作成し，マニュアルに基づいた訓練を定期的に行う必要があります。

（7）食中毒・感染症の発生の予防とまん延の防止

飲食物を提供している事業所では，食中毒発生の危険があります。また，感染症も高齢者にとって重篤な症状を引き起こす可能性があります。いずれにしても，まずは正しい知識を持つことが大切で，それぞれについて発生を予防すると共に，万が一発生した時のまん延防止についても対応方法を共有しておく必要があります。

（8）認知症および認知症ケア

認知症の利用者の増加は，職員が現場で身をもって感じていることであり，また対応に苦労していることでもあります。まずは，認知症とはどのような病気であるか基礎知識を身につけましょう。認知症の利用者は不安な精神状態にあり，どのように職員が介護していけば，この不安を取り除くことができるかを考えるのです。回想法などさまざまな認知症専門療法が紹介されていますが，手技・手法の習得に偏らないように注意しましょう。認知症の利用者一人ひとりを職員が適切に理解することが基本です。

2）新任研修

新入職員の中には，新卒者や他職種からの中途採用者など介護未経験者もいます。介護経験者であっても，法人が変われば業務内容がすべて同じということはあ

りませんから，現任者への研修とは違った配慮が必要です。

（1）座学による研修

座学では，まず法人の理念や行動基準などをしっかりと伝えましょう。入職直後に施設長など管理者から説明を受けることで，新入職員の印象に残り，しっかりした方針で事業所が運営されていることを理解してもらえます。もちろん，実際の現場が理念や行動基準とかけ離れていては逆効果ですから，現場での意識統一が前提となるのは言うまでもありません。

次に，マニュアルなどを使って担当業務を実践する上での基本的な知識を教えます。中途採用者の中には介護現場を経験している者もいますが，事業所が変われば仕事の進め方が違うため戸惑うことも多いです。新卒者や未経験者ならなおさらで，事前に担当する業務について一通り説明しておくことは重要です。経験者であれば，自身の経験と比べながら，事業所の特徴をある程度理解できるでしょう。未経験者は，その場ではほとんど頭に残らないかもしれませんが，全体像をおぼろげに理解することはできるでしょう。事前に一通り説明を受けたことで，断片的にでも情報は残ります。「まともな研修を受けていない」と「一通り説明を受けた」では，新入職員の印象は大きく異なります。OJTの前に心の準備もでき，それが研修に臨む意欲に少なからず影響を与えることもあります。

（2）OJTによる研修

新入職員に対する研修は，時間・内容共にOJTが中心です。その際は，習得すべき項目をリスト化して，いつ何を教えたかという記録を残します。研修項目が終了するたびに受講者と研修内容を簡単に振り返れば，受講者の理解も深まり，教え漏れがなくなります。新卒者はもちろん，中途採用者ならなおさら，年齢や経験，本人の理解力・気力などで習得のテンポは異なります。事前に経歴を把握し，面談や座学の際，OJTの過程で，その人の性格や能力を見極めて，教え方や進捗度合を変えていきましょう。

現場での指導については，あらかじめ指導担当者を決めておきます。業務内容やスケジュールによって，実際に教える職員が複数になってしまっても，指導担当者が指導の責任者としての役割を担います。新入職員が仕事を覚える際に困る（そして不信感を持つ）のは，先輩によって言うことが違うことが原因です。業務内容や手順などはマニュアルで決まっていても，実践の場においては職員によって多少の相違が出てしまうものです。初めに「業務のことは指導担当者の○○さんに聞く」と決めておけば，無用のトラブルを防ぐことができます。

5 クレーム・事故対応

　事業所の運営においては，さまざまなトラブルが発生します。些細なトラブルから事業運営に大きく支障を来すような重大な事故まで，深刻さも多種多様にわたります。ハインリッヒの法則[※1]に基づいて考えれば，重大な事故を防止するには，些細なトラブルを軽視しないことが重要です。実際に発生した事故はもちろん，その背後にある無数のヒヤリハットに着目し，職員が一丸となって予防や再発防止に取り組むことが必要です。

1．クレーム対応

　利用者や家族，ケアマネジャー，近隣住民や取引先の業者など，いつ，どこでクレームが発生するか予想はできません。言葉の行き違いや勘違いなど丁寧に説明すれば誤解が解ける場合もありますが，トラブルそのものより対応の不手際から相手の不満が増大したことによるクレームなども多く見られます。

　まずは，どのようなクレームに対しても全職員が真摯に対応する姿勢を見せることが大切です。そうすれば，不適切な対応で怒りを助長させることもなく，時間の経過と共に少しずつ怒りも収まり，怒っていた相手が冷静さを取り戻すこともあります。しかし，悪意を持って理不尽な要求をするケースも中にはあります。あまりに理不尽な主張である場合は，事業所だけで抱え込まず，統括部門や本社部門に報告・相談し，場合によっては弁護士などに相談することも視野に入れておく必要があります。

【クレーム対応の手順】

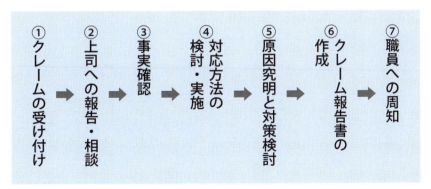

※1　1つの重大事故の背後には29の軽微な事故があり，その背景には300の異常が存在するというもので，労働災害における経験則の一つです。

①クレームの受け付け

クレームで大切なのは初期対応です。最初に受け付けた職員が丁寧に対応し，相手の主張をよく聞き，メモに書き取ります。クレームが重大な内容であったり，先方の怒りが大きかったりする場合は，早めに上司に引き継ぐことも大切です。その場で返答できない場合も多いため，先方の主張をよく聞いたら，こちらから改めて連絡するようにしましょう。

②上司への報告・相談

自身での対応が困難なクレームであると判断した場合は，速やかに管理者など上司に相談します。些細な問題ですぐに解決できたとしても，クレーム内容と対応結果を上司に報告します。自身の対応で解決したと思っても，後日思わぬ形でクレームが再燃する場合もあるからです。

③事実確認

クレームの内容について関係する職員などに聞き取り調査を実施し，事実確認をします。当方に非があるのか，先方の思い違いなのか，事実関係を明らかにする必要があります。たとえ単なる思い違いのようなケースでも，当方に誤解を生じさせた原因がわずかでもあれば，その点について真摯にお詫びするべきです。

④対応方法の検討・実施

クレーム内容が事実の場合は，当然真摯に謝罪する必要があります。クレームを引き起こした当事者である職員と上司である管理者がお詫びします。何か実害があれば補償する必要もあり，その場合は管理者を通して統括部門や経営者への報告・相談も必要になります。

クレームの受け付けから対応までの時間が長いほど，先方の心証は悪くなる可能性が高いため，速やかに対応することが重要です。クレーム対応が迅速に行えるかどうかは，組織の連携にかかっています。

⑤原因究明と対策検討

クレームに至った経緯を詳細に分析し，原因究明と再発防止の対策を行います。原因究明は，表面的な事象にとらわれず，深く根本原因にまで踏み込んでいくことが大切です。根本原因が究明できれば，シンプルで効果的な対策が自ずと明白になります。

対策が具体性に欠け効果が疑わしい場合は，原因究明が中途半端なことが多いものです。原因と対策が明確になったら，すぐに実行可能な対策から順次実施していきます。

⑥クレーム報告書の作成

クレームが寄せられてから対応結果までの経緯を簡潔に記載し，原因と対策を明

記した報告書を作成します。報告書は統括部門や本部など承認機関に回送し，承認を得ます。承認部門が冷静な目で見ることで，対応方法の問題点や原因・対策の不備などが発見されることもあります。

⑦職員への周知

職員間では，クレーム発生当初から随時情報を共有していきましょう。報告書が承認機関の承認を得た後，再度報告書を基に最終的な共有を図ります。最終確定した報告書に基づいて再度内容を振り返り原因・対策を共有することで，職員間に共通の認識ができ，再発防止につながるのです。

2．事故対応

介護に従事する人が言う「事故」とは，一般的に介護サービス提供中に発生した事故を指します。サービス提供中の事故で多いのは，転倒事故ではないでしょうか。高齢者は下肢筋力が弱り，視力も衰え，疾病の影響でふらつくなど転倒しやすくなっています。転倒以外にも，介助中にけがをさせてしまったり，食事中に食べ物をのどに詰まらせたりする事故も発生します。また，利用者の私物を破損したり，紛失したりといった事故もあります。

介護中の事故は，まずは発生させないことが大切であることは言うまでもありません。介護現場においてもヒヤリハット事例の共有や事故予防対策の実施など日々取り組みを行っていることでしょう。しかし，いくらそういった取り組みをしても，事故発生をゼロにすることは難しいと言わざるを得ません。発生させない取り組みを継続させつつ，それでも事故が発生した時に被害を最小限に抑えるための対応策の検討・実施が必要です。

【事故発生時の対応手順】

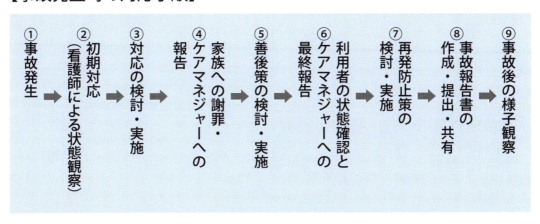

①事故発生

サービス提供中に事故が発生した場合は，まず，介助者や近くの職員が利用者の状態を把握します。他の職員に助けを求め，速やかに看護師・管理者などに報告します。

②初期対応（看護師による状態観察）

看護師は利用者の状態観察をします。管理者は，他の利用者が動揺しないよう，職員に必要な指示をします。また，本社や統括部門にも報告し，必要な指示を仰ぎます。

③対応の検討・実施

看護師は，必要な対応（救急搬送，受診，様子観察など）について意見を述べます。管理者は，看護師の意見を基に速やかに最終判断をして，対応を指示します。

④家族への謝罪・ケアマネジャーへの報告

まずは家族に連絡して事情を説明し，謝罪します。救急搬送・病院移送などにより受診する場合は，家族にも同行を依頼します。また，ケアマネジャーに連絡して事情を説明し，必要であれば助力を求めます。

⑤善後策の検討・実施

救急搬送や病院移送などにより，人員を割かなければならない場合がありますので，他の利用者へのサービス提供に支障がないよう善後策を講じます。他の利用者の送迎時間に変更が出るようなら，その旨を家族にも伝えます。事故発生による通常業務への影響を最小限に抑え，当日のサービス提供を滞りなく完了させます。

⑥利用者の状態確認とケアマネジャーへの最終報告

救急搬送や病院移送で受診して利用者・家族が帰宅した後，管理者が直接利用者宅を訪問するか，電話で状況を確認し，再度謝罪します。また，ケアマネジャーにも連絡して状況を説明します。

⑦再発防止策の検討・実施

事故が発生したら，速やかに（できればその日のうちに）再発防止策を検討します。再発防止策を検討するに当たって，最も重要なことは原因の究明です。十分に掘り下げて根本的な原因を特定します。根本原因が特定されれば，その原因を取り除くことが対策になるため，より具体的でシンプルな対策を講じることができます。

⑧事故報告書の作成・提出・共有

事故発生からの一連の経緯をまとめ，原因・対策を記載した事故報告書（**資料22**）を作成します。報告書は統括部門や本社などに提出し，承認を受けます。報告書が承認を受けたら，再度，事業所内で事故内容を共有し，再発防止の意識付けを行い

資料22	事故報告書

	所長	統括所長

○年 ○月 ○日(○)

報 　 告 　 書

該当部分にチェックする。

報告者名　　○○○○　　　印

発生日時	○年 ○月 ○日(○)　　○時 ○分		
氏　名	○○○○　　　様　男・女　M・T・Ⓢ　○年 ○月 ○日生　　特養・短期・在宅		
分　類	事故 ・Ⓗ ・ 苦情 ・ その他(　　　　　　　　　)		
区　分	■転倒 □転落 □衝突 □ずり落ち □内出血 □皮剥け □誤嚥・誤飲 □異食 □誤薬		
	□暴行 □自虐行為 □器物破損 □離園 □紛失・盗難 □車両事故		
	□その他＜言動・医療処置＞(　　　　　　　　　　　　　　)		
ケガの状況	□打撲 □捻挫 □骨折 □切り傷	部　位	□＜左側 右側＞ □頭部(前後) □顔面 □背部
	□火傷 □擦過傷 □精神的被害		□頸部 □肩部 □腕 □手／手首 □胸部 □腹部
	□発熱 □その他(　　　)		□腰部 ■脚／足 □その他(　　　　)
発生場所	○階　　■フロアー □居室 □廊下 □トイレ □浴室・更衣室 □食堂 □エレベーター内		
	□ベランダ □屋外(施設内・敷地外) □その他(　　詳細：		
家族への 連　絡	○○○○　　　様(関係　長男　)　連絡者：　○○○○		
	○年 ○月 ○日(○)　　○時　　○分	保険 未使用・使用 (傷害　賠償　併用)	

内　容	ソファーで休息していた○○さんが, 鉛筆を手に取ろうとして立ち上がり, 杖を持たずに机のところまで歩行する。鉛筆とメモ用紙を手にして再びソファーに戻ろうと転換した時に身体のバランスを崩し, 転倒しそうになったところを職員が気付いた。

事故・ヒヤリハット，苦情などの内容を記入する。

対　応	職員がバランスを崩しそうになった○○さんの身体を抱くようにしてバランスを整え, 転倒を防いだ。

事業所が行った対応や病院などでの治療内容を記入する。

原　因	至近距離の移動だからと, ○○さんはいつも使用している杖を持たずに歩行した。職員はそのことに気付かなかった。休息していた○○さんの体の近くに杖を置いていなかった。

事象に至った原因を記入する。

対　策	転倒リスクが高いので, ○○さんに杖の使用の声かけをすること。○○さんの手の届くところには, 常に杖があるように配置すること。○○さんが杖なしで歩き始めたら, すぐ支持できる位置に職員が寄り添うこと。

原因に対しての改善策を記入する。

報　告	□看護師　□ケアマネ　■生活相談員　□副所長　■所長　□統括事業所長　□その他
備　考	

報告した先すべてにチェックする。

○○○○法人○○○○○

知っておくべき管理業務　■　185

資料23　行政指定の事故報告書（東京都大田区）

介護保険事業者等　事故報告書

大田区長　　　　　　　　　　　　　　　　　　　　　　　　○　年　○　月　○　日

> 保険者に対してだけでなく，事業所内の記録，関係機関への報告書式としても活用できる。

1 報告事業者	事業所・施設（法人）の名称	（○○○○法人○○）		理事長　　○○○○
				管理者名　○○○○
	所　在　地	○○市○○町○○　○−○−○	電話番号 00（　　0000　　）0000	
	サービス種別 （予防サービス，宿泊サービスを含む） （該当項目の□にチェック）	□居宅介護支援　□訪問介護　□訪問入浴介護　□訪問看護　□訪問リハビリ　■通所介護　□通所リハビリ　□福祉用具貸与　□福祉用具販売　□短期入所生活介護　□短期入所療養介護　□特定施設入居者生活介護　□居宅療養管理指導　□介護老人福祉施設　□介護老人保健施設　□介護療養型医療施設　□小規模多機能型居宅介護事業所　□夜間対応型訪問介護　□定期巡回・随時対応型訪問介護看護　□認知症対応型共同生活介護　□地域密着型通所介護　□認知症対応型通所介護　□宿泊サービス　□軽費老人ホーム　□養護老人ホーム　□総合事業（ 通所・訪問 ）□その他（　　　　　　　　　）		

2 対象者	氏　　名	○○○○ （△△△△）	被保険者番号	0000000000
	住　　所	○○市○○町○−○−○	対象者（利用者）複数の場合（　／　人中）	
	要介護度（該当に○印）	要支援1・2　要介護1・2・③・4・5	性別　（男）・女　年齢　81 歳	

3 事故の状況及び概要	発生日時	○年　○月　○日（　○　）　○時　○分頃	
	発生場所　（該当項目の□にチェック）	□自宅　■通所施設内　□入所施設内　□その他の施設内　□屋外　□送迎・移動中 □その他（　　　　　　　　　　　　　）	
	事故の状況・種別 （ア〜オを○で囲み該当項目の□にチェック）	ア　サービス提供時におけるケガ及び死亡事故	□骨折■打撲□捻挫□切傷□火傷□誤嚥□異食□誤与薬 □健康状態の急変□無断外出□利用者同士のトラブル□交通事故 □紛失.盗難□その他（　　　　　　　　　　　　　）
		イ　感染症等	□感染症□食中毒□結核□疥癬□インフルエンザ□その他（　　　　）
		ウ　事業者（従業員）の過失・法令違反	□横領□送迎時の交通事故□窃盗□セクハラ□不適切な介護
		エ　災害	
		オ　ア〜エ以外	
	事故の概要 （経緯を記載）	餅つきの行事中にいすから立ち上がり，自分が座っていたいすを手前に引こうとし，そのまま前のめりに倒れ込み，前額部を打撲し3cm大の腫脹となる。	

> 誰が，いつ，どこで，何をしたために，どのような状態に陥ったのか，詳しく記載する。

4 事故時の対応	対　　処	その場で看護師対応のもと，全身観察バイタル測定を実施 BP134／79，P 76 患部をアイシング施行。頭部を打っているため受診する。	
	治療医療機関	受診日時　　○年 ○月 ○日　○	
		名称　　○○総合病院	
	治療の概要	CT撮影，アイシングと様子観	
	家族への連絡・説明	（○年○月○日 ○時○分頃）○○○○（△△△△）様（妻）に当時の状況報告と受診の同意を報告し，謝罪する。	
	関係機関への連絡等	ケアプランセンター○○ケアマネジャー△△△氏に事故概要，受診結果，経過を報告し，ご家族に謝罪した旨も	

> 重要な部分。発生時に適切な対応ができるかどうか，日頃の非常時対応マニュアルなどの見直しにつなげる。

> 家族への連絡が発生後すぐに行われたのか，行われない場合，どのような要素があったためか，明確にする。担当ケアマネジャーや，疾病によっては主治医との連携も必要である。

5 事故後の状況	利用者の現況	□通院中　□入院中　□死亡　□	
	容態等について	特にお変わりなく，その後も通所	
	損害賠償等の状況	□有り（保険適用含む。）　■なし ※協議中，検討中の場合は，状況確定後	

6 再発防止に向けての今後の対応（検討した内容をできるだけ具体的に）	常に見守り，職員間の声かけを強化しながら安心・安全に過ごしていただくようにする。ご利用者が認知症の方であり，予測不能な行動をすることもあるということを再認識し，職員にも周知して再発防止に努めます。

> 対応マニュアルに反映させたかどうか，事後の検証にも役立てる。

ます。市区町村によっては事故報告書の提出が求められますので，決められた様式で事故報告書（**資料23**）を作成します。

⑨事故後の様子観察

その利用者が事故後に初めて利用する時には，特に注意して様子を観察し，気付いたことがあれば家族やケアマネジャーに報告します。

3．車両事故対応

車両事故は，被害が広範囲に及ぶ可能性があります（被害者が複数であったり，乗車中の利用者・職員にも被害が及んだりするケースがあるため）。また，事業所内のように対応のための設備・備品もなく，多くの場合，運転者と添乗職員の2人のみという状況から，事業所内で発生する事故とは異なった対応が求められます。

なお，自損事故，対物事故，対人事故など事故の種類や大きさなどにより，その深刻さや緊急度に違いはありますが，基本的な対応の手順は同じです。

【車両事故発生時の対応手順】

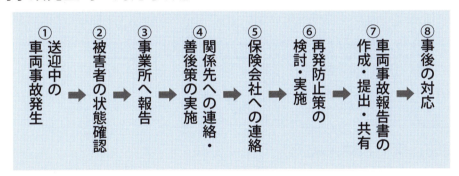

①送迎中の車両事故発生

運転者は車両事故回避のために安全運転に注力していますが，わずかな過失や気の緩みから事故を起こすことがあります。また，相手車両（または，自転車や歩行者）の過失から事故に至ることもあります。

②被害者の状態確認

相手方（歩行者や自転車などの運転者，相手車両の運転者や同乗者），そして当方の利用者や職員にけががないか確認します。けが人がいる場合は，可能なら応急処置をし，速やかに救急車を要請します。

車両事故については，応急処置や救急車の要請など必要な対応をした後，必ず警察にも連絡します。事故後の補償は自動車保険での対応になりますので，警察の発

行する事故証明が必要になるからです。

③事業所へ報告

　発生場所，発生時間，事故状況，けが人の有無，乗車利用者の状態を事業所に連絡します。事故などの緊急事態の場合，当事者は少なからず動揺しています。事業所に状況を報告することで管理者やベテラン職員の指示・アドバイスを得ることができ，誤った対応を修正したり，対応策の見落としを防いだりすることができます。事故被害者や利用者の状態を報告し，看護師から応急処置の方法などの指示も受けるようにしましょう。

④関係先への連絡・善後策の実施

　初期対応が一段落したら，事故状況や利用者の状態を家族とケアマネジャーに報告します。送迎途中であれば，送迎中の利用者の到着遅延や次の便の利用者にも影響が出ますので，他の車両での振り替え送迎など善後策を講じます。現場にいる職員だけで対応することが難しい場合は，管理者や他の職員が現場に急行し，対応することも必要でしょう。

⑤保険会社への連絡

　事故後は，できるだけ速やかに保険会社に連絡します。保険会社は車両事故対応のプロですから，適切なアドバイスも期待できます。保険会社は，事故発生の連絡を受けて保険対応の処理を開始します。実際の事故対応は事故証明が出てから開始され，補償なども被害者の状況（けがの程度や治療状況など）がある程度はっきりしてからになります。

⑥再発防止策の検討・実施

　車両事故が発生したら，運転者と添乗職員から事情を聞き，その日のうちに再発防止策を検討します。再発防止策を検討するに当たって最も重要なことは，原因の究明です。十分に掘り下げて根本的な原因を特定します。根本原因が特定されれば，その原因を取り除くことが対策になるため，より具体的でシンプルな対策を講じることができます。

⑦車両事故報告書の作成・提出・共有

　事故発生からの一連の経緯をまとめ，原因・対策を記載した事故報告書を作成します。報告書は統括部門や本社などに提出し，承認を受けます。報告書が承認を受けたら，再度，事業所内で事故内容を共有し，再発防止の意識付けを行います。

⑧事故後の対応

　事故後，保険会社と連携を取り，事業所側の対応を協議します。被害者がいる場

合は，入院先や自宅を訪問して謝罪する必要があります。管理者や統括部門・本社の間で情報を共有しながら慎重に事後の対応を進めます。

4．重大事故対応

事故の中でも特に被害の大きいもの，骨折を伴う転倒事故や車両運転中の人身事故などを重大事故としてとらえます。対応手順については，一般的な対応と大きな相違はありませんが，被害が大きい分，より迅速に，より誠意を持って，組織の総力を挙げての対応が求められます。

重大事故発生時には事業所職員だけで判断せず，発生直後から統括部門や本社部門の責任者に情報を伝え，より大きな権限で対応を強化することが必要です。

コラム 根本原因の見極め方

事故報告書の作成が難しいと感じている職員が多いのではないでしょうか。事故の経緯については，報告書のフォームに沿って事実関係を記入するだけですが，原因と対策のところで悩んでしまうようです。本文でも触れているように，根本原因を特定できれば，具体的でシンプルな対策，効果的な対策を講じられるのですが，原因が分からないと言われることがよくあります。

このような場合は，初めに対策を考えることをお勧めします。つまり，「どうすれば（どうしていれば）事故を防げたのか」を考えてみるのです。こうしていれば（こうしておけば）事故は防げたということが分かれば，それができていなかったことが原因であると言えるということです。さらに，その原因が根本原因であるかを考えます。

例えば，歩行不安定な利用者が１人で歩いていて転倒してしまうという場合，職員が付き添っていれば転倒が防げたのだから，これが根本原因でしょうか？　これではやや短絡的と言えます。なぜ付き添えなかったか（あるいは付き添わなかったか），とさらに掘り下げて考える必要があるということです。職員が別の利用者に対応していて付き添えなかったのであれば，人員体制や見守り体制が根本原因とも考えられますが，その利用者が歩行不安定であることを知らず付き添わなかったのであれば，教育や情報共有不足が根本原因とも考えられるからです。

6 サービス提供管理

デイサービスでは，送迎，機能訓練，入浴，食事，レクリエーションなどさまざまなサービスを提供しています。各職種がそれぞれの専門性を発揮し，かつ協力しながらサービスを提供していますが，これらのサービス提供が滞ることのないように，しっかりと管理されていなければなりません。

ここでは，実際に提供されるサービスを中心に日々の事業所運営に関連の深い項目について，どのように管理業務が行われているか見ていきましょう。

1. 送迎管理

一人での外出が困難な要介護状態の高齢者が，定期的にデイサービスに通い，各種のサービスを受けるためには，送迎サービスが不可欠です。一方，事業所にとって人員や車両，営業時間などの制約がある中で，安全・確実に送迎業務を実施することは，大きな負担でもあります。

平成30年度の介護報酬改定においては，サービス提供時間区分がこれまでの2時間ごとから1時間ごとに変更されたため，介護報酬算定の点でもよりきめ細かな管理が求められます。送迎時間の設定に余裕がないと，ちょっとしたアクシデントでサービス提供時間区分が変わってくる場合があります。送迎時間はできる限り余裕のある設定にするなどの配慮も必要になるでしょう。

また，送迎業務は事業所外の広範囲で行われることから，トラブルの原因となることも多く，運転手や添乗者に対して言動に注意するよう意識付けすることも大切です。

1) 送迎前準備

送迎業務を円滑に進めるためには，送迎ルートの検討や送迎表の作成など事前準備が大切です。

【送迎前準備の手順】

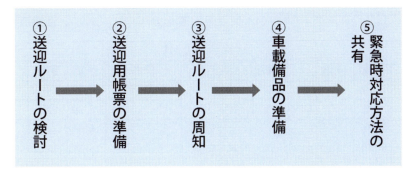

①送迎ルートの検討 → ②送迎用帳票の準備 → ③送迎ルートの周知 → ④車載備品の準備 → ⑤緊急時対応方法の共有

①送迎ルートの検討

送迎ルートは，最短ルートで回るという「効率」が重視されますが，次の要件も考慮することが必要です。

〈利用者のADLなど心身の状況〉

車いす使用の有無はもちろん通常の乗降が可能であっても，下肢筋力の強弱や認知症の有無などで座席の位置や乗降順，同乗者の選択を検討する必要があります。また，車酔いなどの理由で長時間の乗車ができない場合も，乗車時間の配慮などが必要です。

〈利用者の自宅周辺の状況〉

送迎は「ドア to ドア」が基本ですが，利用者宅が狭い路地の奥にあったり，利用者・家族が自宅から少し離れた場所での乗降を希望したりするなど，必ずしも玄関先に停車するとは限りません。その場合，他の車両や近隣住民の邪魔にならない停車位置を事前に検討する必要があります。

また，「ドア to ドア」に比べると，送迎車両の到着から出発までに時間がかかるため，その時間も考慮した時間配分が必要です。

〈送迎ルート上の障害〉

頻繁に閉まる踏切，常に渋滞している交差点などは避けたいものですが，どうしても避けられない場合は，その時間も考慮した時間配分をする必要があります。

②送迎用帳票の準備

送迎サービス実施に当たっては，利用者名や到着時間などを記した運行表（**資料24**）を作成します。介護保険制度上，送迎時間はサービス提供時間に含まれません。利用者の事業所到着時間と出発時間の記録はサービス提供時間算出の根拠となることから，漏れなく正確に記載する必要があります。

資料24	送迎車運行表

送迎車運行表

○年 ○月 ○日 (○)曜日	車両	キャラバン1号	運転者	○○○○	添乗者	○○○○

【迎え】

	氏名	予定	実績	備考
1便	出発時間	8:30	✓	
	○○○○	8:40	✓	車いす乗車
	○○○○	8:45	✓	
	○○○○	8:50		シルバーカー持参
	○○○○	8:55	✓	
	到着時間	9:15	9:13	
2便	出発時間	9:25	✓	
	○○○○	9:35	✓	
	○○○○	9:40	✓	
	○○○○	9:45	―	家族送迎10:10到着
	○○○○	9:55	✓	
	○○○○	10:00	✓	
	到着時間	10:05	10:08	
3便	出発時間	10:15	✓	
	○○○○	10:20	―	体調不良
	○○○○	10:25	✓	
	○○○○	10:30	✓	
	到着時間	10:35	10:30	

> 利用者のADLに関する情報や特別な持参物についての情報も記載しておく。

> 休みや家族送迎などで送迎を行わない場合は、斜線などで区別し、必要に応じて理由などを記載する。また、家族送迎の際には、その旨、到着時間と共に記録する。

> 利用者宅への到着時間については、概ね予定どおりなら✓点などで記入する（何分前後したら実際の時間を記録するかは、各事業所・法人で事前に決めておく）。

【送り】

	氏名	予定	実績	備考
1便	出発時間	15:30	15:32	
	○○○○	15:40	✓	
	○○○○	15:45	✓	
	○○○○	15:50	✓	
	○○○○	15:55	✓	
	到着時間			
2便	出発時間	16:10	✓	
	○○○○	16:15	✓	
	○○○○	16:20	✓	
	○○○○	16:25	―	
	○○○○	16:30	✓	
	到着時間	16:40		
3便	出発時間	16:50	✓	
	○○○○	16:55	✓	
	○○○○	17:00	―	
	○○○○	17:05	✓	
	○○○○	17:10	✓	
	○○○○	17:15	✓	
	到着時間	17:20		

> 運行表の送迎時間については、利用者の来所持の到着時間と帰りの出発時間がサービス提供時間の根拠となるので、確実に記録しておく。

〈特記事項等〉

管理者	添乗者

> 必要に応じて注意事項や特記事項を記載する。押印ルールなども事業所・法人で事前に決めておく。

③送迎ルートの周知

　送迎ルートは，運転者はもちろん添乗職員も熟知しておくことが必要です。また，送迎時間や乗降場所を利用者・家族，ケアマネジャーにも十分に理解してもらうことが円滑な送迎には必須です。

〈運転者・添乗職員への周知〉

　送迎ルートが確定（変更の場合も）したら，運転者や添乗職員に周知します。送迎ルートは①で述べたとおりさまざまな要因を検討しているため，必ずしも効率だけで決まるものではありません。そうした背景も含めて運転手や添乗職員に説明することで，送迎ルートに対する理解が深まります。

　なお，当日欠席や臨時利用などの理由から，直前に送迎ルートが変更になることもあります。朝礼時や運転者と添乗職員の送迎前ミーティングで確認しましょう。また，送迎ルート内で立ち寄ることのできるトイレや緊急時の応援を頼める公的施設（役所，消防署，警察署）などを事前に確認しておくと安心です。

〈利用者・家族への周知〉

　利用者・家族にとって送迎時間は一日のスケジュールを決める大切な要素です。事業所と利用者・家族間で到着時間の認識に相違があってはなりません。送迎時間を大きな文字で印字した書面を作り，利用者宅の見やすいところに貼ってもらうなど，曜日と時間を意識してもらうことが必要です。さらに，利用者の近隣住民との関係などで停車位置の配慮が必要な場合もあります。場合によっては，送迎の手順の説明をしたことの確認と同意を書面に残しておくことも必要です。

　なお，到着時間については，交通状況などで多少前後する場合があることを事前に伝え，了承してもらいましょう。その上で，例えば10分以上遅れる場合には電話連絡するなど，遅延時の対応を明確にしておくとトラブルを回避できます。

〈ケアマネジャーへの周知〉

　送迎時間が決まったらケアマネジャーに連絡します。送迎時に送り出しや迎えの際の対応をヘルパーに依頼する場合には，訪問介護事業所との調整も必要なため，できるだけ早く時間を設定し，速やかに連絡します。

④車載備品の準備

　緊急時の事業所との連絡や送迎遅延の際の利用者宅との連絡のため，携帯電話は必需品です。事前に利用者宅や事業所，他の送迎車両の電話番号を登録しておくと迅速な連絡ができます。そのほか，天候の変化に備えて傘やレインコート，車酔いした際のビニール袋や使い捨て手袋，タオルやティッシュペーパー（ウェット

ティッシュ），消臭剤，除菌グッズなども念のため用意しておきましょう。長時間の送迎や外出時を考慮して，紙おむつやパッド，糖尿病の利用者がいれば低血糖時対応のあめ類の準備など，利用者個別の対応も考慮しましょう。

⑤緊急時対応方法の共有

車両事故や利用者の急変など緊急事態を想定し，対応方法をあらかじめ検討しましょう。その際の対応方法はマニュアル化し，定期的に研修するなど全職員への周知が必要です。

2）送迎サービス提供

事前に万全の準備を施しても，実際の送迎はさまざまな要因によって影響を受けます。運転者と添乗職員が互いの職務を理解・尊重し，連携を図ることで円滑な送迎サービスを提供できます。

【送迎サービス提供の手順】

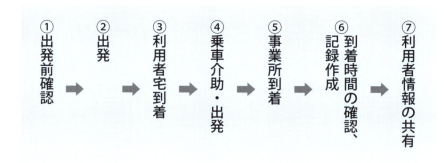

①出発前確認

運転者は車両点検を実施します。車両点検表などに沿って運行に支障のない状態であることを確認すると共に，車両内外が汚れていないかを確認し，必要に応じて調整・清掃を行います。

運転者・添乗職員は，送迎に出発する前に利用者の出欠席状況や事前連絡による体調などの申し送りについて確認します。欠席者がいて時間調整が必要な場合，短時間ならルート上の安全な場所で待機することで対応できますが，それでは難しい場合はルートそのものを変更せざるを得ません。利用者に時間変更の了承を得るなど迅速な対応が求められます。また，送迎ルートを変更した場合，運転にも影響を与えますので，運転者と十分に意思疎通を図り，事故を起こさないよう配慮することが必要です。

②出発

運転者は，定刻に出発し，道路交通法を遵守して安全走行に努めます。添乗職員は，事業所からの連絡に対応したり，到着時間が遅れる場合は利用者宅に連絡したりします。また，状況に応じて車両を誘導するなど，安全走行を補助します。

③利用者宅到着

利用者宅に到着したら，しっかりとあいさつをしましょう。利用者はもちろん，家族に対しても好印象を与えることでスムーズな利用を始めることができます。また，利用者の状態を観察し，前日の睡眠状況や当日の食事の摂取状況，排泄の状況などを聞きます。

送迎時は，家族とコミュニケーションを取る大切な，そして数少ない機会です。情報収集や家族への依頼など，有効に活用しましょう。

④乗車介助・出発

利用者を誘導する際，添乗職員は，利用者のADLや当日の体調に配慮して安全な乗車のための介助をします。運転者は，車いすのためのリフト操作，荷物の運搬などを担当しますが，必要に応じて添乗職員の補助もします。利用者には安全のため必ずシートベルトを着用してもらいます。

送迎中は適宜，利用者に話しかけると共に，体調の変化や尿意・便意などに気を付けます。

⑤事業所到着

事業所に到着したら，添乗職員は事業所で待機している職員と連携して，速やかに利用者の降車を行います。降車時は事故の起こりやすい場面です。到着と同時に降車しようとする利用者には，適宜声をかけるなどの対応が必要です。到着時にトイレ誘導が必要な利用者がいる場合，その利用者を優先して誘導するなど降車の順番に配慮し，降車後の介助手順を決めておくことも必要です。

降車時は，車中に利用者だけを残さないようにすべきですが，やむを得ない場合は，利用者が一人で降りてしまうことを防ぐため，職員が来るまで待ってもらえるような声かけも必要です。

⑥到着時間の確認，記録作成

到着時間や出発時間は，サービス提供の根拠となります。記録方法を統一すると共に，記録漏れのないようチェックする体制をつくりましょう。

⑦利用者情報の共有

送迎時の利用者の状況や体調変化，服薬の変更など家族からの申し送りを共有し

ます。利用者の情報は記録し，内容によっては生活相談員や看護師，管理者に報告しましょう。

3）緊急時の対応方法

　送迎中は，利用者の体調が急変することも想定しておかなければいけません。その際は，あらかじめ決めておいた緊急時対応マニュアルなどに従って対応します。緊急時，現場に居合わせた人は皆動揺してしまいます。できるだけ速やかに事業所に連絡し，指示を仰ぐようにしましょう。事業所での受け入れ準備の要請や緊急連絡の分担などができるよう，日頃から職員間で連絡・連携体制を整備しておきましょう。

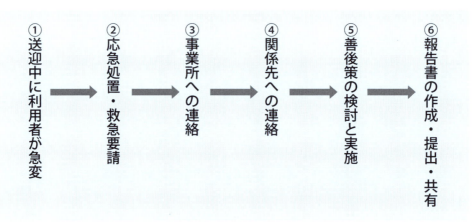

【緊急対応の手順】
①送迎中に利用者が急変
　利用者の体調が急変した場合，運転者は，速やかに車両を安全な場所に停車させます。乗降中の転倒や打撲などでけがをした場合も，一時送迎を中止します。
②応急処置・救急要請
　利用者に意識がある場合は様子を観察し，可能ならば本人に症状を確認します。利用者の意識がないなど明らかに異常な状態であれば，救命処置を行う，救急車を要請するなど必要な措置をします。
③事業所への連絡
　事業所に連絡し，管理者・看護師に利用者の状況を説明します。看護師は，救急車を要請するのか，そのまま送迎を続けるかなど対応を検討し，管理者は看護師の意見を参考に対応を判断し，必要な指示をします。

④関係先への連絡

まず，急変した利用者の家族に事業所から連絡します。救急搬送により病院で受診する場合は，家族にも同行を依頼します。続いてケアマネジャーにも連絡し，状況を説明します。

⑤善後策の検討と実施

救急車を要請した場合は送迎が中断されるため，同乗の利用者宅に連絡して事情を説明します。その後の送迎にも支障が出るため，別の送迎車を向かわせる手配をすると共に，後の便の利用者宅にも連絡し，事情を説明します。

⑥報告書の作成・提出・共有

利用者の急変に対する対応が完了し，事態が収束したら報告書を作成します（事業所の過失や交通事故の場合は，事故報告書となります）。報告書を基に事業所内で情報を共有し，対応方法に不備があれば職員間で今後の対応について検討します。

4）居宅内介助

平成27年度介護報酬改定で送迎時に利用者の居宅内で介助することが認められました。前述したように，デイサービスの送迎は，基本的に「ドア to ドア」ですが，利用者や家族の状況によって必ずしも「ドア to ドア」で済むとは限りません。これまでも，居宅内介助は行われていたものが実態ですが，これはあくまで送迎の一部としてとらえられていました。送迎は，事業所にとって大きな負担でありながら，基本サービスとして報酬の対象ではなく，さらに居宅内での介助も送迎の一部であるということに釈然としない思いを抱いていた人もいたのではないでしょうか。その意味では，送迎時の居宅内介助がサービス提供時間として認められるというのは，これまでグレーゾーンだったものがようやく「日の目を見た」ということでもあります。

しかし，居宅内介助がサービス時間として認められても，積極的に送迎時の居宅内介助に取り組んでいこうという機運にならないのはなぜでしょうか。そこには，制度としての居宅内介助の考え方と実際の運営の間に大きなギャップがあるからだと考えます。

コラム 通所系サービスにおける居宅内介助の現状と正しいとらえ方

株式会社スマイルクリエーション 副社長 松橋 良

　平成27年度介護報酬改定で，通所系サービスにおける送迎時の居宅内介助が認められた。これは，送迎時の居宅内介助を居宅サービス計画，通所介護計画に位置づけた上で，送迎時に介護福祉士などの有資格者が利用者の居宅において服薬や着替え，火の元・戸締りの確認などを行った場合，サービス提供時間に含めることができるというものである。

　スマイルクリエーションでは，小規模デイサービスを運営しており，利用者全体の約1～2割に対して5分程度の簡易的な居宅内介助を実施している。しかし，これは居宅サービス計画や通所介護計画に位置づけることなく，あくまでも利用者のために必要なサービスとして提供するにとどめている。おそらく，多くのデイサービスにおいて同様のことが行われているのではないかと思われる。

〈居宅内介助の導入における問題点〉

　では，なぜ居宅内介助が認められたにもかかわらず，正式な流れに沿って実施されないのか。これは，いくつかの課題があるためである。

　1つ目は，「有資格者が行う」という要件があることだ。デイサービスは，無資格でも介護職員として働くことができ，人員配置が可能である。しかし，その無資格の職員が送迎の添乗員になると，要件を満たさず，居宅内介助を実施してもサービス提供時間に含めることができない。現在，全国的に介護人材不足が蔓延している中で，有資格者の確保については，当社を含め多くのデイサービスで困難を極めている。このことが導入を難しくしている。

　2つ目は，平成27年度介護報酬改定に関するQ＆Aでも明文化されているが，居宅内介助を実施している間，「ほかの利用者を車内に待たせてはいけない」ということである。デイサービスでは1台の車両で複数の利用者を送迎するのが通常だが，居宅内介助を実施する場合，通常のようにほかの利用者が車に乗っていては待たせてしまうことになる。「利用者を待たせてはいけない」と明文化されている以上，居宅内介助を実施する場合は，最初に迎えに行くか，個別送迎しか方法がない。つまり，限られた人員・車両を考慮していくと，送迎マネジメント上，居宅内介助の導入は非常に困難であると言わざるを得ない。

　3つ目は，そもそも居宅内介助は加算ではなく「サービス提供時間に含むことができる」と評価されたものであるため，報酬上のメリットがない。例えば，現在7時間15分のサービス提供をしているデイサービスが，居宅内介助を30分間実施しても，報酬単価は何ら変わらない。これが導入を妨げている一番の原因と言える。

〈通所系サービスにおける居宅内介助の正しい知識／居宅内介助が明文化された意義〉

　そもそもデイサービスは,「ドア to ドア」が基本である。しかし,多くのデイサービスでは,これまでも利用者に対し居宅内介助を実施していた。実際に現場では,送り出しのホームヘルパー（以下,ヘルパー）を利用するほどではないが,認知症の症状などにより,通所の拒否,服薬忘れなどがある利用者については,必要に応じて居宅内介助のサービスを提供していたのである。そのように考えると,今までグレーだったことが,明文化され,制度化されたことは,とても意義があると言える。

　一方で,既に送り出しヘルパーを利用している利用者に対しては,その送り出しのケアを「デイサービスが担う」ということにはなりにくい。当然,送り出しヘルパーである訪問介護の専門性も存在し,必要なサービスとして位置づけられているのだから,デイサービスでの居宅内介助がその代わりになるわけではない。

〈想定される利用者と専門性〉

　居宅内介助の利用者としては,独居の認知症の人やADLが低下した人など,一人で身の回りの支度ができず介助が必要な人が想定される。

　現在,当社の利用者の中には,起床介助からモーニングケアをし,デイサービスに来てもらうような居宅内介助を実施している利用者はいない。そのようなニーズのある利用者は,訪問介護を利用した上で,ヘルパーに送り出しの支援をしてもらい,しっかりと連携をとり,よりよいデイサービスに結びつけることが重要である。

　特に「通所介護」と「訪問介護」の専門性は,それぞれ視点も異なる部分があり,介護福祉士の資格を有しているデイサービスの職員だからといって,利用者の自宅内で安全安心に介助ができるとは限らない。もちろん,有資格者であればスキルは持ち合わせるが,あらゆる利用者の自宅の環境下において適切な動きができるかというと,「通所介護」では「訪問介護」に及ばないことがある。単に資格があるからといって,デイサービスでもできるということにはならないのである。

〈実践するための法的な手続き・手法〉

　居宅内介助の利用に至るまでには,居宅介護支援事業者のケアマネジャーが必要に応じてデイサービスに依頼するケースと,デイサービス側が現在の利用者に必要性を感じ,居宅ケアマネジャーに相談するケースが考えられる。

　いずれのケースにせよ,サービス担当者会議を経て,家族と本人の意向を確認し,居宅サービス計画に位置づけられなければならない。デイサービスにおいては,どのような居宅内介助を実施するか,どの程度の時間を要するかについて適切なアセスメントを行い,通所介護計画書に位置づけることが求められる。

　デイサービスのサービス提供時間は,事業所内での滞在時間ではなく,あくまで

知っておくべき管理業務 ■ 199

もそれぞれのサービスを実施した時間の合計であり，それに居宅内介助の時間が上積みされることになるため，その時間の根拠，整合性をしっかりと図らなければならない。さらに，居宅内介助の実施後には，実施内容や要した時間を記録し，かつ送迎表にその時間を明記する必要がある。つまり，居宅内介助を実施するに当たっては，根拠となる実施記録と送迎表が必要となると考えられる。

〈居宅内介助のメリット〉

デイサービスの職員が利用者の自宅内でさまざまな介助を行い，信頼関係を構築していくことによって，今まで20分かかっていた送り出しの準備が，10分になることもあるかもしれない。当然，自立支援に基づいたケアを実践しているのだから，ちょっとした工夫や声かけで，さらに準備時間が短くなり，最終的には自立するということも考えられる。

また，通常デイサービスの職員は，基本的に事業所内でのサービス提供のみになるため，利用者の自宅内でサービスを提供するという機会がとても少ない。そのため，居宅内介助によってデイサービスの職員が利用者の自宅内での動きや表情を知ることで，ケアの質を高めることができるというメリットもあると言える。

さらに，マンパワーに余裕のあるデイサービスは，「居宅内介助ができます」ということがほかのデイサービスとの差別化となり，強みになるかもしれない。

引用文献
1）指定居宅サービスに要する費用の額に関する基準
2）厚生労働省老健局：介護保険最新情報Vol.454「平成27年度介護報酬改定に関するQ＆A（平成27年4月1日）」の送付について

季刊誌『通所＆施設 地域包括ケアを担うケアマネ相談員』Vol.7，No.2，P.85～87，2016.より抜粋

2．フロア業務の管理

利用者ごとのサービス内容は，通所介護計画に位置付けられています。実際のサービスは，事業所ごとに一日の流れが決まっており，担当者が提供しますが，限られた営業時間の中で計画されたサービスを滞りなく提供するためには，適切な管理が必要になります。

1）機能訓練

デイサービスの基本的な役割として，機能訓練が求められています。個別機能訓練加算や運動器機能向上加算を取得していればなおさらですが，加算の有無にかか

わらず機能訓練指導員の配置が義務付けられています。

　機能訓練は運動機器を使用したパワーリハビリテーションや集団で行う体操，歩行訓練などさまざまな方法があります。集団で行う体操は，一日のプログラムの中に組み込まれ，体操指導の担当者が実施するので漏れることはありませんが，機器を使用した運動や歩行訓練などの個別に実施するサービスに関しては，当日の利用者がどういった運動を実施するのか予定を立て，確実に実施する仕組みが必要です。一日の利用者名，実施する運動の種類や実施回数・時間，実績などを記録できるファイルや一覧表を作成して，確実に実施し，実績記録を残しましょう。

2）入浴

　入浴は，希望者に対して実施する選択サービスですが，介護給付では加算対象でもあり，デイサービスで提供するサービスの中でも重要なものの一つです。サービスの提供漏れがないように帳票などで当日入浴する利用者を把握し，実施・未実施の実績管理を徹底します。

　高齢になると単独入浴のリスクが増加することから，デイサービスでの管理された入浴の需要が高まります。入浴設備や人員などの関係から，入浴を受け入れるには事業所ごとの制約がありますが，できるだけ効率良く実施して，一人でも多くの入浴希望に応えましょう。ただし，入浴する利用者の数を増やすために安易に1人当たりの入浴時間を短縮してしまうと利用者の不満につながる恐れもあります。利用者の満足度を低下させることなく効率化を図るには，介護職員が個別に入浴介助技術を向上させる努力はもちろん必要ですが，**表26**に示すような事業所全体での管理上のサポートや職員の連携も必要です。

表26	入浴にかかわる事業所としての取り組み
入浴効率化のための管理上のサポート	・浴室や脱衣所など環境の整備や物品の補充 ・マニュアルや手順書の定期的な見直しや改善 ・入浴効率を考慮した送迎ルートの設定 ・入浴介助技術向上のための研修会実施　など
事業所内での連携	・介護職員間または他の職種を交えての入浴効率化のための情報共有 ・利用者への声かけや入浴前のトイレ誘導，浴後の整容など関連業務の補助　など

知っておくべき管理業務　■　201

3）食事

　食事は，生きていく上で不可欠な行為であると共に，大きな楽しみでもあります。独居の利用者も多く，自宅での食生活が充実していない場合もあります。他の利用者と食卓を囲むのが楽しみだという声を聞くこともあります。高齢者への食事提供は，疾病の関係からカロリー制限や塩分制限があったり，禁止食材があったり，おかゆや刻み食，ミキサー食など形状に制約があったり，一人では食事が進まず食事介助が必要であったりと個別の対応が必要です。給食の調理担当者や配食事業所と連携を密に取り，食数の管理のほか，食事形態・カロリーなど利用者の状況に合わせて対応します（利用者ごとの食事情報を記載した食事伝票や食札などで間違いを防ぎます）。

　また，当日臨時欠席を踏まえて最終的な食数を確定し，過不足が出ないよう注意します。食事発注のフォームを作成し，調理担当者や給食業者と発注締切日（時間）などを明確にし，一定のルールを決めて確実な食事サービスを提供します。

　さらに，食事内容の改善や給食・配食業者との意識の統一を図るために，定期的に給食会議を実施します。検食担当者を決め，提供する食事と同じものを職員が食べて味付けや食材の固さや切り方などを確認し，利用者の意見などを聞き取り，会議で伝えることが大切です。おいしい食事を提供することは，事業所の大きな魅力の一つになります。

4）レクリエーション・アクティビティ・脳活性化トレーニング

（1）レクリエーション

　歌やゲームなど単純に楽しめるレクリエーションは利用者にも好評です。大勢の利用者が集まっているデイサービスだからこそ実施できるプログラムだとも言えます。歌詞カードや曲・歌の入ったCD，トランプやかるた，将棋や囲碁といった定番のゲームなど，備品の用意が必要であり，定期的に確認して修繕・補充していく必要もあります。

　また，季節に応じて実施する行事もレクリエーションの一つです。こちらは，普段のレクリエーションと違って大がかりな内容ですから，綿密な計画と予算管理などが必要です（P.203参照）。

（2）アクティビティ

　手工芸や紙工作・楽器演奏など，事業所ごとに趣向を凝らしていることでしょう。趣味活動とも言われるように，楽しみの一つではありますが，手先を使う作業

も多いので，機能訓練の一環として取り入れている事業所も多いようです。利用者の心身の状況によって提供できる内容に相違があるため，難易度を変えて数種類のプログラムを用意したり，材料を継続的に購入したり，事前の準備が重要です。年間で提供するアクティビティの内容を決めて，内容ごとに担当者を決めておきましょう。

利用者の選択により，個別に有料でアクティビティを提供する場合もあります。その際は，一覧表などで料金を詳細に提示し，利用者・家族に十分説明し同意を得た上で提供しましょう。有料のアクティビティは実施ごとに利用者・家族に内容を知らせ，請求書にも明細金額を記載するなど注意が必要です。

（3）脳活性化トレーニング

計算問題や漢字問題，ことわざ・慣用句，間違い探し，クロスワードなど，脳を活性化するためのプログラムはたくさんあります。利用者によって，計算問題はスラスラ解けるが漢字の問題は全くできないという人もいます。また，計算・漢字などの問題は「子どもみたいで嫌」と言う利用者もいます。一律に実施を強要することなく，利用者のできること・できないこと，好みや意向などをよく見極めてサービス提供することが必要です。

どの利用者に何を勧めるのか一覧表にしておき，予定や実績を管理するとよいでしょう。

3．行事の企画・運営

行事は，ともすればマンネリ化しがちなデイサービスの運営に刺激を与えることができます。定期的かつ確実に実施できるよう年次計画を作成し，計画に沿って企画・運営を行います。花見，夏祭り，敬老会などの季節に応じた行事を行っている事業所も多いでしょう。そういう定番行事だけではつまらないからと奇抜なアイデアが出るかもしれません。定番であれ奇抜であれ，大切なのは実施目的を明確にすることです。「年間スケジュールで決まっているから，とにかく行事をやる」という形式的な作業に陥ることのないよう，どのような効果や結果を目標にする行事なのかを職員が意識しましょう。企画会議などで意見が割れても，目的が明確であれば方向性を示すことができます。

行事を企画する際には，利用者の要望を反映し，職員の役割分担やスケジュール管理など多くの事柄を検討しなければなりません。もちろん，実施内容によっては

費用も発生しますから，予算管理も必要になります。その際，過年度の行事の実施記録を参考にすると，より魅力的な行事の立案，スムーズな運営ができるでしょう。

【行事企画・運営の手順】

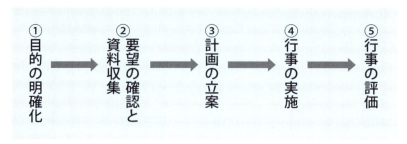

①目的の明確化

行事の目的には**表27**のようなものが挙げられます。これらの中から一つないし複数を目的に設定して，行事を企画します。

②要望の確認と資料収集

目的が決まったら，利用者の要望を確認します。目的が何であれ，利用者に喜んでもらえなければ意味がありません。利用者から直接要望を聞き取ったり，アンケートを実施したりするなどの方法があります。ただ，利用者によっては，遠慮して要望を言わなかったり，逆に実現困難な要望であったり，そもそも自分のやりたいことがよく分からなかったりするということもあるでしょう。普段から利用者一人ひとりをよく観察し，嗜好を理解した上で，利用者の要望を推察し，利用者が最も喜ぶ具体的な行事を提案するようにしたいものです。利用者の心身の状況に配慮することはもちろん，行事の内容によっては，利用者の信条や宗教観の把握も必要になるかもしれません。

普段から利用者が興味を持ちそうなアトラクションや催し物などに注意を払っておき，行事の企画会議などで持ち寄り，利用者の要望に照らして検討していきます。アクティビティをテーマにした研修会への参加や他の事業所の情報も入手すると，企画する上で役立ちます。また，過年度の行事実施報告を参考にして，良かった点や悪かった点を企画に反映させましょう。

③計画の立案

目的を決め，要望確認・情報収集が終わったら，実施のために**表28**の項目について具体的な計画を立案します。事前に実施までのスケジュールを作成し，行事の具体的内容，職員の役割分担，準備物の手配など，計画を立て，職員に周知します。

表27	行事の目的例

- 利用者に季節を感じてもらう。
- 利用者の身体機能を向上させる。
- 利用者の活力を増進させる。
- 利用者同士の連帯感や仲間意識を高める。
- 利用者と地域のつながりをもってもらう。
- 利用者の事業所への所属意識を高める。
- サービスが単調になることを防ぐ。
- 利用者に職員への親近感をもってもらう。
- 事業所の機能を広報，PRする。

表28	立案事項

- 具体的な内容
- 必要な道具などの確認
- 当日のタイムテーブル作成
- 実施機関，ボランティア等への連絡・調整
- 職員への周知
- 職員等の役割分担
- 当日までのスケジュール作成
- 利用者，家族，関係機関へのお知らせ
- 安全対策・緊急時対応

④行事の実施

実施前日までに，当日のスケジュールが円滑に進行できるように計画を確認し，実施当日に慌てることのないよう準備しておきます。職員および関係者で最終確認も行います。行事は計画どおり進まないこともあります。事前に行事の運営責任者を決めておき，進行が遅れた時やアクシデントが発生した時には，速やかに指示が出せるようにしておきましょう。

行事は，利用者はもちろん職員も楽しむことが大切です。職員が参加することで行事が大いに盛り上がることもあります。ただし，職員が行事に熱中しすぎて利用者への注意が欠落したりしないようにしましょう。

⑤行事の評価

行事が終了したら，利用者の反応や満足度を把握し，目的が達成できたか評価します。利用者にアンケートを取るのもよいでしょう。また，実施運営上の問題点や次回に向けての課題を挙げ，改善点を検討し，行事報告書として必ず記録に残します（**資料25**）。

また，当日の行事の様子が分かるように，写真を撮っておき，広報誌に掲載したり，レポートを作成して配布したりすれば，家族やケアマネジャーへの報告や事業所紹介などに役立ちます。

資料25　行事実績報告書

	担当	所長	統括事業所長

行事実績報告書

行事名	敬老会	
担当者	○○，○○，○○	提出日　○年　○月○日(　○　)

実施日時 参加人数	① 　○年○月○日（月）　11：00～15：00（12：00～13：00昼食休憩）	16名
	② 　○年○月○日（火）　11：00～15：00（12：00～13：00昼食休憩）	17名
	③ 　○年○月○日（水）　11：00～15：00（12：00～13：00昼食休憩）	15名
	④ 　　年　　月　　日（　　）	名
	⑤ 　　年　　月　　日（　　）	名
	⑥ 　　年　　月　　日（　　）	名

ボランティア	① ○○様（手品）	④
	② ○○様（日本舞踊）	
	③ ○○様（ギター演奏）	

> ボランティアが来てくれた時は，その内容も記録しておく。

予算	￥15,000
支出	￥13,865

反省	・水曜日のギター演奏の際，耳の遠い○○様を後ろの席に誘導してしまい，途中で席を移動してもらうことになってしまった。
	・ボランティアさんの交通費を支払った際，領収証を準備していなかったため，○○様をお待たせしてしまった。
	・ボランティアの○○様にあらかじめ１１時５０分の終了時間をきちんと伝えていなかったため，昼食開始が１０分遅れてしまった。
	・午後のゲーム大会の際に，○○様が張り切りすぎて転倒しそうになった。
	・火曜日の午後のゲームは個人種目が多かったため，１人当たりの参加時間が少なくなってしまった（団体種目が多い方が参加機会が増えて盛り上がる）。
	・敬老会用に用意した手作りおやつは好評だったが，水曜日はスタッフが少なくて利用者への提供が遅れてしまった。

> 行事を実施した日の終礼などで，職員全員で振り返りを行い，反省点を挙げておけば，次回実施の際の参考になる。

7 地域との連携

　地域包括ケアシステムの推進に伴い，介護事業者にも地域との連携が求められています。以前は事業所内に留まり，利用者の相談業務に従事するよう指導していた行政も，生活相談員に事業所外での地域との連携を期待するなど，その姿勢に変化が見られるようです。

1．情報発信

　後述の防災対策の項（P.220）でも触れていますが，いざという時に協力を得るためにも事業所の存在を地域住民に知ってもらい，互いに理解を深めておくことが大切です。

1）地域行事への参加

　地域での存在感を高めるには，地域の行事に参加することが有効です。町内会の行事や祭りで積極的に手伝いをしている事業所も多いようです。町内会の集まりに参加し，地域で行われる行事の情報を収集し，何を期待されているか，どのような協力ができるのかを把握する必要があります。それを基に事業所の年間行事に組み込み，職員の協力を得て行事に参加しましょう。

　事業所の営業時間内であれば，人員の確保が必要です。また，地域行事は週末や祝日に開催されることも多いため，職員は休日に対応することになる場合もあります。その際は，参加する職員に代休を取得させたり，時間外手当を出したりすることを検討する必要があります。

2）事業所の開放

　介護予防・日常生活支援総合事業の本格的な始動に伴い，事業対象者の受け入れについても考える必要が出てきました。すでに日曜日などの休業日に事業所を開放しているところもあります。廉価な参加料で手工芸教室を開催するなど，近隣の高齢者の交流の場となるよう，さまざまな取り組みをしていきましょう。

知っておくべき管理業務 ■ 207

2．実習生・ボランティア受け入れ

デイサービスは，その有する能力を社会や地域に還元する必要があると考えます。実習生は，福祉の未来を担う人たちとしてとらえ，育成に協力しましょう。また，利用者や職員が住んでいる地域にもボランティアは大勢います。地域に向けた社会貢献の一環としてとらえるべきであり，実習生やボランティアなどの受け入れについては，積極的な姿勢が求められます。

1）実習生受け入れ

資格取得や専門職の研修などのほか，職場体験も含め介護体験学習が増えてきました。同じ介護を志す者として後進の力になる，あるいは地域社会で高齢者介護や認知症に対する理解を深めてもらい，高齢者介護の発展に資するという意味でも，前向きに受け入れを検討することが肝要です。

【実習生受け入れの手順】

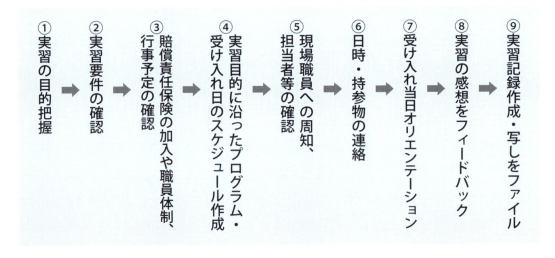

①実習の目的把握

まず，実習を要請してきた団体は何を目的としているのか把握します。

資格取得のためのプログラムであれば介護業務に重点を置く必要があったり，行政職員の現場体験であれば介護現場の実態を把握してもらったり，あるいは学生の職場体験であればまずは高齢者と接する経験をしてもらったりというように，目的に合わせて事業所側の受け入れ態勢を変えることが必要です。

②実習要件の確認

例えば，介護職員初任者研修の現場実習としての要請であれば，デイサービスで

の現場体験としての時間数が決められています。資格取得のための実習の場合，それぞれの資格により要件が異なりますので，正しく認識し，的確に対応しましょう。

③賠償責任保険の加入や職員体制，行事予定の確認

実習生は当然のことですが介護現場には慣れていません。これは，直接・間接的に事故リスクが高まるということです。十分な注意喚起と受け入れ態勢があったとしても，万が一の事故のために，必ず賠償責任保険に加入してもらいましょう。

また，実習生を受け入れる日程の職員体制や行事予定を確認し，無理が生じないようにしましょう。

④実習目的に沿ったプログラム・受け入れ日のスケジュール作成

実習目的に合わせ，現場体験だけでなく，介護保険制度の中でのデイサービスの位置付けなどを理解してもらえるようなプログラムを作成します。事前に，管理者や施設長が説明することはもちろん，デイサービスのタイムスケジュールを考慮し，どの場面で何に取り組んでもらうかを決めておきましょう。

⑤現場職員への周知，担当者等の確認

実習生の存在が介護サービスの妨げにならないよう事前に職員への周知徹底を図ります。主たる指導者を決めておき，実習生を適切に誘導できるよう配慮します。

また，「外部の目」として実習生を積極的に受け入れ，職員が意識することも大切です。それにより職員が事業所の理念，仕事内容や姿勢を見直す機会ともなります。

⑥日時・持参物の連絡

事前に実習生に対し，実習の日時や当日の服装，身だしなみ，名札の準備など，必要な事項を伝えるようにしましょう。

⑦受け入れ当日オリエンテーション

実習初日は，実習オリエンテーションを行います。オリエンテーションでは，実習スケジュールや担当者の紹介から始まり，実習中の注意点，休憩時間や昼食の取り方，実習内容（当日の作業）の確認，その日の利用者の個別注意点を連絡します。特に，言葉使いなどの接遇や個人情報保護の考え方など重要なポイントは，レジュメにまとめて読み合わせをするなど，十分な指導を心がけましょう。

⑧実習の感想をフィードバック

実習後には，必ず実習の感想などを入手するようにしましょう。事前にフォームを渡し，記入してもらうことを伝えておけば，実習生の意識も高まるでしょう。実習生の感想は次回受け入れ時の参考となるだけでなく，職員のモチベーションを高め，事業所に対する第三者からの素朴な意見として事業運営に効果が得られる場合

があります。

⑨実習記録作成・写しをファイル

実習記録は，事業所側の記録としても写しを取り，一定期間ファイリングして保管しましょう。

2）ボランティア対応

　事業所のサービス提供を補助してくれるボランティアは，事業所にとって大変助かる存在ですが，一方でボランティアは個人の発意による取り組みのため，目的が明確にされていなかったり，ボランティア内容と事業所の体制や要望が食い違ったりといったことが往々にして起こりるものです。事業所としては，事前にボランティア登録用紙（**資料26**）を用意し，ボランティアの内容や取り組むきっかけ，自分の目指したい活動などを記入してもらいます。内容や目的が事業所の求めているものと合致しているかを明確にすることで，無用なトラブルを回避できます。

　特に，地域住民のボランティアの受け入れは，事業所のアピールとなり，他の社会資源とのネットワークづくりにも効果があります。事業所の事情や要望に沿うよう協力してもらうことは必要ですが，事業所側の都合ばかりを押し付けるような対応は避けるべきです。

【ボランティア受け入れの手順】

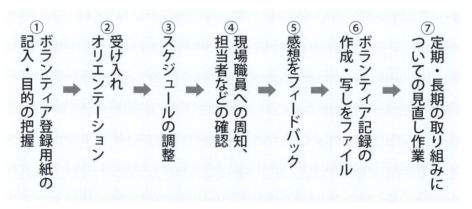

①ボランティア登録用紙の記入・目的の把握

　ボランティアの内容と目的などをボランティア登録用紙に記入してもらいながら確認していきましょう。内容が事業所の要望と合致しているか，目的が事業所で達成できるのかという検証も必要です。

　また，ボランティアは無償とは限らず，食事や交通費を要求することもあります。事業所とボランティアの相互の認識に相違が出ないよう，初回の打ち合わせでよく

資料26 ボランティア登録用紙

ボランティア登録用紙

氏名	(フリガナ) ○○○○ ○○○○ ○○ ○○	年齢	○歳	写真貼付

住所	〒○○○-○○○○ ○○市○○町○-○-○

電話番号 (ご自宅)	○○ （ ○○○○ ）○○○○

> 駐車場がない場合は，その旨を伝えておく。交通費についても事前に確認しておく。

電話番号 (携帯)	○○○ （ ○○○○ ）○○○○

学校名 (在学中の方)	

来所時の 交通手段	電車 ・ バス ・ 自転車 ・ 徒歩 ＊当施設には駐車場がございません。

お持ちの 資格	介護福祉士 ・ 介護職員初任者研修 ・ 看護師 ・ PT ・ OT ・ ST ケアマネジャー ・ 社会福祉士 普通自動車免許 ・その他（　　　　　） ＊資格は必要ありません。参考までにお聞きするだけです。

ボランティア の内容	①演奏(楽器名:　　　　) ②踊り(具体的に:　　　　) ③手品 ④歌(ジャンル:　　　) ⑤お話し相手 ⑥お茶淹れ ⑥掃除 その他（　　　　　　　　　　　　　　　　　　）

ボランティア保険加入	無 ・ 有（保険会社名:　　　　）
メールアドレス	

ボランティア可能な曜日など

	午前※	午後※	具体的な時間や都合など
月			
火	◎		10：00～12：00の２時間可能です。 祝日は用事があり，できません。
水			
木			
金			
土			

> 具体的な時間と来所できない日などを確認しておく。

※◎○△で記入ください・・・◎毎週可 ○月に2～3回くらい可 △月に1回可

<志望動機やご希望など>
　お年寄りとお話しするのは昔から好きでした。地域に貢献できればと思い，応募しました。

<備考>＊事業所記入欄

> 受け付け後，依頼するかどうかは速やかに返答する。

知っておくべき管理業務 ■ 211

確認しておきましょう。

②受け入れオリエンテーション

　受け入れオリエンテーションでは，担当者の紹介から始まり，ボランティア中の注意点，ボランティア内容の確認をします。例えば趣味活動の発表などのボランティアの場合，事業所のその日の利用者状況に合わせた取り組みが必要です。活動の時間，手順，会場設営，準備することなどきちんと確認しましょう。そして，事業所内での動きの確認，利用者個別の注意点を連絡します。言葉使いなどの接遇や個人情報保護の考え方など重要なポイントは，レジュメにまとめて読み合わせするなど，十分な注意喚起を心がけましょう。

③スケジュールの調整

　ボランティアの内容・目的に沿って，事前に受け入れ曜日の検討やデイサービスのプログラムとの整合を取るなどスケジュール調整を行います。

④現場職員への周知，担当者などの確認

　ボランティアを受け入れても，最優先されるのは利用者の安全確保です。ボランティアのその場の動きに合わせて声をかけるなど，ボランティア担当者をあらかじめ決めておきましょう。

　また，「外部の目」としてボランティアを積極的に受け入れることで，職員の意識改善にも良い影響を与えます。職員自らが接遇の姿勢を見直し，ボランティア内容への利用者の反応から，アクティビティなどサービス提供のヒントを得ることもできます。

⑤感想をフィードバック

　ボランティアの感想は，職員のモチベーションを高め，事業所に対する第三者からの素朴な意見として事業運営に効果をもたらす場合があります。感想をもらい，現場にフィードバックしましょう。

⑥ボランティア記録の作成・写しをファイル

　ボランティアが終了したら，活動記録票（**資料27**）に記録してもらいます。その記録は，ファイリングし，一定期間保管しましょう。

⑦定期・長期の取り組みについての見直し作業

　これまで高齢者や施設・事業所にかかわりのなかった人がボランティア活動を始め，定期的に取り組むようになると，元々の目的が変化していく場合がよくあります。また，長期間ボランティアを続けていると達成感や満足度が下がり，取り組み意欲が薄れることもあります。

212

資料27	ボランティア活動記録票

ボランティア活動記録票

団体・個人名	個人氏名（　○○○○　　　　　　　　　　　　　）
	団体名　（　○○○○○　　　　　　　　　　　　）
活動日と時間帯	○年　　　○月　○日（　○　）　　　○：○　〜　○：○
活動内容	①. レクリエーションや作業の補助 2. ご利用者との談話 3. 配膳や下膳 4. 湯沸し 5. 給茶 ⑥ 洗濯物たたみ 7. テーブル拭き 8. 浴後利用者のドライヤーなど整容 9. 散歩 10. 飲料水の準備 11. その他（　　　　　　　　　　　）

その他，お気づきの点があれば，ご記入下さい。

> 事業所への連絡や要望，気づいたことなどをボランティア本人に記入してもらう。

○○デイサービスセンター

　ボランティア自らが意見を出し，企画できるよう誘導することが求められます。事業所を盛り立てる要素として，きちんと感想などを受け止め，そのボランティアに合わせた目標設定の見直しを一緒に行いましょう。

3. 事業所間の連携

　介護事業は介護保険法に基づいて行政の指導のもとに運営されていますが，事業内容は事業所や法人によってさまざまです。事業所や法人ごとに運営方針があり，その方針に従って日々運営されているとは言え，他の事業所と交流を持つことは，自法人の運営に少なからず良い影響を与えるものと思われます。サービス担当者会議などで共通する利用者の情報を共有し，両事業所の関係性を深めることもあるでしょう。近隣の他事業所と積極的にかかわり，情報交換をしたり共同でイベントを開催したりして交流を持つケースもあります。

　こうした機会が得られない事業所は，行政区域内の事業者連絡会[2]のような団体に所属することをお勧めします。団体が主催する定期連絡会や研修会に参加する

....

※2　大田区通所介護事業者連絡会では，区内事業者のサービスの質の向上を目的に会員を対象に年2回の定期連絡会・研修会を開催し，法改正や事業所運営に関する勉強会，連絡会主催の研修会などを実施しています。また，事業者間の親睦を深めるための交流会や近隣事業者でのグループディスカッションを開催する以外にも，大田区と共催でイベントを企画し，各事業所からボランティアを募り，協働することで区内事業者の横の連携を図っています。

知っておくべき管理業務　■　213

ことで，報酬改定や実地指導内容など事業所運営に重要な事項の理解を深めることもでき，同じ団体に所属する他の事業所と情報を共有することもできます。

4．運営推進会議

　2016（平成28）年4月1日より小規模事業者のほとんどが地域密着型デイサービスに移行しました。その際，運営推進会議の開催が義務付けられたことは，大きな変化の一つと言えます。当時から利用者の家族会を実施したり，事業所のイベントに家族や近隣住民を招待したりといった取り組みをしている事業所はあったでしょうが，行政の指導で定期的に会議を開催するとなると，実質的な負担は大きくなります。運営推進会議の開催日時を決めて，参加者を募り，当日の資料を整え，職員の手配や事業所内で周知するなど，初めての経験に戸惑った事業所も多かったのではないでしょうか。もちろん，指定権者の市区町村としても，事業所の混乱を避けようと事前に説明会を行い，開催の手引きを公表するなど，できる限りのバックアップをしてくれました。

　現在は，各事業所でも開催回数を重ね年間行事の一つとして定着しつつあると思いますが，一方ですでに会議が形式的なものになっているということはないでしょうか。開催が義務付けられている運営推進会議だからこそ，今一度基本に立ち返って「運営推進会議とは？」「どのようにして有益な会議とすべきか？」を考える必要があります。

1）運営推進会議の設置目的と開催の流れ

　まずは，運営推進会議の設置目的や開催の流れを再確認しましょう。

　根拠法令は「指定地域密着型サービスの事業の人員，設備及び運営に関する基準」（平成18年3月14日厚生労働省令第34号），「指定地域密着型介護予防サービスの事業の人員，設備及び運営並びに指定地域密着型介護予防サービスに係る介護予防のための効果的な支援の方法に関する基準」（平成18年3月14日厚生労働省令第36号）です。これを受け，各市区町村が運営推進会議の設置について条例で規定します。

　設置の目的は，事業者が利用者，家族，地域住民の代表者，自治体関係職員に対して提供しているサービス内容を明らかにすることにより，適正な事業運営に資すると共に，地域に開かれたサービスとすることでサービスの質を確保し，地域の課題やニーズに応えることのできる事業運営を行うことです。

事業所は，運営推進会議で外部の要望や助言を受け，運営に反映させます。そして，自己評価や外部評価の結果の周知，目標達成計画のモニターの役割を果たし，利用者や地域・行政との連携，交流，調整，情報交換と共有の場とします。

【運営推進会議開催の流れ】

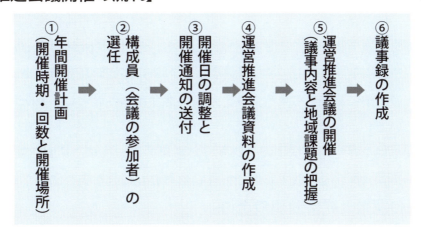

①年間開催計画（開催時期・回数と開催場所）→②構成員（会議の参加者）の選任→③開催日の調整と開催通知の送付→④運営推進会議資料の作成→⑤運営推進会議の開催（議事内容と地域課題の把握）→⑥議事録の作成

①年間開催計画（開催時期・回数と開催場所）

　概ね6カ月に1回以上定期的に開催します。日程に偏りがないように，年間計画を立てることが必要です。年度末となる3月は開催が集中しがちですが，地域住民や自治体関係職員，地域包括支援センターの職員の参加が困難になるため，なるべく避けましょう。運営推進会議で出た意見や要望を次年度の事業所の事業計画に反映させることを勘案すると，年2回の開催を前提とするのであればその年度の2回目の開催が12月か1月になるようにし，逆算して1回目を6月か7月に設定するとよいでしょう。

　また，事業所の一方的な都合で開催を延期したり中止したりすることは，地域での信用を失うことにつながるため避けなければなりません。やむを得ず延期または中止する場合は，参加者全員に誠意を持って確実に知らせ，謝罪をしましょう。

　開催場所は，日頃の運営状況が分かる自事業所で実施することが原則です。開催時間も，利用者がいる活動時間中がよいのですが，設備・運営に支障を来すことが予想される場合は夜間や休日であってもやむを得ません。

②構成員（会議の参加者）の選任

　構成員（会議の参加者）は，利用者や家族，地域住民の代表者，自治体関係職員，地域包括支援センターの職員，事業所職員（管理者，生活相談員など）です。

　利用者や家族については，人数の定めは特にありませんが，事業所の運営に関心のある利用者や家族を選び，出席を依頼します。委員として任期を決める方法や開

催の都度参加希望者を募る方法があります。

　地域住民の代表者は，町会・自治会役員，民生委員・児童委員，老人クラブの代表など，地域の関係者です。事業所から開催の趣旨をこれらの人々に直接説明し，出席を依頼します。地域住民の代表者はその職務自体に任期があるため，あらかじめ情報収集しておきます。

　また，運営推進会議で出た提案や意見について，運営への反映からその経過，結果までの一連の様子を評価しやすくするために，一定期間同じ利用者や家族，地域住民の代表者に参加してもらえるよう，運営推進会議の委員として任期を決めて任命するとよいでしょう。

　自治体関係職員や地域包括支援センターの職員にも忘れずに参加を依頼します。地域包括ケアシステムを実践する上で，互いに重要な役割を果たすからです。

③開催日の調整と開催通知の送付

　前述のように開催日程の年間計画を立て，あらかじめ構成員に知らせておきます。そして，開催日の1カ月前までに先方に届くよう開催通知文を送付し，出席を依頼します。さらに，開催日前日もしくは2日前には，電話で出席の確認をすると丁寧で確実です。

　開催日当日は，忌憚のない意見が出るよう飲み物などを用意して事業所が歓迎している雰囲気の会場を設営します。事業所内の整理整頓も忘れないでください。参加者への謝礼は必要ありません。

④運営推進会議資料の作成

　事業所の活動状況を簡単にまとめた資料を作成します。内容としては，利用者数，利用者の年齢と要介護度，職員の状況，提供しているサービスの内容，事故，苦情，実地指導や第三者評価受審の結果，職員研修，防災訓練などです。その年度の事業計画も用意しましょう。

⑤運営推進会議の開催（議事内容と地域課題の把握）

　事業所の職員が会議を進行します。まず，参加者に会議の趣旨と目的を説明します。参加者に会議開催の意義を理解してもらうため，1～2年間（または3～4回），開催ごとに会議の趣旨と目的を説明しましょう。参加者が変わった時には必ず説明してください。

　その後，資料と事業計画を配布し，報告します。地域に対して事業所は何をしてきたか，これから何をしていきたいか，事業所の地域貢献については丁寧に伝えましょう。特に，前回の会議で取り上げられた課題や意見に対して事業所で取り組ん

でいることについては重点的に報告します。

次に，利用者や家族から，利用に際して日頃感じていることや意見・要望を聞きます。会議の口火を切るには，事業所の状況を知っている利用者に話してもらうのが最適です。極めて個人的な話題になってしまった場合は，話題を修正し，まとめましょう。

地域住民の代表者，自治体関係職員，地域包括支援センターの職員からは，地域の情報や事業所への要望，地域包括ケアの実践に当たり事業所に希望することを聴取します。地域の課題を把握して会議に臨んでいる地域包括支援センターの職員がいるかもしれません。地域での事業所の役割が具体的に提案されると，より充実した会議になります。

会議の場ですぐに結論が出せるものと出せないものを整理し，回答します。意見が出ない時は，地域ケア会議の議事や進捗について聞いてみるのもよいでしょう。大切なことは，事業所の地域貢献や地域包括ケアにおける具体的な役割や取り組みを参加者で共有することです。

最後に次回の開催日程を確認し，閉会します。所要時間の目安は1時間です。

❻議事録の作成

事業者は議事録（**資料28**）を作成し，参加者には写しを配布し，原本は事業所が保管します。事業所内への掲示やホームページでの公表も検討しましょう。公表する場合は，発言者が特定されないように配慮することが必要です。自治体によっては，議事録の提出を求めているところもあります。

2）会議開催における留意点

運営推進会議では，事業所からの一方的な報告の場にならないように注意しましょう。最も重要なことは，参加者から情報や意見を得ることです。決められたことだから仕方なく開催しているという姿勢は厳禁です。

また，参加者に顧客を勧誘してもらうよう強く求めたりすることは，非常に悪い印象を与えます。事業所の実践結果を見て，参加者が自ら有用性を認め，地域に事業所の存在価値を伝播してもらうことが大切です。短絡的な顧客確保に走らず，時間をかけて事業所の存在価値を地域に浸透させていくことを心がけてください。

注意が必要なのは，利用者が参加する場合です。サービスを提供すべき時間帯に利用者が会議に出席することは差し支えないとされていますが，会議に出席した利用者へのサービス提供は中断したことになり，会議以降の給付算定はできません。

資料28　運営推進会議議事録

○○デイセンター運営推進会議実施報告書

○年　○月　○日

事業所名	○○デイセンター		サービスの種類	地域密着型通所介護
電話番号	○○（○○○○）○○○○	報告者　職・氏名	所長　　○○○○	
開催日時	○年　○月　○日（　○　）　　○:○　～　○:○			
開催場所	○○デイセンターデイルーム			
出席者 ○人	（内訳）			
	利用者　　○○様　○○様　○○様　○○様			
	利用者家族　　○○様　○○様　○○様			
	地域の代表　　○○様（民生委員・児童委員）			
	区・地域包括支援センター　　○○様（包括支援センター○○）			
	事務局　○○（管理者）　○○（生活相談員）　○○（介護職員）　○○（統括担当）			

◆活動報告・活動計画

別紙「活動報告書」のとおり。

◆活動報告・計画に対する評価

（利用者）午後のレクリエーションが楽しくて，毎回行くのが楽しみです。
（利用者）通院で休んだ時に振り替え利用ができて助かります。一人暮らしなので，ここに来ると安心です。
（家族）　以前は体が弱っている時期もありましたが，通所する
（民生委員）ここにデイサービスがあるのは知っていました。職
ていました。活動内容などを実際に説明を聞いて，改

> 出席者から事業者に向けての要望・意見を記載する。即答できないものは回答期日を決めておき，持ち帰って所内で検討する。

◆事業所に対する要望・意見

（利用者）書道が好きなのですが，デイサービスで書道をする日に臨時利用できますか。
（家族）　敬老会に参加しました。他のイベントの時にも参加することはできますか。
（包括）　事故報告についてですが，事故を完全になくすことは難しいと思います。このように説明してもらえて内容が分かりました。内容や対応を明確にすることで，再発防止につながると思います。

◆要望・意見に対する事業所からの回答

・臨時利用につきましては，ご要望があればケアマネジャー様と相談の上，対応させていただきます。
・家族にデイサービスでのご本人の様子を見ていただくのは良いことだと思います。事前にご連絡いただければ，いつでもお越しいただいて結構です。
・事故をゼロにできずに申し訳なく思っています。事故を起こさないよう防
が起こった場合には，職員で共有して再発防止に努めます。

> 前回会議から課題となっている案件の回答は，ここに記載する。

◆地域・行政等からの情報提供

（包括）　熱中症の危険が増す時期ですので，ご注意ください。また，介護については一人で悩まずに，いつでもご相談ください。
（民生委員）避難訓練の実施・防災訓練への参加をされていますが，指定の避難場所が必ずしも一番近い避難場所とは限りません。指定とは違っても一番近い避難所に避難したり，隣接の駐車場で様子を見たりするなど，臨機応変な対応が必要になるかもしれないことを念頭に置いておいた方がいいでしょう。

> 地域の社会資源に関する情報は，ここに記載する。

◆その他・特記事項

次回開催は○月○日とお伝えしていましたが，参加者の都合などもあ
日程が決まり次第ご連絡させていただきます。

また，事業所の職員が出席する場合，生活相談員であれば業務として人員配置基準上カウントできますが，生活相談員以外の介護職員などは当日のサービス提供人員から除かれます。

3）地域に密着した事業所になるために

運営推進会議を実施する前に，事業所として準備しなければならないことがあります。まず，事業所の理念を確立し，すべての職員がその理念を理解することです。事業所の理念には，地域に根差した事業所であることが含まれていることが必須です。職員は，利用者に適切なサービスを提供すると同時に，地域に対しても有する能力と機能を発揮することが必要であるという意識を持たなければなりません。とかく職員は，事業所に在籍中の利用者ばかりに意識が向き，地域に向けてサービスを提供するという意識が欠如しがちです。運営推進会議だけでなく，日頃の事業運営・事業計画にも地域貢献に関する具体的な実践内容を盛り込んでいく必要があります。

次に，事業所を地域に知ってもらう努力をします。すでに運営推進会議の開催を経験している事業所は，地域住民がいかに自分たちのことを知らないかを実感したのではないでしょうか。地域住民からは「（この事業所は）こんなことをしていたのですね」という感想を寄せられたことでしょう。ケアマネジャーや利用希望者へのPRはそれなりに充実していると思いますが，デイサービスを必要としていない地域住民には，デイサービスの意味は分かっていても，何をやっているのか分からない，事業所の特徴までは知らないということが多いものです。この現状と向き合い，地域に根差していくという大きな課題に向かう覚悟が必要です。実際，初回の運営推進会議では，参加者からデイサービス事業に関する質疑が集中し，事業所の紹介で終わってしまうこともあったようです。

4）地域包括ケアシステムにおけるデイサービスの役割

地域包括支援センターは，日頃の活動や相談援助を通して所管する地域を把握し，地域診断を行います。同時に，地域ケア会議を通じて地域の福祉課題を抽出し，その課題解決に向けて地域の社会資源をコーディネートする役割があります。地域密着型デイサービスは，抽出された地域課題に取り組む上で，社会資源の一つとして何らかの役割を果たすことになります。これら一連の行為が地域包括ケアシステムの構築です。

地域の見守り，認知症対応，介護技術指導，地域の催し物の運営支援，地域の防

災・防犯などが，デイサービスとしてその機能を地域に果たすことができる事柄です。運営推進会議は，自事業所がある地域や地域包括支援センター，その地域に住む利用者をつなぐ重要な機会であり，地域包括ケアシステムの一端であるわけです。

運営推進会議は，事業所が地域包括ケア実践においてどのような役割を果たすことができるか構成員で話し合い，その実践の過程と成果をモニタリングし，次の課題に取り組むというサイクルをイメージしながら会を重ねていくものです。運営推進会議は，開催することが目的ではありません。そこで議論された意見をいかに事業所運営に反映させるか，モニタリングを行う次回の会議までの事業所の実践が主役なのです。

8 防災対策

デイサービスにおける防災対策は，どのような考え方で整備を進めればよいでしょうか。

まず通っている利用者の安全を確保し，サービス提供時間を終え，自宅へ無事に帰れるように援助することが第一です。「そのために必要なことが何か」を中心に，それぞれの施設で対策を練りましょう。

大規模な災害が起こった場合，高齢者施設として，自施設の利用者ばかりでなく，緊急一時的に周辺からの避難者などへの対応が必要になることも考えられます。地域の一時避難場所，広域避難場所，福祉避難所の情報をきちんと把握し，自分たちの役割である「通所利用者への責務を果たすこと」に集中できるようマニュアル類を整備していきましょう。

防災対策で忘れてはならないことは，災害時に受けるショックです。職員も利用者も誰もが少なからず心理面に打撃を受けます[3]。利用者が混乱しないように，職員は安全確保のために冷静に動かなければなりません。しかし，目の前に助けなければならない要援護者を抱える職員のストレスは災害の後まで大きく作用します。普段から意識を持って備えておくことが，一つの「安定剤」の役割を果たしま

....

[3] 東日本大震災では，大田区内の各デイサービスもこれまでに経験のしたことのない揺れを感じました。混乱して，パニックになる利用者を安心させるために苦労した事業所もあれば，「関東大震災に比べれば」と悠然としていた利用者の姿を目の当たりにして若い職員が気持ちに余裕を持てたところもあります。

表29	地震発生時の行動基準

①まずわが身の安全を守れ　　②すばやく火の始末
③火が出たらまず消火　　　　④慌てて戸外へ飛び出すな
⑤狭い路地，塀ぎわ，崖や川べりに近寄らない
⑥山崩れ，崖崩れ，津波，浸水に注意
⑦避難は徒歩で，持ち物は最小限に
⑧協力し合って応急避難
⑨正しい情報をつかみ，余震を恐れるな
⑩秩序を守り，衛生に注意

日総研出版主催セミナー「災害時に備える高齢者施設の新・対応策」講演録より引用

す。このことは，近年の災害時に証明されています。

　では，マニュアルが整っていて，普段から意識を持つことだけで乗り切れるものなのでしょうか。それぞれのデイサービスが規模も地域における役割も異なる中，また想定を超える災害が来るかもしれない中，ただマニュアルどおりに事を運べばよいというものではありません。どのような場面においても，実は「臨機応変」，柔軟な姿勢を持つことが大切なのです[4]。

　これから項目別に上げる防災対策，「備え」も基礎的な事柄にとどまっています。不測の事態によって対応できないことは必ず待ち受けていますが，まずは基礎的な項目をきちんと定期的に整備しておくことから始めましょう。それぞれの事業所が持つ防災マニュアルに照らして，点検を行いましょう。

1）災害対策の想定

　デイサービスの利用者は，災害時要援護者です。その場の危険を回避し，助け出すという初期行動だけでなく，次にどのように命を守るのか，状態を悪化させずに家族などに引き渡せるのか，中期的な対策も練っておかなければなりません。日常に起こり得るさまざまな緊急時を想定して，予防策・対応策を策定しておき，職員はもとより利用者・家族とも情報を共有しておく必要があります。

　大きな災害では，地域の協力・連携も不可欠です。まず，自事業所で起こり得る非常事態を想定し，備えるべき事柄を挙げてみましょう（**表29**）。

　また，老人福祉施設は特定防火対象物です。収容人数が30人以上の施設では，

[4]　宮城県仙台市沿岸近くの特別養護老人ホームでは，15km離れた高齢者福祉施設に避難するマニュアルがありました。しかし，東日本大震災の時は想定を超える大地震に津波を警戒し，マニュアルにはなかったものの，リフト車にマットレスを敷きつめて横に寝かした利用者を9km離れた仙台空港にピストン搬送。空港にいる人たちの協力を得て，上層階に避難し，全員が無事だったとの報道があります。

知っておくべき管理業務　■　221

表30	想定できる非常事態

- **自事業所で起こり得ること**
  - 火災　　・事故
  - 利用者の急変
  - 利用者の行方不明
- **周辺で起こり得ること**
  - 火災の延焼
  - 暴漢の侵入などの犯罪
- **大規模災害**
  - 地震　　・津波　　・雷
  - 竜巻　　・台風
  - 豪雪・浸水
  - 水道・ガス・電気の停止

防火管理責任者の配置と消防計画の作成，それに基づく訓練の実施などが義務付けられています。消防法を遵守することも必要です。

災害対策は，東日本大震災や熊本地震のように想定を超える事態が起こる場合もあります。必ずしも十分な備えであるとは言えないかもしれませんが，普段から職員が意識を持つことがまず大切です。想定できる非常事態（**表30**）に対し，それぞれ対応策を検討しておきましょう。

2）緊急連絡体制の整備

（1）誰がどこに連絡するのか

・警察や消防署などへの連絡が必要な場合，施設内の電話口に，「どのような事態に」「どこへ」「何を連絡するのか」を貼っておきましょう。

・曜日ごとに違うデイサービス利用者・職員の指揮系統を決め，訓練を行い，連絡する手順を共有・確認しましょう。

・指揮系統の主要メンバーは常時，笛，携帯電話を携行するよう努めましょう。

（2）緊急時に職員・利用者の安否を確認するための整備をする

・職員，利用者の安否を確認する手段として固定電話，携帯電話，PHS電話，メール，スカイプなどのインターネット経由連絡方法を確認しましょう[5]。

・緊急連絡先データには，連絡先だけではなく，服薬情報，主治医情報も記載しましょう。

・更新する期間を決めて，常に新しい情報に更新しましょう。

・避難時の持ち出し物品に緊急連絡先リストを入れておきましょう。

・日頃から災害時伝言ダイヤルの活用方法などの情報を得て，訓練を行い，連絡手順を共有・確認しておきましょう。

[5]　東日本大震災の発災直後，固定電話すらつながりにくくなり，通信機器代理店が自分の店舗にあるPHS電話機をすべて持ち出して街頭電話に使ったという話があります。
大田区では，区の地域包括支援センターを含む福祉関係部署300カ所に，平成24年7月からPHS電話を配備しました。

・家族に連絡がついた際，利用者の引き取りなど帰宅可能かどうかの連絡体制，帰宅者のチェック方法を確立しておきましょう。
・職員・利用者が行方不明になることも想定し，身元の確認ができるような備えをしておきましょう。

3）防災用品の設置・整備

（1）事業所内の整理整頓
・避難経路の確保，避難を阻害するようなものの整理を常に心がけましょう。
・避難口の施錠や開錠のルールを決め，職員で共有しておきましょう。
・火元管理者を決め，調理器具・暖房器具の守備点検，喫煙場所の消火確認などを行いましょう。

（2）窓ガラスの飛散防止
・窓ガラスには飛散防止フィルムを貼り付け，破損して飛散しそうなものの予防をしておきましょう。

（3）転倒防止器具の設置
・家具類や倒れやすい物品には必ず転倒防止器具を設置，落下物がないようにしましょう。
・キャスター付きのベッド，ワゴン・車いすなどの移動防止を確認しましょう。

（4）防火用品の設置
・カーテンやテーブルクロスなど，燃えにくい素材の備品に切り替えていきましょう。

（5）防災機器の整備・救急用品の配備
・消火器，消火栓，スプリンクラー，警報機などの作動確認を定期的に行いましょう。
・救急用品は定期的に確認しましょう。

（6）安否確認のための出席状況の貼り出し
・すぐに安否を確認できるように，出席状況を貼り出しておきましょう。
・避難優先すべき利用者のリスト化やその基準について利用者・家族と共有をしておきましょう。

4）持ち出し物品・災害備蓄品・情報収集機器の整備

（1）定期的な確認
　緊急避難時の持ち出し物品として，利用者緊急連絡先リスト，利用者常備薬なども定期的に確認します。

知っておくべき管理業務　■　223

（2）災害時備品整備

水道・ガス・電気の停止に備え，飲み水・食料品の備蓄，寒さ・暑さ対策，発電機，プロパンガス，カセットコンロなどを確認しましょう。備蓄品のリスト整備，特に停電による医療器具，たんの吸引器，褥瘡予防エアマットレスなど，停電時の作動の注意点などを確認しておきます。

（3）備品の定期点検

災害時備蓄品を定期的に確認し，時期を決めて定期的に入れ替えます。

【備蓄品の保守点検】

・水，食糧
・介護用品，トイレ代替品，衛生用品，経管栄養品
・暑さ・寒さ対策品
・蓄電施設・機器
・ガソリンの補充路の確保

（4）情報収集機器の整備

停電時の情報収集方法（防災無線やラジオ）を確保し，携帯電話などの通信機器の蓄電方法を確保しておきましょう。

5）地域の避難場所・避難経路の確認

・事業所周辺の避難場所（一時・広域）を確認し，避難経路を確認しておきましょう。
・避難経路は，防災訓練などで定期的に利用者と共に移動手段も含めて確認しましょう。

6）福祉避難所等行政の防災体制の確認

・福祉避難所の在り方を確認しましょう。
・地域行政の防災体制を確認する機会を持ちましょう[6]。

---

[6]　大田区では，東日本大震災で経験した出来事を業種別連絡会と共有し，両者が協力して「防災Ｑ＆Ａ」を作成しました。
　大田区内では震災当日，公共交通網がストップし，道路には渋滞した車と帰宅難民者があふれました。利用者を送り届けた職員は渋滞に巻き込まれただけでなく，停電でエレベーターが使えないマンションに住む利用者を自宅まで担ぎ上げなければなりませんでした。また，事業所内で利用者を長時間介護することになったり，職員が帰宅困難者になったりするなどの経験もしました。
　震災翌日はガソリン確保に苦労し，休業した事業所も出ました。

7）地域との連携

　災害時要援護者を抱えている私たちにとって，地域との連携は欠かせない防災の要素です。

（1）町内会・自治会との連携

　地域の町内会・自治会との交流の機会はあるでしょうか。日頃交流がないのに，防災の協力を得ようと思ってもなかなか難しいものです。デイサービスのお祭りなどに町内会役員を招待したり，町内会の防災訓練に参加したりするなど，日常的にデイサービス内の利用者の様子を伝える機会をつくっておくことが大切です。

（2）行政との連携

　大田区内の各事業種別連絡会は，定期的に大田区（行政）と懇談する機会をつくっています。互いの力によって地域福祉の向上を実現できるという実感が，災害時の協力体制づくりにも生かされます。各々の事業所でできることには限りがある以上，どのようにして行政と連携して物事に当たるか経験を積まなければなりません。連携できるきっかけをつくり，少しずつ関係性を強めましょう。

（3）消防署との連携

　地域で連携できる町内会・自治会と合同で，消防署の協力を得て防災訓練などを企画してみましょう。事業所内のイベントばかりでなく，地域と協力してイベントを主催するといった経験が，地域連携力を高める訓練となります。

（4）学校との連携

　災害時だけに連携することはやはり難しいものです。学校教育における総合学習などの企画に，職員が参加する機会などをつくれるよう働きかけ，災害時要援護者の存在に意識を持ってもらうことが必要です。

8）災害から学ぶべきこと

（1）情報を収集する

　大きな災害が起こった時には，そこから学ぶべきものをどのように情報収集するか意識を持ちましょう。報道された事実から，ボランティア参加した現地の情報から，得ることは自分の事業所に置き換えて活用できることが多くあると思います。そこから組み立てたマニュアルを持ち，事業所全体の意識の共有につなげましょう。

（2）マニュアルにとらわれない

　東日本大震災の報道から，自らのマニュアルにとらわれないことも必要であるということを学びました。福祉施設の多くが平行移動の防災マニュアルしか持ってお

知っておくべき管理業務　225

らず，津波を想定した縦方向への防災訓練（上層階への避難）を行っていた施設はほとんどなかったのです。想定外の大きな災害には，その場の利用者や状況に合わせた避難が必要になることも意識しましょう。

（3）自衛手段を考えておく

災害時は，すべての通信網・交通網・ライフラインが寸断される可能性があります[7]。私たちが抱える災害時要援護者である利用者は，救援を待つ間にも状態を悪化させかねない状態であると意識すべきです。救援が来るまでにできること，やるべきことを整理し，職員間で共有しておきましょう。

（4）優先順位を共有しておく

前記した「行動基準」（**表29**，P.221）のように，「我が身の安全を守る」ことがなければ，利用者を助けることはできません。この場合の「我が身」とは，自分，職員はもちろん，自分自身の家族も含んでいます。日頃から，自分の家族をどのようにして守るのかを検討し，職員のそれぞれの立場や自宅と事業所の位置関係を共有できるようにしておきましょう。

利用者の中でも身を守るための順位を付けざるを得ない場面が出てきます。保護の優先順位（一人暮らし，医療ニーズの高さ，家族の年齢，親族の居住地区）や避難時の移動方法（車いすで職員が1人必要か，ストレッチャーで2人必要か）についても，誰をどう優先して救助・搬送するのか，ルールを明確にして，職員と利用者家族で共有しておかなければなりません。

（5）中・長期に課題となる心のケアを考える

災害の場面では，どのように最善を尽くしても，後悔の念が浮かび，心に傷が残り，無力感に襲われかねません。冒頭で述べたように定期的に意識を持って備えておくこと，また準備できることを日々の事業運営の中で，忙しさを理由に先送りをせずに，目標を立てて準備をしておくことなどが必要です。それは命を預かる私たちの責務です。難しいことではありますが，避けていられないことなのです。

引用・参考文献
1）東京都大田区介護保険課：地域密着型通所介護・認知症対応型通所介護の運営推進会議設置・運営の手引き，2016.
2）介護予防マニュアル改訂委員会：介護予防マニュアル改訂版，三菱総合研究所，2012.
3）折腹実己子：日総研出版主催セミナーテキスト「災害時に備える高齢者施設の新・対応策」．

----

[7] 東日本大震災時，仙台市におけるライフライン復旧までのおおよその日数は，電気3〜7日，水道1〜2週間，電話10日前後，ガス3〜6週間でした。

第9章

生活相談員の連携・調整業務事例

1 事例作成にあたり―困難事例の現状と課題を踏まえて

1）困難事例における生活相談員の役割

　デイサービスの利用目的はささまざまで，リハビリテーションを目的としている人，入浴や食事をはじめ日常生活の介助を目的としている人，他者との交流・友人づくりを目的としている人，家族の都合や家族の介護負担軽減を目的としている人，特に目的はなく勧められて利用している人などがいます。利用目的だけでなく，性別，年齢，疾病，身体状況，生活（家庭）環境，性格も各々異なります。

　その意味でも，私たち生活相談員は，利用者の尊厳を守るため，個別化を意識しなければなりません。困難事例も一つひとつ違っており，画一的な対応方法があるわけではありません。だからこそ，生活相談員は苦慮し，利用者と向き合うことで，生活相談員としての専門性が確立していくのでしょう。

　精一杯努力したにもかかわらずうまくいかなかったり，良い対応方法を模索したり，関係機関や利用者を取り巻く人たちとの連携に悩んだりしながら頑張っている生活相談員も多いのではないでしょうか。

　困難事例に出合った生活相談員が対応する時に意識しておくと良いことは，次のとおりです。

（1）一人で抱え込まない

　困難事例への対応は，生活相談員が一人で解決できるものではありません。事業所内の上司や他職種の同僚とチームになり対応していくことでしか解決できません。

　生活相談員は，事業所内が一丸となって取り組めるように職員の情報共有と調整の要となりましょう。

（2）連携の輪を広げる

　チームは事業所内だけではありません。ケアマネジャーをはじめ，利用者にかかわるすべての人がチームになり，アプローチすることが必要です。今後，より複雑に多様化していくかもしれないニーズに適切に対応していくための力を集結します。

　生活相談員は，ソーシャルワークの専門性を発揮し，課題解決に向けて協働しましょう。

（3）課題解決の鍵は事業所にある

　利用者と家族を含めた生活環境の課題に注目してアセスメントしてしまいがちですが，自事業者の未熟さに課題解決の障害になっていることがあります。事業所内

の介護技術，ソーシャルワーク機能が十分でなければ困難事例に対応できません。事業所の課題・能力を正確に把握して，スキルアップを図ることを必ず同時に行います。

また，対応できない困難事例を自事業所で抱え込んではいけません。定員や規模，人員配置，サービス内容などの点からどうしても利用者とのミスマッチが起こり得ます。いくら利用者や家族の強い意向であっても，無理をして受け入れた結果，支援効果が得られないことがあります。地域にある同業のデイサービスへの利用変更を，利用者や家族，ケアマネジャーなどに提案することが必要になることもあります。

ただし，決して投げ出す姿勢ではいけません。日頃から近隣の施設について知っておくとこと，他のデイサービスの管理者や生活相談員と顔見知りの関係になっておくことで，利用者にマッチした事業所を提案しやすくなるのではないでしょうか。

（4）他の機関と利用者の関係性が課題解決に影響を及ぼす

利用者と関係するデイサービス以外の機関との関係性が生活課題に大きく影響していることがあります。例えば，利用者と通院している医療機関との関係性が良好でない場合，そこでの問題が改善すると対処している課題が解決に向けて動き出すことがあります。支援者すべての関係性が利用者の生活課題に影響することを念頭に置きましょう。かかわるすべての関係者が連携し，相互に支援し合うことが肝心です。

（5）地域で支えていく

事業所内や関係機関，家族などにとどまらず，困難事例を地域全体で考え，利用者を地域全体で支えていくことも重要です。そのためにも，生活相談員は地域を知り（社会資源を把握する），さらなる連携や地域とのかかわりをしっかり持ちましょう。地域の課題解決に向けて支援できるようになることも，生活相談員の役割の一つと言えます。ここでの活躍が困難事例の解決に活用できることもあります。

2018（平成30）年4月の介護保険法改正では，地域包括ケアシステムによって高齢者も障がい者も子どもも含めて支え合って暮らせる共生社会の実現を目指しています。その一つとして，障がい者が高齢になっても同じサービスが受けられる共生型サービスが創設されたように，障がい者に関係する法律やサービスなどを理解・把握し，関係づくりや連携ができるようになることも新たな重要な役割となりました。

生活相談員の連携・調整業務事例 ■ 229

2）困難事例が生活相談員業務のヒントに

　本章で紹介する事例は，大田区通所介護事業者連絡会に所属する事業所から，生活相談員として連携や調整，サービス提供が難しかった事例として提供していただいたものです。どの事例も，生活相談員という職種の大変難しい側面がにじみ出ています。特に，生活相談員の「利用者とのコミュニケーション」「ケアマネジャー，施設内他職種，地域包括支援センターとの連携・調整」などに焦点を当て，どの事業所でも一度は生活相談員がかかわって解決したことがあるような，またはうまく解決できなかったというような事例を取り上げました。

　生活相談員は業務に追われ，なかなかスピーディーに処理できるものではありません。連絡の取りにくいそれぞれの立場の人をつなぐことは，勤務時間だけに留まらず勤務時間外にまで及ぶこともあります。対人関係の連携・調整は，利用者の人生や価値観にもかかわる重大なことであり，慎重さと丁寧さが求められます。関係機関との連携・調整は，それぞれの地域の保険者や地域包括支援センター，事業体だけでなく，事業所内における生活相談員の立場によっても違ってきます。

　さまざまな業務に追われる生活相談員は理想の姿を描くことさえ難しいということを私たちも日々痛感しています。ここで紹介する事例が少しでも連携・調整業務のヒントになり，理想的な姿に近づくよう願っています。

2　生活相談員業務（利用開始から終了まで）

事例概要

Kさん　85歳　女性	
既往歴：アルツハイマー型認知症，腰椎すべり症 要介護度：要介護2	
家族状況 **夫は他界。** **長男夫妻と3人暮らし** 本人（85） 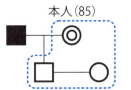	利用までの経緯：長男夫妻と同居しているが，日中は独居。認知症の進行と腰椎すべり症による痛みから，一人では外出できなくなり，筋力の低下により転倒も増えてきた。最近は入浴も億劫になっており，家族の促しが大変になっている。運動や入浴，人との交流の機会としてデイサービスの利用を希望し，利用開始となった。

1）利用開始まで

（1）利用申し込み

　ケアマネジャーより，Kさんのデイサービス利用の打診があった。生活相談員は，Kさんの状況を簡単に確認して管理者の了解を取った後，利用を前提とした手続きを開始。Kさんに見学に来てもらうようにケアマネジャーに依頼した。

　同日，ケアマネジャーからKさんの情報を書面で受け取り，内容を確認し，事業所内の調整を行った。

　ケアマネジャーから連絡があり，事前見学の旨をKさんに伝えてもらうが，あまり乗り気ではない様子とのこと。ケアマネジャーがKさん宅を訪問する際に生活相談員も同行することになり，「とにかく一度見るだけでいいから」とKさんを誘ったところ，「今度うかがうわ」と約束することができた。

　Kさんの長男は，初めての介護保険サービス利用や最近の母の変化に不安気な様子だった。「どんなサービスがよいのか，お任せします」と話しつつも，入浴が億劫になっているようでなかなか入浴しないこと，入浴しても一人で大丈夫か心配なこと，腰椎すべり症による痛みから一人で外出できなくなり家の中を歩いていても転びそうになる場面が増えていることなど，最近のKさんの様子を話してくれた。

　生活相談員が「当事業所は，一日を通して昼食や入浴を提供することで生活のリズムを整えていくデイサービスです」と丁寧に説明し，ケアマネジャーが「近くにリハビリを主にしたデイサービスもありますが，まずは気持ち良く入浴できるところを見つけましょう」と提案したことで，後日Kさんと長男にデイサービスを見学してもらうことになった。

《利用申し込みの手順》

ケアマネジャーからの利用打診（電話連絡）【生活相談員】
⬇

利用者の状況を確認【生活相談員】
⬇　利用の可否をすぐに判断するため，簡単に状況を聴取する。

管理者に報告・承認【生活相談員・管理者】
⬇　管理者に現段階の受け入れ承認を得てから，利用手続きを開始する。

ケアマネジャーに連絡【生活相談員】
⬇　現段階で，サービスの提供が可能な旨を伝える。
　　利用希望者が事業所を見学していない場合は，見学の有無を確認し見学日を調整する。

> ### ケアマネジャーとサービス担当者会議の開催日程の調整 【生活相談員】
> ⬇ サービス担当者会議の開催日をケアマネジャーと調整し，決定する。
> ### 利用者の情報を書面で受領 【生活相談員】
> ⬇ ケアマネジャーに利用申込書などの記載を依頼し，受領する。
> ⬇ 申し込み内容を確認する。
> ### 送迎車両ルート調整 【生活相談員・送迎担当者】
> ⬇ 申し込み内容から送迎車両のルートを確認し，送迎時刻を割り出す。

（2）事前見学

　Kさんと長男が事前見学のために来所。事業所内を案内し，サービスの提供場面を見学してもらいながら，サービス内容や事業所の概要，特徴を伝えた。

　この時点で，Kさんはまだ乗り気ではなかった。「楽しく通所できるよう，皆で協力していきますが，どうしても楽しめないようならまた一から考えましょう」とKさんに伝え，管理者や介護職員からもKさんに声をかけた。会話中，Kさんに笑顔は見られたが，認知症のため少し前にデイサービスを見学したことを覚えていない様子だった。

　事業所の雰囲気を確認した長男は，少しでも早く通所させたい様子だった。利用時の料金や持ち物などについて次々と質問が出てきたので，生活相談員は丁寧に返答し，不安などの軽減を図った。

　見学終了後，ケアマネジャーに連絡し，見学時のKさんの様子などを伝え，再度利用の意思を確認した。そして，サービス担当者会議の日程を確認し，後日Kさん宅で開催することが決定した。

> ### 《事前見学の手順》
> **利用者・家族来所**
>
> ### 事業所内の案内・見学 【生活相談員】
> ⬇ まずは，事業所の様子を見てもらう方が話を進めやすい。
> ### 事業所のサービス内容・概要・特徴を説明 【生活相談員・管理者など】
> ⬇ 提供するサービス内容について説明する。
> ### 質問を受ける 【生活相談員】
> ⬇ 利用するに当たっての不安や疑問など，質問を受ける。
> ### ケアマネジャーに見学の報告 【生活相談員】
> ⬇ 利用者の見学中の様子や家族が不安に思っていることがあれば報告する。

> **サービス担当者会議の開催日程の決定**【生活相談員】
> ケアマネジャーとサービス担当者会議の開催日の決定。

（3）サービス担当者会議・利用契約・アセスメント

　Kさん宅にてサービス担当者会議を開催。Kさんと長男が同席する。ケアプランの説明をケアマネジャーが行い，援助内容としてデイサービスを位置付けることを説明し，同意を得た。続いて，デイサービスを利用する曜日と回数，送迎時刻，利用開始日を決定した。

　その後，生活相談員は，ケアマネジャーから事前に得ていた情報とサービス担当者会議での検討内容を十分に活用し，初回のアセスメントを行った。この際，Kさんや長男の負担にならないよう，質問が重複しないよう心がけた。

　最後に，利用契約のため，長男に事業所の重要事項を説明した。特に，利用料金に関すること，キャンセルに関すること，サービスの内容への苦情・相談受付に関すること，契約の終了に関することについては漏れることがないよう丁寧に説明した。その後，同意を得られたので，長男が契約代理人となり，利用契約を締結した。

《サービス担当者会議・利用契約・アセスメントの流れ》

利用者宅を訪問【生活相談員】

サービス担当者会議の開催【生活相談員・ケアマネジャー・利用者・家族】
　ケアマネジャーはケアプランを作成し，利用者・家族の同意を得る。
　ケアプランにデイサービスが位置付けられていることを確認する。
　利用曜日と利用回数を確認する。
　送迎時刻を確認する。利用開始日を決定する。
ケアプランの受領を確認【生活相談員】
　⬇ ケアマネジャーにケアプランの受領または送付を依頼する。
アセスメントの実施【生活相談員】

契約書と重要事項の説明【生活相談員】
　⬇ 利用料金，キャンセル料，苦情・相談窓口，契約の終了などについて説明する。
利用契約の締結【生活相談員・利用者・家族】
　　署名，捺印をもらう。

（4）通所介護計画書作成（初回）

　ケアマネジャーよりケアプランを受領した。ケアプラン，アセスメント，介護・看護職員および機能訓練指導員などの意見を勘案し，通所介護計画書原案を作成した。この原案を管理者に回覧し，承認を得た。そして，Ｋさんの長男に連絡し，翌日に訪問することを約束した。

　翌日，Ｋさん宅を訪問。通所介護計画書原案を説明し，同意の署名を得た。その後，同意を得た通所介護計画書の写しをケアマネジャーに送付した。

　Ｋさんの通所介護計画書は，事業所内の職員に回覧し，周知した。

　後日，Ｋさんが利用を開始した日の送迎時に，同意をもらった通所介護計画書の写しを長男に手渡した。

《通所介護計画書作成（初回）の手順》

ケアマネジャーからケアプランを受領 【生活相談員】
⬇
通所介護計画書の原案を作成 【生活相談員】
⬇　ケアプラン，アセスメント，職員の意見を勘案して作成する。
管理者の承認 【管理者】
⬇
利用者・家族に連絡 【生活相談員】
⬇　説明し同意を得るための訪問日を調整する。
利用者宅を訪問 【生活相談員】
⬇
通所介護計画書原案の説明 【生活相談員】
⬇
同意，署名，捺印 【利用者・家族】
⬇
ケアマネジャーに通所介護計画書の写しを送付 【生活相談員】
⬇
家族に通所介護計画書の写しを交付 【生活相談員】
⬇
職員への周知 【生活相談員・介護職員・看護職員】
⬇
関係書類のファイリング 【生活相談員】

2）利用開始後

（1）苦情対応

　週1回のペースで利用を開始したKさん。開始当初は帰宅願望も強かったが，職員の柔軟な対応で徐々に笑顔を見せるようになった。入浴の拒否も見られたが，「温泉に行きましょう」などという職員の声かけに応じてくれるようになった。長男も「おかげで安心して仕事ができます」と送迎職員に話していた。

　後日，Kさんの長男から「入浴時の着替え用に持参した下着が交換されておらず，汚れたままであった」と苦情の電話があった。まずは陳謝し，すぐに管理者に報告した。同時に，担当職員から事情を聴取した上で，再発防止に向け関係者と対応策を検討した。その結果を長男に報告し，改めて謝罪した。また，ケアマネジャーにも報告し，これらの顛末を苦情報告書に記録した。

《苦情対応の手順》

利用者・家族から苦情受け付け【生活相談員】
　⬇ 内容によっては，すぐに謝罪が必要である。

管理者に報告【生活相談員】
　⬇ 苦情解決責任者に第一報し，今後の流れを確認する。

担当職員の事情聴取と事件検証【生活相談員・管理者・担当職員】
　⬇ 訴えの内容を確認し，検証する。

再発防止策の検討【生活相談員・管理者・担当職員】
　⬇ 再発防止策を検討する。決定した事柄を職員に周知する。

利用者・家族に報告【管理者】
　⬇ 検証結果と再発防止策を報告する。場合によっては，訪問し陳謝する。

ケアマネジャーに報告【生活相談員】
　⬇ 苦情内容，検証結果，再発防止策を報告する。

苦情報告書の作成・ファイリング【生活相談員】
　顛末を書面に残し，ファイルに保管する。

（2）事故対応

　Kさんがトイレにて転倒。一人でトイレに行き，身体の向きを変えた時によろけて，頭を壁にぶつける。意識は明瞭だったので，事業所の送迎車両で病院へ搬送した。Kさんの長男も病院に急行してもらい，診察に立ち会ってもらった。検査，診

察所見ともに異常はなく，そのまま自宅に帰り様子を見ることとなった。ケアマネジャーに報告し，これらの顛末を事故報告書に記録した。

翌日，Ｋさんの事故の検証と再発防止策の検討を行い，その結果をＫさんの長男とケアマネジャーに報告した。長男からは，Ｋさんは特に体調の異常もなく普段どおりに過ごしていると，説明があった。

事故後初めての利用日，Ｋさんは従来どおりデイサービスを利用。事業所でのＫさんの様子を重点的に観察し，帰宅後，Ｋさんの長男に電話で今日の様子を報告した。

《事故対応の手順》

事故発生
↓
救急処置【看護職員・介護職員】
↓ 救急車搬送か通常の通院かを判断する。

家族に連絡【生活相談員】
↓ 簡単に状況を伝え，家族の出動を依頼する。
↓ 救急車対応の場合は，搬送先が決定してから再度連絡する。

管理者に連絡【生活相談員】
↓ 事故状況と今後の対応を報告する。

病院へ出発
↓

ケアマネジャーに報告【生活相談員】
↓ 事故の顛末を報告する。

事故報告書の作成【生活相談員】
↓ 事故の顛末を書面に残す。

事故防止策の検討【生活相談員・管理者・担当職員】
↓ 再発防止に向けて対応策を検討し，決定した事柄を職員に周知する。

事故報告書への追記・ファイリング【生活相談員】
↓ 作成しておいた事故報告書に再発防止策を追記し，ファイルする。

利用者・家族へ体調うかがいと報告【生活相談員】
↓ 事故後の本人の体調を聴取する。
↓ 再発防止策を家族に報告する。

ケアマネジャーに報告【生活相談員】

⬇　家族から聴取した本人の状況と再発防止策を報告する。

利用者通所利用

　⬇　事故後初めての利用日

様子観察 【生活相談員】

　⬇　事業所での様子を重点的に観察する。

家族に報告 【生活相談員】

　　当日の事業所での様子を報告する。

（3）通所介護計画書の変更

　週1回の利用が定着したKさん。長男から「もう少し利用回数を増やしたい」との希望があったため週2回に増やし，継続してサービスを提供することになった。そこで，通所介護計画書を変更するために，モニタリングを行う準備を始めた。モニタリングのためのカンファレンスの日程を決め，情報を収集し，再アセスメントを行った。

　管理者，生活相談員，担当職員が出席し，事業所でカンファレンスを開催。Kさんのモニタリングを行った。その報告書を作成し，管理者の承認を得て，ケアマネジャーに送付した。

　後日，Kさんの利用日に，モニタリング報告書を長男に手渡した。ケアマネジャーにモニタリング報告書が到着したかを確認し，サービス担当者会議開催日の調整を依頼した。

　後日，Kさん宅を訪問。サービス担当者会議に出席した。

　翌日，ケアマネジャーからケアプランを受領した。ケアプラン，再アセスメントと職員の意見を勘案し，通所介護計画書原案を作成した。この原案を管理者に回覧し，承認を得た。

　Kさんがデイサービスを利用した時に，長男に通所介護計画書原案を説明し，同意の署名を得た。その後，同意を得た通所介護計画書の写しをケアマネジャーに送付した。

　Kさんの通所介護計画書は，事業所内の職員に回覧し，周知した。

《通所介護計画書変更の手順》

カンファレンスに向けて書類の準備 【生活相談員】

⬇

経過記録の整理, 再アセスメントの実施 【生活相談員】

⬇ 経過記録を参考に再アセスメントを行う。

カンファレンスの開催 【生活相談員・管理者・担当職員】

⬇

モニタリングの実施 【生活相談員・管理者・担当職員】

⬇ 目標の達成状況, サービスの提供状況を評価する。

新しい課題や事業所だけでは解決しない課題を挙げる。

モニタリング報告書の作成 【生活相談員】

⬇

管理者の承認 【生活相談員・管理者】

⬇

モニタリング報告書の交付 【生活相談員】

⬇ 利用者・家族, ケアマネジャーにモニタリング報告書を渡す。

サービス担当者会議の開催日程の決定 【生活相談員】

⬇ ケアマネジャーに開催日程の調整を依頼し, 連絡を受ける。

利用者宅を訪問 【生活相談員】

⬇

サービス担当者会議の開催 【生活相談員・ケアマネジャー・利用者・家族】

⬇ モニタリング結果を確認し, 課題の提案と検討を行う。

ケアマネジャーが利用者・家族からケアプランの同意を得る。

ケアプランの受領確認 【生活相談員】

⬇ ケアマネジャーからケアプランを受領する。遅くとも利用開始前までに送

付してもらうように約束する。

通所介護計画書の原案を作成 【生活相談員】

⬇ ケアプランと職員の意見を勘案し, 原案を作成する。

管理者の承認 【管理者】

⬇

利用者・家族に連絡 【生活相談員】

⬇ 説明し同意を得るための訪問日を調整する。

通所介護計画書原案の説明 【生活相談員】

⬇

同意，署名，捺印 【利用者・家族】

⬇

ケアマネジャーに通所介護計画書の写しを送付 【生活相談員】

⬇

家族に通所介護計画書の写しを交付 【生活相談員】

⬇

職員への周知 【生活相談員・介護職員・看護職員】

⬇

書類のファイリング 【生活相談員】

（4）利用終了

　週２回の利用も順調だったＫさんだが，家族の介護疲れが目立つようになる。送迎バスの時間に間に合わなかったり，バッグの中に着替えが入っていなかったりすることが多くなった。送迎職員からも，家族の疲れた様子が報告される。

　そこで，カンファレンスを開催し，モニタリングを行った。その結果をケアマネジャーに報告する。ケアマネジャーも家族の状況を知り，サービス担当者会議の開催を決定する。サービス担当者会議では，長男から「母には申し訳ないけど，少し休む時間がほしい」という話があった。その結果，Ｋさんはショートステイを併せて利用することになった。毎月１週間程度ショートステイを利用する時以外は現在の週２回のデイサービスの利用を続行し，半年が経過した。

　家族の介護疲れが少しは解消したように見えたが，ケアマネジャーから長男の妻が体調を崩して入院したと連絡があった。長男は最期は自宅でという希望を持っていたようだが，妻の体調を勘案し，グループホームに入所することを決め，デイサービスの利用は終了となった。

　生活相談員は，モニタリングを行うために，急遽カンファレンスを開催した。更新した直後であったが，これまでのＫさんの様子を勘案し，評価，報告書を作成，管理者の承認を得た。

　後日，ケアマネジャーとＫさんの長男にモニタリング報告書を送付した。

生活相談員の連携・調整業務事例 ■ 239

《利用終了の手順》

ケアマネジャーへモニタリング報告 【生活相談員】

⬇ 緊急性がある場合には，個別に連絡する。

⬇ 必要に応じてケアプランの見直しを依頼。

ケアプラン見直しのためサービス担当者会議開催

⬇ 【生活相談員・ケアマネジャー・利用者・家族】

カンファレンス開催 【生活相談員・管理者・スタッフ】

⬇ サービス担当者会議の結果を職員全員で共有する。

ケアマネジャーからの利用終了の連絡 【生活相談員】

⬇

家族への確認 【生活相談員】

⬇ サービス利用終了の意思を確認。終了の申し出を受ける。

⬇ 利用料金の徴収方法を確認する。

経過記録の整理 【生活相談員】

⬇ 経過記録を整理する。

カンファレンスの開催 【生活相談員・管理者・担当職員】

⬇ 利用終了日前に開催できるように調整する。

モニタリングの実施 【生活相談員・管理者・担当職員】

⬇ 期限途中であるが，現時点での目標の達成状況を評価する。

モニタリング報告書の作成 【生活相談員】

⬇

管理者の承認 【管理者】

⬇

モニタリング報告書の交付 【生活相談員】

⬇ 移行の準備が必要なので，できるだけ早くケアマネジャーに
モニタリング報告書を交付する。

⬇ 利用者・家族には，最終日までに配布する。

関係書類のまとめ・ファイリング

利用者の書類をファイルし，文書保存年限まで保管する。

3　生活相談員の連携・調整業務

| 事例1 | 若年高次脳機能障害の利用者 | 生活相談員の業務 | • ケアマネジャーとの連携
• 個別機能訓練計画立案
• サービス担当者会議におけるサービス調整
• 他デイサービスとの連携
• 障がい者福祉サービスの状況確認と連携 |

Aさん　57歳　男性

既 往 歴：**くも膜下出血，高次脳機能障害**
要介護度：**要介護1**

家族状況　　**妻と2人暮らし**

本人（56）□─○ 妻（55）
長男（31）□─○　次男（30）□─○

利用までの経緯：くも膜下出血の後遺症で高次脳機能障害となった際に身体障害者手帳（3級第1種・くも膜下出血による体幹機能障害歩行困難）を取得。東京都の障がい者訓練施設でリハビリテーション中に要介護3と認定され，自宅へ戻ることになりケアマネジャーと契約した。

生活相談員の業務

①ケアマネジャーとの連携

　ケアマネジャーより，Aさんの受け入れと提供できるサービス内容についての問い合わせがあった。若年であるため，しっかりとした活動量を確保したい。どのようにしてIADL（目的を持った生活動作）の再獲得を目指すか，遂行機能障害や注意障害が見られることから機能訓練目的の効果的な外出などの組み合わせができないかとのこと。

　Aさんの歩行状態は，訓練施設内ではパーキンソニズムが見られるものの概ね良好で，室内外とも歩行は自立した状態であった。

　ケアプランは，週3回の障がい者自立訓練（機能訓練）通所のバス停留場所から自宅までの訪問介護と滞在型のデイサービスを組み合わせるというものであった。デイサービスに対しては，①妻がフルタイムで働いているため，日中独居であること，②「ドアtoドア」で対応してほしいこと，③機能訓練を目的とした効果的な外出を実施し，日常生活動作を再獲得すること，④活動量を確保することなどの希望があった。

生活相談員の連携・調整業務事例 ■ 241

利用日を調整し，Ａさんの目標とする生活動作の再獲得のため，アセスメントを行った。ADLのアセスメントの結果，その場での会話に問題はないが，短期・長期記憶についてはおぼろげな面があることが分かり，サービス担当者会議開催後に利用開始となった。

②個別機能訓練計画立案

デイサービスに期待された４つの項目への対応を基に通所介護計画書を作成し，利用開始となる。通所内でのＡさんの経過を観察し，個別機能訓練計画の検討に入った。

まずはバスを降りたら，自宅マンションのオートロックを開け，自宅の玄関を解錠し，家の中に入る能力を再獲得することを目標とした。遂行機能障害があるため，見守りや声かけのタイミングを検討し，職員間で情報共有を図った。

次に，デイサービス利用者にお茶や菓子を配る，運動用具を片付けるなど自分の役割を持ち，その認識が自覚できることを目標とした。同時に，個別機能訓練の筋力向上を盛り込んだ計画（外出訓練のメニューを含む）とした。

③サービス担当者会議（２回目）におけるサービス調整

利用開始から２カ月後，目標に対する評価と各サービスの新たな目標設定，Ａさんの現状把握のため，２回目のサービス担当者会議が開催された。

デイサービス職員の声かけにより，帰宅までの一通りの動作は遂行できるようになった。そのため，障がい自立訓練通所のバス停留場所の行き来に対する訪問介護サービスは終了することを確認した。

週３回の障がい者自立訓練通所と週１回の滞在型デイサービスの利用日以外の自宅での過ごし方にも焦点を当て，活動量を確保するために長時間滞在できる機能訓練タイプのデイサービスの利用を希望したが，半日タイプしかなく継続検討となった。

また，朝起きてひげをそる，歯を磨くなど日常生活動作の失調が見られることや歯科通院の際に道に迷ったことが妻から報告された。

その後，デイサービスでは昼食の食材やおやつ，日用品を購入する役割を増やし，機能訓練指導員による筋力向上訓練を追加した。

④他デイサービスとの連携

　さらに1カ月後，ケアマネジャーは保険者給付担当と折衝し，機能訓練半日型デイサービスを利用後，滞在型デイサービスに移動して短時間利用するというケアプランを作成した。生活相談員は，滞在型デイサービスと連携してAさんの情報共有を図った。

⑤障がい者福祉サービスの状況確認と連携

　半年が経過し，障がい者就労支援の利用について検討した。現在の自立訓練（機能訓練）通所から，生活周りの機能訓練と共に個別の就労準備の訓練を行う自立訓練（生活訓練）通所に移行した。自立訓練（生活訓練）通所を利用するため，知的障がい手帳の取得手続きを行うこととなった。

生活相談員に求められる役割

　自事業所で提供するサービスや機能訓練だけで完結しようとする意識を持たないことが必要である。介護保険法以外の福祉法による事業も視野に入れ，利用者に最適なものを求めていくとよい。デイサービスの機能訓練が在宅生活を続けていく上で利用者の目標にかなったものか，機能訓練の先に利用者のQOLを高める適切な目標設定ができているかということを検証し，地域の多様な通いの場への移行や，障がい者福祉サービスとの連携を模索することが求められる。

　この事例では，Aさんの今後の人生における目標にデイサービスがどのような役割を果たせるのかが課題であり，継続した観察で得られた情報伝達と連携によって，Aさんを先頭にしたチーム支援を行った。

　生活相談員は，これまで連携の経験のない他職種とのつながりや障がい者総合支援法が根拠となるサービスについても学んでいくことが必要である。

| 事例2 | 介護熱心な家族による虐待が疑われた利用者 | 生活相談員の業務 | ・ケアマネジャー・他サービスとの連携
・行政・地域包括支援センターとの連携・会議
・介護職員・送迎担当者との連携 |

Bさん　76歳　女性

既往歴：大腸がん手術によるストマ造設，パーキンソン病
要介護度：要介護4

家族状況
長女と2人暮らし

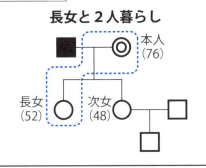

利用までの経緯：パーキンソン病の進行により，身の回りのことは同居する長女が行っている。ADLはほぼ全介助で，介護に熱心な長女が食事の介助やおむつ・パウチの交換，拘縮予防のマッサージをしていた。「母のためになることをもっとやりたい」という長女の希望から往診，訪問看護，訪問介護を導入している。今回，生活リハビリの目的で滞在型デイサービスを導入することとなった。

生活相談員の業務

①ケアマネジャー・他サービスとの連携

　ケアマネジャーより，Bさんの受け入れについて問い合わせがあった。見学の日程を決定し，車いす対応の送迎車でBさんと長女の見学に対応した。

　見学時に体操に参加できたことがBさんの自信になったらしく，長女も「買い物に行く時間をつくれる」と利用の申し込みがあり，後日，契約。

　サービス担当者会議では，会議中にBさんは感情失禁により発語がままならず泣き出してしまい，長女もBさんの意思をくみ取れない歯がゆさからかイライラとした口調になる場面があったが，その都度ケアマネジャーやサービス担当者が「よく頑張っていますね」と，日々の長女の努力を労っていた。

　会議後，ケアマネジャーから親子の精神的な共依存が強く，思いが届かないとお互いに感情が高ぶってしまうことがあると聞かされた。

②行政・地域包括支援センターとの連携・会議

　利用開始から1カ月が経過し，送迎のために訪問した介護職員から，長女がBさんに対して声を荒げていたと報告があった。

　詳しく話を聞くと，Bさんが何かを伝えようとしていたが長女はそれをくみ取れ

ず探るように会話をしていた時だったと言う。その後は気分を取り直し、「よろしくお願いします。いってらっしゃい」と送迎車を見送っていたということであったが、サービス担当者会議で見せた日常の場面の範囲と判断した。

3カ月後のある日、近隣の家に訪問していた障がい児支援のソーシャルワーカーがBさんの家から怒鳴り声がすると行政に通報し、虐待事例として調査された。地域包括支援センター内でサービス担当者会議が開催され、長女の相談相手として保健師がかかわり支援することとなった。

③介護職員・送迎担当者との連携

地域包括支援センター内での会議後、生活相談員は、事業所内で介護職員や送迎担当者から「お迎え時の長女の対応が怖い時があった」「送迎車の中でBさんが無表情で涙をこぼすことがあった」と話を聞き、事業所内カンファレンスを開催した。

カンファレンスでは、Bさんの様子で気になることがあった時は職員間で情報を共有することを確認した。また、生活相談員はゆっくり時間をとってBさんとかかわることとし、家での様子を中心に気がかりなことはないか、Bさんが何を思っているのかを探っていくこととした。さらに、長女に対しては、「Bさんのご様子はいかがですか？」「今日のBさんは、言葉が出にくいようでしたが、お仲間の笑い話につられて笑っていました」など日頃から、長女が抱えている思いを聞き取れるような雰囲気づくりをチームで行っていくことを確認した。

その後、保健師を中心に相談支援を続けたところ、長女の気持ちに変化が見られ、意思の疎通がうまくいかなくても「今日はお互いかみ合わないわねぇ」と笑顔を見せるようになり、Bさんの感情失禁も少なくなった。

生活相談員に求められる役割

この事例では、生活相談員をはじめケアマネジャーやサービス担当者が、虐待の芽に気付けず、通報により虐待事例として行政・地域包括支援センターが対応することになった。

虐待または虐待の芽に気付いた時、生活相談員は上司やケアマネジャーに相談する共に、地域包括支援センターにも報告してアドバイスをもらうことが必要である。職員に対しては、利用者が普段と違う様子を見せた時は、すぐに報告するように情報共有の徹底を促していきたい。

高齢者虐待の対応の基本姿勢は，本人の権利擁護を最優先に考えることである。その上で，本人が表明した要望だけに着目せず，隠された真のニーズを掘り起こすことが求められる。

　同時に，職員が利用者の尊厳を守っているかを確認するとよい。職員の話し方が適切か，トイレや入浴の介助の際に利用者の羞恥心に配慮しているかという意識を常に持ち，自分自身・職員相互にアンテナを張り，虐待の芽になるものを発見した場合には，事業所全体で解決に向け取り組んでいく必要がある。

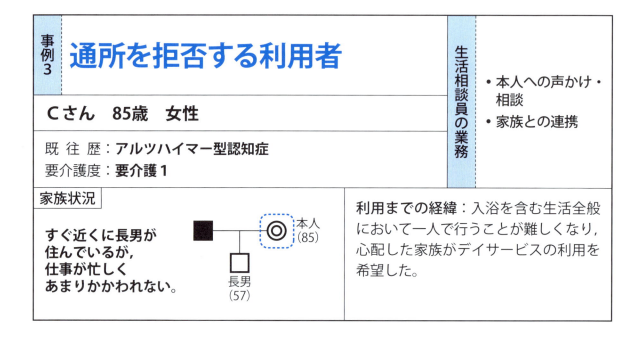

生活相談員の業務

①本人への声かけ・相談

　Cさんは，周りに気を使いすぎる面やちょっとしたことで落ち込むなど感情の起伏が大きい面が見られるため，生活相談員が「そんなにお気を使わず，次の活動の体操を楽しんでくださいね」「元気がないように見えたのですが，何かありましたか？」と声をかけることが多くあった。

　ある時，同じテーブルの利用者と折り合いが悪くなり，Cさんとケアマネジャーと協議して利用曜日を変更することにした。その時はいったん納得した様子だったが，その後「自分の知らないうちに勝手に利用曜日が変わった」と繰り返し訴えたため，その都度，生活相談員が辛抱強く理由を説明していた。

また，入浴を拒否したり，昼食にまったく手を付けなかったりすることがあり，職員が理由を聞いてもはっきりと答えないため様子を見ることもしばしばあった。

　ある日，デイサービスに到着してしばらくすると「帰ります」と言って突然席を立ち上がったので，職員が話を聞こうとしたが，トイレにこもってしまった。この日の前後から，デイサービスをやめたいと話すことが増えてきた。

　「自分にはデイサービスが合っていない。ここに来ている皆さんは立派な方ばかりで，私のような者は迷惑になるだろうからやめた方がいい」と興奮して話すこともあった。このような時は，生活相談員や施設長が「ご家族はＣさんが一人で家にいることを心配しているし，私たちもＣさんにいつまでも元気でいてほしいから，デイサービスに来てほしいと思っています」などと説得を続けると30分ほどで落ち着き，その後は何事もなかったように活動に参加し，笑顔も見せていた。

②家族との連携

　利用開始から４カ月が経過した利用日の早朝，Ｃさんは長男を伴ってデイサービスを訪れ，「もう辞めさせてもらいます」と話した。長男はＣさんに辞めたいとしつこく言われ，仕方なく付き添って来た様子だった。

　その場は施設長が何とか説得し，後ほど家に迎えに行くことを了承してもらったが，迎えの時間前に長男から「今日は行かないと言っているのでお休みします」と電話があり，その日の利用は中止となった。

　次の利用日も様子を見に行った長男から「今日もお休みします」と電話があった。応対した生活相談員は，Ｃさんに電話を代わってもらい「Ｃさんにはいつまでも元気でいてもらいたいから，デイサービスに来てほしい」と話すと，来所することに納得した。

　再度，長男に電話を代わってもらい，認知症の進行に伴って混乱することが多くなってきていること，デイサービスの利用を中止すると引きこもりのきっかけになることが多いことを伝えた。家族もデイサービスの利用を続けてほしい気持ちでいることを確認した上で，Ｃさんの気持ちをうまく盛り立ててデイサービスに行くことを促すよう協働していくこととなった。

　その後もＣさんの感情の浮き沈みは続き，デイサービスをやめたいと話すこともあるが，その都度職員が話を聞くことで休むことも少なく，デイサービスの利用を継続している。

生活相談員に求められる役割

　通所拒否については利用者によって状況も異なるが，生活相談員は利用者とゆっくり話す時間をつくり，利用者が何を思い，どうしたいと思っているのか，何を心配しているのかを聞き出すようにしなければならない。理由も分からず解決策のヒントが見つからなくても，熱心に話をすることで，信頼関係が少しずつ築かれて利用者の気持ちがほぐれることもある。

　他の職員がかかわることで思わぬ解決策が見つかることもあるため，生活相談員が一人で抱え込むのではなく，他の職員と協力することが大切である。ケアマネジャーや家族も含めて，周りの協力を最大限に生かすことが生活相談員には求められる。

事例4　便で汚れたまま送り出す家族

生活相談員の業務
- 救急対応
- 送迎サービスの調整
- カンファレンスの開催
- 家族との連携

Dさん　87歳　女性

既往歴：脳血管性認知症，アルツハイマー型認知症，脳梗塞
要介護度：要介護4

家族状況

夫，長男，次男の4人暮らし
長男，次男とも同居しているが就労しているため，あまりかかわれない。

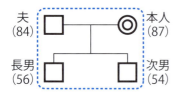

夫(84)　本人(87)
長男(56)　次男(54)

利用までの経緯：脳梗塞で入院した後，認知症症状が現れる。左手と左足にしびれる感覚があるが，麻痺症状はなく退院する。自分で何でもできると思っているため，家族への介護拒否が強い。退院後2週間，入浴せず清拭も行っていない。四六時中冷蔵庫にある物を食べている生活となっている。ケアマネジャーから依頼で，週3日滞在型デイサービスを利用することとなった。

生活相談員の業務

①救急対応

　利用開始から3年が経過したある日，昼食後20分ほどして急にむせとチアノーゼが出たため，救急通報をした。救急隊が到着した時，チアノーゼは解消していた

が呼吸苦は続いていた。以前に脳梗塞の治療を受けた総合病院に搬送され，そのまま入院。心不全による気管のむくみが原因とのことだった。

②送迎サービスの調整

　3週間の入院治療で内科的には良好な状態となり，家族の強い希望で退院。利用者宅にてサービス担当者会議が開催された。

　サービス担当者会議にはDさん，Dさんの夫，次男，ケアマネジャー，福祉用具専門相談員，生活相談員が出席。Dさんはいすに座って，大勢が自分のために集まっていることに満足した様子で，「一人で何でもできるよ」と笑顔で話された。

　ケアマネジャーは，立ち座りと歩行状態を確認し，介助者が抱えながらでなければ移乗が難しい状態と判断。「しばらくはデイサービス利用日の朝の支度をホームヘルパーと行うようにしてみてはどうか」と訪問介護の導入を提案するが，夫は「私と次男でやりますから大丈夫です」と答えたため，入院前と同様のデイサービスの利用を継続。車いすと簡易手すりを新たに導入することとし，車いす対応の送迎車による送迎時間を調整した。

　翌日，迎えに行くと，Dさんは自宅のトイレ前で，昨日の衣服のまま横になっていた。

　夫は「トイレに自分で行くには，ここに寝ていないとだめだと言って，いすやベッドに行ってくれない」と説明した。便座には，よじ登るようにして座るとのこと。

　送迎担当者は，Dさんを抱えて玄関の車いすまで移動しようとすると，衣服のあちこちに便が付いていることに気付いた。Dさんが自分でトイレに行った時に，うまく拭くことができず，手を汚したままズボンを上げていると考えられた。

　「再度，お迎えに上がりますから，着替えをなさってからデイサービスに電話をください」と頼んだところ，夫は「俺も腰が痛くて，とにかく連れて行って」と言うのみだった。送迎担当者はDさん宅のバスタオルを借りて車いすに敷き，夫と抱えて車いすに乗せ，着替えの衣類を預かってデイサービスに向かった。

　デイサービス到着後に着替えると，リハビリパンツ内に大量に便付着があるのが分かった。自分できれいにしようと試みたが，リハビリパンツを替えることにはならなかった様子だった。

③カンファレンスの開催

　生活相談員は，朝からの様子をケアマネジャーに電話し，便で汚れたままでは受

け入れが難しいことを伝えた。

　送りの際，排泄は家族が介助する必要があること，便は感染症の原因になること，便で汚れたままではデイサービスで受け入れられないことを伝えたところ，夫からはあちらこちら汚れていて掃除が大変だったと聞かされた。

　終礼時にカンファレンスを開いた。職員からは「次男が仕事に行く前に，夫と着替えを介助し，清潔な衣服で送迎車の到着を待っていてほしい」との意見が多く出た。生活相談員は電話で次男にそのことを伝え，協力を依頼した。

④家族との連携

　その後は，着替えをして待っていてくれるようになったが，「自分で，ベッドの下に服を隠して，着替える時にこれを着ると言って，洗った服を着てくれない」と，汚れていたり尿臭のする服を身に着けたりしていた。

　確かに，朝にはリハビリパンツを履き替えている様子だったので，生活相談員は，「便で汚れている時は，そのままデイサービスにお連れすることはできないが，利用日に入浴と着替えをするので，次回分の着替えを用意して，帰宅時の送迎担当者に持たせてほしい」と夫に提案し，了承を得た。

　現在も，トイレ前で横になっていたり，便で衣服が汚れているため，再度迎えに行ったりすることは続いているが，清潔な着替えを確保することにより，デイサービス利用を続けている。

生活相談員に求められる役割

　この事例は，デイサービスを利用する方法にのみ問題が集中して，Ｄさんの課題がとらえられていない。再アセスメントを行って課題を見直すことが必要である。トイレ前で横になりベッドに行かないのは，「家族に迷惑をかけたくない。自分のことは自分で何とかしたい」というＤさんの思いからであると推察することができる。また，Ｄさんは決して便で汚れたままでもよいとは思っていないはずだ。

　生活相談員は，表面的な問題だけをとらえ，その対処に終始していてはいけない。Ｄさんの思いをくみ取り，より良い生活を送る方法を職員全員で考える必要がある。生活相談員は，事業所内カンファレンスやサービス担当者会議では，サービス提供を通じてアセスメントしたＤさんの思いを代弁し，必要なサービスを提案することが求められる。

250

事例5 料金の銀行引き落としができず現金納付となった利用者

生活相談員の業務
- 利用者との関係構築
- 利用手続き
- 利用料現金納付の手続きにおける説明責任

Eさん　74歳　男性

既 往 歴：**脳梗塞**
要介護度：**要介護2**

家族状況

独居
家族との縁は
既に切れてしまっている。

本人
(74)

利用までの経緯：脳梗塞により入院生活をしていた。脳梗塞の後遺症で左半身に若干の麻痺があったが，退院を機に，社会的交流の増加，機能訓練による麻痺の改善などを目的にデイサービスの利用を開始した。買い物は，シルバーカーを使用して近所の店へ行っており，認知症症状は見られない。

生活相談員に求められる役割

①利用者との関係構築，利用手続き

　デイサービス利用に当たり，銀行引き落としの手続きを行ったところ，通帳の届出印と一致する印鑑が1本もなく手続きができなかった。また，頼れる親族がいなかったため新たに口座を開設することもできなかった。

　デイサービス利用における利用料の支払いは，本来事故のリスクが少ない金融機関を通じた引き落としが適切であるが，Eさんには認知症症状が認められなかったことから，本人と相談の上，現金による支払いとした。

②利用料現金納付の手続きにおける説明責任

　生活相談員は，Eさんにデイサービスの利用料は現金で支払うことになると説明した。Eさんの了承を得られたことから，事務職員は毎月請求書と納付後の領収書を発行した。事業所では，現金を扱うことによるトラブルを起こさないように出納帳票を作成し，職員によるダブルチェックを行った。デイサービスの利用を始めて1年が経過し，滞納は一度もない。

生活相談員に求められる役割

　お金に関するトラブルを起こさないために，事業所はきちんと利用者に説明する責任がある。そして，利用料金の授受についても確実に記録に残し，余計な不信感などを抱かせないように努めなければならない。同時に，本人の将来の金銭管理を考え，任意後見人制度や権利擁護事業の紹介をしていくのも生活相談員の役割となる。

　生活相談員は，利用料金を滞納している利用者に対応することがあるが，事業所では，滞納利用料金徴収ルールを整えることが必要である。例えば滞納があった場合は，文書で通知する。一括での徴収が難しい場合は分割徴収の提案，徴収が不可能な場合は徴収不能金の扱いなどをあらかじめ決めておくことが必要である。そのルールに則って，滞納利用料徴収事務を進める。どのケースにおいても事業所側の取り扱い方法は統一かつ，公平に進めることが必要である。いずれにしても，3カ月以上支払いが滞った場合は要注意と考えてよい。6カ月以上滞納したり，滞納している利用者が利用を終了した場合は徴取不能になる可能性が高くなることから，初期対応，毎月の債権管理と初期対応が重要と言える。

　生活相談員は，滞納が発生した時は必ずケアマネジャーに報告する。これは，ケアマネジャーに利用者の代わりに支払いを依頼するという意味ではなく，利用者の経済状態や生活課題の情報を共有するためである。特に，利用者に生活機能の低下や認知症症状の重度化などが見られる場合は，家族による経済的虐待も考えられ，その発見につながることもある。

| 事例6 | 介護予防・日常生活支援総合事業サービスからの卒業を目指す利用者 | 生活相談員の業務 | ・サービス調整
・地域包括支援センターとの連携
・ケアマネジャーとの連携
・地域資源の把握・活用 |

Fさん　72歳　女性

既往歴：がんのため胃を全摘出。その後，肝臓への転移が見つかる。
要介護度：要支援2

家族状況	利用までの経緯：肝臓に転移したがんの抗がん剤治療の副作用により，体調不良が続いていた。かかりつけ医師は，体力を付けるために外に出て身体を使ったり，歩いたりすることを推奨した。地域の体操教室「サンデイ教室」の存在を知り，通いはじめ，その後，デイサービスの利用も希望した。
独居 近所に長男が住み，週に数回様子を見に訪れる。 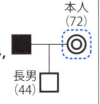	

生活相談員の業務

①サービスの調整，地域包括支援センターとの連携，ケアマネジャーとの連携

「サンデイ教室」では，40分ほど体操し，お灸やツボ押しを20分ほど行っている。Fさんは，足腰の痛みや冷え，身体の不調に効くツボやお灸，体操を覚え，自宅でもそれを実施していた。教室の参加メンバーは少なかったが，近所に住んでいる人が来ていることや体操の先生にいろいろ相談ができることが気に入っていた。

利用開始から5カ月が過ぎた後，Fさんよりかかりつけ医師から勧められたのでデイサービスを利用してみたいとの相談を受けた。この時，要介護度は要支援2だったため，地域包括支援センターおよびケアマネジャーを紹介した。いくつかのデイサービスの見学を実施した後，「サンデイ教室」で慣れ親しんでいる事業所のデイサービスを選択し，介護予防・日常生活支援総合事業（以下，新総合事業）の対象者としての通所が始まることとなった。

②地域資源の把握・活用

大田区の新総合事業では，まず利用者が目指す生活目標を考えることとしている。Fさんの生活目標は「病気に負けない身体づくりを行い，折り紙教室を再開する」と決まり，「いきいき生活機能アップサポート」という新総合事業の通所型サービスに参加することになった。ここでは，機能訓練のほか，利用者の生活に張りを持たせるような生活機能の向上につながるサポートを行うこととした。また，約1年でこのサービスから卒業することを目指し，次の3点を目標とした。

①週2回程度の通所により，閉じこもりを防止し，他者と交流することで社会性を維持する。

②機能訓練，体操，外出活動などにより身体を動かす機会を確保し，体力を付ける。

③得意な折り紙を他の利用者に教えることができるようになる。

介護保険外である「サンデイ教室」参加は継続し，地域包括支援センター主催のオレンジカフェや毎月催し物が変わる高齢者向けの地域イベントへの参加の提案もした。

新総合事業の利用が開始からまだ数カ月であるが，Fさんは新総合事業の通所型サービスからの卒業を目指して頑張っている。生活相談員もFさんも，卒業後の行き先（折り紙教室の再開）があることはかなり心強かった。新総合事業では，計画

に基づく実施サービスの進捗度合や達成度を確認する中間評価会議（モニタリング）を行うことになっている。当初思い描いていた卒業と変化していく可能性もあるが，Ｆさんの目標である「折り紙教室を再開したい」という思いは実現できそうである。

　生活相談員としては，例えば，１年間通い親しんだ事業所でボランティアとしての折り紙教室の講師を務める，自宅で折り紙教室を開く，「サンデイ教室」で折り紙教室の講師を務めるなど，地域の高齢者に折り紙を教えるという提案をしていく予定である。

生活相談員に求められる役割

　平成30年度介護報酬改定により，厚生労働省は「介護保険の理念や目的を踏まえ，安心・安全で，自立支援・重度化防止に資する質の高い介護サービスを実現」と謳っている。

　新総合事業も，地域の実情に合わせて思考錯誤をしながら市区町村単位での取り組みが始まっている。大田区では，2018（平成30）年１月に新総合事業への移行が始まり，「大田区の新総合事業における提供サービスは，あくまで本人の力や取り組み（自助）をサポートするという立場に立ち，その上で，ご自身の力で生活が営め，その人らしい生活を送っていけるよう，自立を目指していくもの」となることが掲げられている[1]。ポイントは，「介護サービスありきの支援からの卒業」「地域のあらゆる資源を活用し地域での生活を続けていく」の２点である。

　ここで生活相談員に求められるのは，利用者がこの地域でどのように生活していきたいのか，どのような未来を創造しているかという利用者の思いをアセスメントし，利用者の持っている能力をいかに引き出せるかという視点を忘れないことである。利用者が数年前までは当たり前に地域で暮らしてきた姿を想像し，その時以上に豊かな生活を獲得したと利用者が思えるように支援していくことが生活相談員には求められる。地域にある多様な地域資源を把握し，利用者に適した地域資源を提案していかなければならない。

事例7	利用が長続きしない	生活相談員の業務	・ケアマネジャーとの連携 ・利用者に合ったサービスの提供と調整

Gさん　78歳　女性

既 往 歴：アルツハイマー型認知症，被害妄想
要介護度：要介護3

家族状況	独居 長女は車で約2時間の所に住む	利用までの経緯：被害妄想が強く，家のカーテンは閉めたままで過ごしている。訪問介護のサービスは受け入れているが，デイサービスは，1回行って辞めたり一度も行かずに辞めたりする。長女は，外出して他者と交流を持ってほしいと希望している。

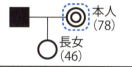

生活相談員の業務

①ケアマネジャーとの連携

　滞在型のデイサービスを4件ほど見学して契約するが，「自分の個人情報を狙っている」「家を留守にすると，誰かが入り込み情報を盗む」と言って1回利用するだけで次から行きたがらない。今回は，新設の半日型で小規模デイサービスを試行することとし，契約の運びとなった。捺印が必要な契約書類はすべて家族に押してもらう。

②利用者に合ったサービスの提供と調整

　初めのころは「自分の情報が狙われている」と繰り返し訴えていたが，利用者が少ない日には，職員が1対1でGさんとゆっくり話をすることを続けたためか週1回のデイサービスは休むことなく来所していた。送迎の際は，自宅のドアに鍵をかけるところを見られたくないと話すGさんのために，送迎担当者は少し離れた場所で待機した。

　2回目のサービス担当者会議では，ケアマネジャーが驚くほどデイサービスの利用が続いており，訪問介護事業者からも「少し明るくなった」「会話をするようになった」との意見が出た。ただ，デイサービスとしては，利用人数の少ない曜日には徐々に利用者を増やしていく必要があり，これまでのような対応を継続することは困難であった。また，認知症症状の進行が見られるGさんについて長女は「母は

そういう性格だから」と気にする様子はなく，病識がないと思われた。長女との連絡とケアマネジャーとの連携を密にしていくことを共有した。

生活相談員に求められる役割

　被害妄想は，本人にとっては周りの人はすべて悪人で，自分をだまそうとしていると考えてしまう。病気と共に表面に強く現れるようになるため，可能な限り訴えを聞き信頼関係を築くことが第一である。この事例では，Ｇさんの話を傾聴する場面をデイサービスで提供できたことが利用継続につながった要因であると考える。独居で一人思い悩んでいた自分を受け入れてくれる存在をデイサービスの職員にＧさんは見いだしたのである。

　生活相談員は，利用者への相談援助の時，このように受容をしていくことが重要である。今後利用者数が増えていくことが予想されるが，デイサービスでのＧさんの様子をよく観察し，不調を察知した時は1対1で話すことができる時間と環境をつくることを意識するとよい。

　また傾聴する際は，Ｇさんのこれまでの生活歴やこれからどう過ごしたいかという思いをくみ取ることを意識する必要がある。それは，比較的長い時間一緒に過ごせるデイサービスが持つ利点を活用した実践からのアセスメントであり，的確な通所介護計画の立案につながると言える。

事例8　服薬管理が必要な利用者

生活相談員の業務
- ケアマネジャーとの連携
- ケアマネジャー・医療との連携

Ｈさん　83歳　女性

既往歴：弱視，糖尿病，アルツハイマー型認知症，高血圧
要介護度：要介護1

家族状況	
長女と2人暮らしだが，日中は独居 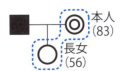	利用までの経緯：目はほとんど見えてない。住み慣れた自宅では，壁をつたって歩くことができる。お薬カレンダーはあるが，適正に服薬できているかは不明。Ｈさんは外に出ることがないため，長女が他者との交流を目的にデイサービスの利用を希望し申し込んだ。

生活相談員の業務

①ケアマネジャーとの連携

　サービス担当者会議で，Hさんは処方薬を片付けてしまい，どこにしまったか忘れていた。インスリン注射も，日中は長女が不在のためできているかは不明。長女は服薬管理をデイサービスで行ってほしいと要望した。

　処方薬は数種類あり，整理されていない状態であった。1日3回服用のため，通所前日の夜に長女が準備することにしたが，その処方薬をHさんがすべて出して，どこかに片付けてしまっていた。送迎職員が部屋を見渡しても3回分の処方薬を見つけることができない日が続いた。

②ケアマネジャー・医療との連携

　インスリンと処方薬はかばんに入れてデイサービスに持ってきてもらうこととした。一方，ケアマネジャーを通じ，処方薬の一包化と1日1回の服用方法への切り変えをかかりつけ医師に依頼した。デイサービスを利用する日は，預かった薬を来所後すぐに看護師が飲ませることとなった。

　インスリン注射と服薬方法は確立できたが，やがてHさんがデイサービスを休もうとするようになったため通所日の送迎の前にはHさんの自宅に連絡し，迎えに行くこととした。

生活相談員に求められる役割

　服薬管理が必要な利用者は，デイサービスを休むと管理ができなくなるため，休んだ時の代替案を用意する必要がある。特に毎日服薬が必要な利用者は，薬剤師，訪問看護，訪問介護などともしっかりと連絡を取り合う必要がある。さらに医療のかかわるケースは，日々管理が必要であるものが多く，密な連携が要求されることからも，定期巡回・随時対応型訪問介護看護などの利用を検討してみるのもよい。

　また，このような利用者は，通所中の体調の変化にも気を配る必要がある。病変などの緊急時対応については，サービス担当者会議で事前に確認および共有を図らなければならない。救急対応では消防隊から判断を迫られるため，家族の意向を知るためにも緊急に連絡を取る必要がある。家族の緊急連絡先は，可能であれば2カ所以上確保しておきたい。

| 事例9 | 帰宅願望が強い利用者 | 生活相談員の業務 | ・ケアマネジャーとの連携
・家族への説明
・個別機能訓練メニューの検討
・事業所内カンファレンスの開催 |

Ｉさん　85歳　男性

既 往 歴：高次脳機能障害，アルツハイマー型認知症，糖尿病
要介護度：要介護2

家族状況

妻と長女の3人暮らし
長女は仕事で日中は不在

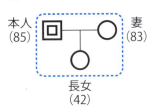

利用までの経緯：高次脳機能障害の治療のため入院していたが，退院後は以前のように散歩にも出かけず，下肢筋力の低下が著しくなった。家族はＩさんに運動するよう勧めるが運動しようとしない。デイサービスを利用することで生活の活性化を図りたいと考えた家族の希望で利用申し込みがあった。

生活相談員の業務

①ケアマネジャーとの連携

　ケアマネジャーよりＩさんの受け入れについての問い合わせがあった。しっかりとした活動量を確保し，家族の介護負担を軽減することが利用目的であった。サービス担当者会議の際にＩさんの歩行状態を確認したところ，少しふらつきが見られるものの室内外とも自立していた。

②家族への説明

　当初，デイサービスを導入することに，家族の心配が強かった。Ｉさんがおとなしく通わず職員や他の利用者に迷惑をかけることになるのではないか，食事前のインスリン注射をしてもらえないのではないかという内容であった。職員への気遣いは不要であること，他の利用者とのかかわりにも職員が注意を払うこと，デイサービスには看護師がいるのでＩさんの主治医の指示があれば食事前のインスリン注射もできることを伝えた。インスリン注射もデイサービス側で管理していくことになった。

③個別機能訓練メニューの検討

　通所介護計画書を作成し利用開始となった。Ｉさんの事業所内での様子を観察

し，身体機能が残存していることが確認できたため，機能維持の目的で個別機能訓練の検討に入った。

　まずは作業療法士による評価を行い，体幹のバランスを改善するための訓練もメニューに加えた。

④事業所内カンファレンスの開催

　利用開始当初から，帰り時間になると帰宅願望が出ていた。自宅が近いこともあり「歩いて帰る」と立ち上がるため，職員がその都度声をかけてなだめていたが，回数を重ねるごとに職員を振り払って帰ろうとするようになった。その際もふらつきが見られ，転倒の恐れがあった。

　そこで，事業所職員でカンファレンスを開催した。

　帰り時間を早くすることを考えたが，Ｉさんと話の合う他の利用者がいるため早く帰るのではなく，「テーブルの座席を近くする」「職員が声かけや話をする機会を多く持つ」ことに努め，根気強くかかわることにした。その結果，Ｉさんは落ち着いて過ごすことも多くなった。

　また，Ｉさんには，デイサービスの滞在時間のこと，Ｉさんに必要なサービスであること，事業者側の送迎の都合も話をして協力を求めていくことを繰り返した。Ｉさんは徐々に決められた帰宅時間まで過ごすことを意識してくれるようになった。

生活相談員に求められる役割

　利用者の「早く帰りたい」にすぐ反応し，送迎時間を早めるのではなく，デイサービスでＩさんが過ごす時間を工夫したことが良かった。帰宅願望への対応は，何が原因なのかをアセスメントすることが重要である。認知症の見当識障害によるものなのか，利用者にとって退屈な時間を過ごすのが嫌なのか，家族や自宅に心配事があって自宅を空けておくのが嫌なのかなど，原因によって対応の仕方が違ってくる。生活相談員は，利用者の言葉や行動から利用者の気持ちや行動の原因をとらえ，事業所の職員に伝えていかなければならない。

　ただし，事業者の都合を繰り返し伝え，あきらめてもらう気持ちを持たせて帰宅行動を抑制することには，検討の余地がある。デイサービスの目標は，利用者に事業所で安心して過ごせるという気持ちを持ってもらうことだと考える。

事例10	他の利用者に対して横暴な態度が見られる利用者	生活相談員の業務	・情報収集（事業所内の共有） ・ケアマネジャーへの報告 ・利用者との信頼関係づくり ・本人との面談 ・他利用者への対応（送迎ルートの変更や利用日の変更調整など含む） ・他利用者の家族やケアマネジャーへの報告・調整依頼

Jさん　86歳　女性

既往歴：高血圧症，脂血異常症，子宮筋腫，鉄欠乏性貧血，リウマチ

要介護度：要支援2

家族状況	独居 都内に住む長男は時折訪れる 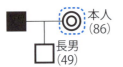	利用までの経緯：日常生活やADLはある程度自立しているが，加齢に伴い腰や肩，股関節などに痛みが出現し，外出が困難になってきた。外出（運動）や人とかかわる機会が少なくなったことから，心身の機能低下防止のためデイサービス利用となった。

生活相談員の業務

①情報収集（事業所内の共有），ケアマネジャーへの報告

　利用開始からしばらく経ち，特定の利用者に対して威圧的な発言や態度を見せるようになった。相手があいさつをしても無視したり，悪口を言ったり，近くの席に来ないようにとJさんの気に入っている利用者をあからさまに近くに呼んだりした。相手に原因があるのではなく，Jさんの好みや解釈，思うようにならないことへの八つ当たりが原因であった。

　送迎ルート変更のためJさんを送る順番が遅くなると，早く帰りたいJさんは「あの人が入ったから遅くなった。あの人を後回しにすればいいじゃない。なんで私が後にならなければならないの」などと言うことが度々起こった。そのうち，Jさんがいるなら辞めたいという他の利用者が出てきたり，悪口を聞かされている利用者が不快な思いを職員へ訴えてきたりするようになった。

　Jさんには別居している長男がいるが，Jさんは身の回りのことは自立した生活を送っており，自尊心も高い。長男に連絡することで親子関係がぎくしゃくし，長男に連絡したという怒りや不信感を持ったりすることを避けるため，長男への連絡・相談は控えていた。

　ケアマネジャーは，要支援で比較的自立した生活をしているためかかわりが薄く反応が鈍かったが，生活相談員はその都度細かく状況や対応を報告し，情報の提供に努めた。

②利用者との信頼関係づくり，本人との面談，他利用者への対応（送迎ルートの変更や利用日の変更調整など含む），他利用者の家族やケアマネジャーへの報告・調整依頼

生活相談員は，Jさんと面談し，性格やそのような態度につながる背景，精神状態なども考えつつ，Jさんの気持ちに寄り添い理解を示した。その上で，他の利用者への誤解や決め付けがあれば丁寧に説明し，気持ちや態度を改めてもらうようにお願いした。なかなか理解してもらえないこともあったが，時間をかけ何度も話をした。また，他の利用者にも配慮するため，送迎効率が悪くなっても乗車する送迎バスやルートを変更した。テーブルでの座席や機能訓練などの活動グループを別にしたり，職員が必ず間に入ったりしてお互い楽しく過ごせるよう事業所内での連携も図った。

一方，Jさんの悪口を聞かされて不快な思いをしている利用者には，Jさんと相手の利用者への事業者の対応を説明し，安心してもらうように説明した。さらに，その利用者を担当するケアマネジャーにも報告をし，精神的負担などがあったりするようであれば連絡をもらうようお願いした。

生活相談員に求められる役割

生活相談員は，日頃から利用者との信頼関係の構築に努める必要がある。生活相談員の説明を利用者に理解してもらうには，信頼関係の有無が大きく影響する。生活相談員は，利用者に説明する際，利用者の気持ちに理解を示しながらも，正確ではっきりとした趣旨と内容を伝え，正しく理解してもらえるように努めなければならない。

そのためには，何を伝えたいのか事前に整理をしておくとよい。課題が大きい場合は，事業所の職員全員での意思統一を図らなければならず，利用者に説明するのは生活相談員だとしても，他の職員の応援は不可欠である。介護職員など他の職員も生活相談員と同じ話や内容を折に触れ利用者に説明できれば，より一層利用者に伝わると言える。生活相談員一人の力だけでは，課題解決はできないのである。それは，協働するケアマネジャーも同様である。

この事例では，Jさんのケアマネジャーとはうまく連携が取れず対応に苦慮しているが，事業所がケアマネジャーと連絡を密に取ることで，共通の理解を持って課題に対応することができる。利用者・家族，相手の利用者・家族，その周囲の利用

者・家族，事業所内の職員，ケアマネジャーなどを視野に入れ，最善の解決方法を考え，対応していくことが重要である。

事業所の職員は，このような利用者間のトラブルはもちろんのこと，利用者間の気持ちのあり様などにもすぐに気付けるようにアンテナを張っておきたい。そこでキャッチした情報を速やかに職員間で共有することで，トラブルまで発展しないこともある。

事例11	**運動や移動介助に拒否的な利用者**	生活相談員の業務	・ケアマネジャーとの連携 ・他事業所との連携 ・サービス担当者会議の開催依頼 ・家族との情報共有 ・他利用者への対応 ・受診の促し 　（医療との連携）

Kさん　81歳　男性

既 往 歴：加齢黄斑変性，高血圧，脂質異常症，高乳酸血症，認知症
要介護度：要介護3（利用開始当初は要介護1）

家族状況

妻と2人暮らし
長女は近隣に世帯在住

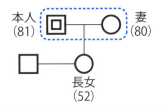

利用までの経緯：加齢黄斑変性症による視力障害のため一人で外出することは困難。目が不自由なことから自宅では横になっていることが多いため，外出や人との交流機会を持つこととリハビリを目的に，短時間の機能訓練型デイサービスを利用することとなった。

生活相談員の業務

①ケアマネジャーとの連携，他事業所との連携，サービス担当者会議の開催依頼

Kさんは，加齢黄斑変性のほかにも疾患があるが，病状は安定している。認知症も短期記憶の低下以外はADLは自立し，利用者同士との交流も言葉は少ないができていた。視力障害についても運動や集団での体操に関しては問題なく行うことができていた。

利用開始から2年ほど経過したころより，視力の低下の訴えが増え，同時に他の利用者や職員に対して「うるせえなあ」「あっちへ行けよ」などと暴言を吐くよう

になった。それと共に，運動や移動介助に拒否的になった。

その後，服薬によって攻撃性や拒否は軽減したが，下肢の痛みの訴えが聞かれるようになり，歩行状態も急激に悪くなった。再び，運動や移動介助に対しての拒否が強くなり，暴言も増えたため周りの利用者から怖がられ，「Kさんは困らせる悪い人」という印象を持たれるようにもなった。

生活相談員は，ケアマネジャーに事業所内での様子や身体機能低下をこまめに報告すると共に，家族との情報の共有にも努めた。他のデイサービスも併用していたため，家族の同意を得て情報交換を行った。また，眼科や整形外科，内科などへの通院・受診を試み，運動拒否などデイサービス利用上の課題はサービス担当者会議を開催して，サービスの見直しや対応の検討を図った。

②家族との情報共有，他利用者への対応，受診の促し（医療との連携）

Kさんから視力低下の訴えが増え，他の利用者への攻撃的発言やイライラした様子が増えてきたことを通院の際にかかりつけ医師に報告した。また，足の痛みが増強した際には整形外科の受診を勧めたが，家族はKさんがさぼりたいだけだと言ってなかなか理解を示さず，整形外科の受診までには時間がかかった。暴言や拒否的な様子に関しては，起こった時の状況や環境などを職員全員で共有すると共に，Kさんの感情や意向などの把握に努め，なるべくイライラしたり拒否したりすることにつながらないように注意した。

他の利用者に対しては，個人情報の観点から詳しい病状などは説明しないものの，目が不自由で最近急に見えにくくなっていることや痛みの増強などからつらい思いをしていること，男性で職人だったこともあり寡黙で交流があまり得意ではないことなどを説明し，理解を求めた。

③家族・ケアマネジャー・他サービスとの情報共有（連携）

通院により向精神薬が処方されたことで，攻撃性や拒否的な様子は減少。発言も柔らかくなり，プログラムへの参加も少しスムーズになった。

また，足の痛みは，内科の処方薬の副作用と脊柱管狭窄症による影響だったと診断された。内服薬の調整，疾患に合わせて負担のない動作の指導や運動を行うことで，歩行状態も改善していった。

現在も利用を継続しており，家族，ケアマネジャー，他サービスに対して状態や対応の報告，連携を密にしながら，悪化防止に努めている。

生活相談員に求められる役割

　利用者と事業者だけで課題解決できないことはたくさんある。この事例では，医療機関との連携によって良い方向に導けた。医療は疾患そのものの改善を目指し，介護は生活全般を見る。このような身体的変化（視力低下）や痛みのある利用者の場合は，医療の点の視点と介護の面の視点をバランス良く組み合わせて利用者の生活支援を行うことが必要である。生活相談員は，医療と介護をつなぐキーパーソンと言える。

　また，家族とも密に連絡を取り，自宅での様子や受診結果（医師の診断・指示）など必要な情報が共有できるように関係を構築しならなければならない。ケアマネジャーや医療機関と連携するためには，変化があればその対応も含め，その都度報告していくべきである。

事例12　職員にセクハラをする利用者

生活相談員の業務
- ケアマネジャーへの報告
- 家族への相談
- 事業所内の連携（情報共有）
- 本人との面談
- カンファレンスの実施

Lさん　80歳　男性

既往歴：evans症候群，認知症，脳梗塞
要介護度：要介護2

家族状況

妻と次男の3人暮らし

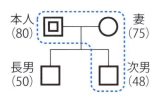

利用までの経緯：妻と次男は終日就労しており，日中は独居。認知症症状が見られるため，日中一人で過ごすのが心配だと家族は考えていた。在宅生活を続けるために外出する機会を持ち，生活機能を維持する目的でデイサービスを利用することとなった。

生活相談員の業務

①ケアマネジャーへの報告，本人との面談，カンファレンスの実施

　利用開始当初から穏やかに過ごしていたが，特定の女性職員と廊下ですれ違う際に下半身を触る行為が続いていると職員から相談があった。ケアマネジャーに報告

し，事実確認を含めてLさんと面談をすることになった。

　生活相談員がLさんに話をすると，「悪かったね，もうしないよ」と反省した様子だったが，しばらくすると，注意をした生活相談員が不在の時やその女性職員が一人で業務をしている時に再び触る行為が始まった。そこで，事業所内カンファレンスを開催し，対象となっている女性職員が業務中でもなるべく一人にならないように工夫することとした。しかし，Lさんは常に女性職員を追うようになり，もう一度ケアマネジャーに報告した。

②事業所内の連携（情報共有），ケアマネジャーへの報告，家族への相談，カンファレンスの実施

　ケアマネジャーに相談したところ，Lさんの家族も交えて話し合いの場を設けることになり，カンファレンスを開催した。

　家族の理解もあり，直接話をするとLさんの行為はなくなったが，女性職員の後を追うような行為は変わらなかったため，引き続き職員全員で連携を取ることを確認した。

生活相談員に求められる役割

　生活相談員は，迷惑行為であることを，Lさん本人に注意しただけでは改善が見込まれなかったため，やむなく家族にも伝えた。この事例では，家族の理解があり，家族が本人に話をするとピタリと行為が止まった。

　たとえLさんがその女性職員への思いや考えを持っているとしても，社会的規律の侵害はきちんと制止する必要がある。ただし，一方的または審判的な態度でLさんに勧告するようなことは避けた方がよい。

　生活相談員は少し進んだ視野を持ち，Lさんの悩んでいることやこれまで生きてきた人生を俯瞰して見てみると，違った側面が見えてくるかもしれない。セクハラ行為を肯定しているわけではないが，家族に注意をされてもこのデイサービスを利用し続けている理由は何か。そこから模索していくと何か見えてくるかもしれない。また，脳血管疾患からの症状の可能性もあるため，医療面からの診断やアプローチを試みてもよいかもしれない。

　一方，当事者の女性職員に対しては，職員全員で精神的な面も含めてフォローしていくことを忘れてはならない。

| 事例13 | 入浴を拒否する利用者 | 生活相談員の業務 | ・利用者との信頼関係づくり
・ケアマネジャーへの報告
・家族との調整
・事業所内の連携 |

Mさん　77歳　女性

既往歴：脳血管性混合型認知症
要介護度：要介護1

| 家族状況 | 独居
近くに長男夫婦が住んでいる
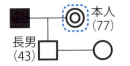 | 利用までの経緯：これまでは一人で生活できていたが，認知症が進み自分だけでは身の回りのことができなくなってきたため，夕食後に帰宅できるデイサービスを利用することになった。 |

生活相談員の業務

①利用者との信頼関係づくり

　Mさんは，これまで介護保険サービスを利用したことはなく，新しいことに対しての拒否感が強い。迎えに行っても玄関から出てこないことが続いたため，Mさんとの信頼関係を構築する目的で同じ職員が迎えに行くことにした。

　2週間ほどして職員の顔を覚えると仲良くなり，通所するようになった。

②ケアマネジャーへの報告，家族との調整，事業所内の連携，利用者との信頼関係づくり

　Mさんは，顔なじみになった職員や他の利用者とも打ち解け，「毎日楽しい」と話すまでになった。しかし，自宅で入浴をしている形跡がなく毎日同じ服を着ていることから，ケアマネジャーに報告した。家族も自宅で入浴と着替えをするように声をかけても着替える様子はなく，何度も言うと怒ってしまうので困っていたということで，家族と話し合った結果，デイサービスで入浴をしてほしいとケアマネジャーから依頼があった。

　デイサービスでは，Mさんに入浴を促しても拒否が強く「お風呂に入るならもうデイサービスには来たくない」と不穏な様子を見せ，「私は一人で着替えもできる。お風呂だって一人で入れるんだ」と興奮してしまった。

　その後しばらくは，浴室を見るだけで不穏になってしまう状態だった。家族からは「デイサービスに通っているだけでも助かっているので，無理な声かけを続けてデイサービスに通わなくなると困る」とのことだった。そのことを職員に伝え，Mさんには「自宅でお風呂に入る方がゆったりと入れますものね」と話した。

生活相談員に求められる役割

このような入浴拒否の事例では,利用者がなぜ自宅でもデイサービスでも入浴をしないのかをしっかりとアセスメントしなければならない。強制的に入浴をさせることは,利用者の尊厳の侵害と信頼関係の破たんを招きかねない。せっかく自らの意思で外出することを選択したのだから,無理なく入浴をしてもらえるように努めなければならない。

職員は,当初Mさんへのアプローチに成功した経験を持っている。生活相談員は,家族やケアマネジャーと協議し,デイサービスの利用につながった時と同じように,無理に進めようとしないことを決断している。利用者の気持ちに寄り添い,さらに家族と折衝することも生活相談員の役割である。

Mさんに対しては,毎日少しずつ声かけをして,「職員がお背中をお流ししますよ」などと,利用者に合ったペースで声かけをしていく。少しでもMさんの不安を取り除き,入浴することをMさん自身が決定できるように導くことが望ましい。

デイサービスでの最初の入浴が安全かつ快適で気持ちがいいという経験をすれば,入浴拒否は減っていくことが多い。Mさんも徐々に納得して入浴できるようになり,「これからもお願いするわ」と満足した様子を見せている。

事例14 老老介護で家族との連携が必要な利用者

生活相談員の業務
- ケアマネジャーとの連携
- 家族への相談
- 事業所内での連携
- 家族への細かな連絡

Nさん　82歳　男性

既往歴:アルツハイマー型認知症　糖尿病　高血圧
要介護度:要介護2

家族状況

妻と2人暮らし
三女が週に1度様子を見に来る

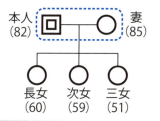

本人(82)　妻(85)
長女(60)　次女(59)　三女(51)

利用までの経緯:夫婦2人で穏やかに過ごしていたが,夫の認知症が進み,常に介護を担う要支援1の妻のストレスが溜まって暴言が出るようになってきた。デイサービスを利用して夫婦別々の時間をつくると共に妻の介護負担軽減を図り,在宅生活を続けていく目的で利用することとなった。

生活相談員の業務

①ケアマネジャーとの連携，家族への相談，事業所内での連携，家族への細かな連絡

　Nさんは穏やかな性格で，認知症による顕著な認知機能低下の症状は見られなかった。利用契約には三女に立ち会ってもらい，そこで利用日や送迎時刻などを伝え，妻も納得した様子であった。

　しかし，利用日に迎えに行くと夫婦2人共ベッドに寝たままの状態であったり，連絡しておいた送迎時刻の前にもかかわらず妻から「時間になっても迎えが来ない」と苦情の電話があったりした。また，Nさんがデイサービスに来ている際中にも度々事務所に電話があり「私の夫は本当にデイサービスにいるのか？　電話で声を聞かせてほしい」と訴えかけてきた。このことをケアマネジャーと三女に報告し，同じようなことが今後も続いた場合は，事業所から三女に連絡をし，三女から妻に伝えてもらうことになった。職員には，妻から連絡があれば穏やかに声かけをすることを周知した。

②ケアマネジャーとの連携，家族への相談，事業所内での連携

　妻が穏やかな状態でなければ夫に当たってしまうこともあるため，注意して対応した。三女とケアマネジャーに相談して，迎えの時に訪問介護を利用することも検討したが，知らない人間が自宅に入ることを妻は拒否した。そこで，デイサービスを利用する前日に三女から電話で明日利用する旨を妻へ伝えてもらい，迎えに行く1時間前にはデイサービス職員からも妻に電話をするなど，利用者の家族と協力して対応した。

生活相談員に求められる役割

　生活相談員は，直接サービスを受ける利用者よりも，同居・別居を問わず生活を共にしている家族に多くの課題を持っている事例に接することがある。利用者の課題解決の良き協力者になれない家族もあり，生活相談員が一番悩むところと言えよう。

　利用者との関係がうまくいっていたとしても，同居する家族から信頼してもらえなければ，利用することに対して不信感を抱いてしまうため，家族とも十分な信頼関係を構築しなければならない。そのためには，日頃から密に連絡を取り，利用者

の状態を伝えながら安心して利用できるように十分な配慮を怠らないように努める必要がある。

　家族との調整は，家族のアセスメントが必要となることもあり，ケアマネジャーとの連携・協力が不可欠である。生活相談員は，利用者を含む家族全体の支援を視野に入れて支援していかなければならない。

　この事例では同居家族が高齢者であったが，時として知的障がい福祉の分野と連携を図らなければならないこともある。生活相談員には，本来，広く福祉分野の知識が要求されるが，まずは地域包括支援センターや自治体の保健福祉の窓口の機能，そして所在だけは認識しておいてもらいたい。

引用・参考文献
1）大田区福祉部高齢福祉課：【大田区】介護予防・日常生活支援総合事業　ケアマネジメントマニュアル，2017年11月14日.

執筆者一覧

藍原 義勝（あいはら よしかつ）
医療法人社団涓泉会 山王リハビリステーション 施設長
大田区通所介護事業者連絡会 会長

松橋 良（まつはし りょう）
株式会社スマイルクリエーション 副社長
大田区通所介護事業者連絡会 副会長

新留 信弘（しんとめ のぶひろ）
NPO法人たすけあい大田はせさんず はせさんずデイホーム 施設長

澤田 奉淑（さわだ ともよし）
社会福祉法人池上長寿園 大田区立糀谷高齢者在宅サービスセンター 管理者

安田 英美（やすだ えみ）
株式会社ワンズスタイル リハビリ型ひかりデイサービス西馬込店 管理者

関口 孝則（せきぐち たかのり）
いきいき本舗株式会社 デイサービスのいきいき西蒲田 代表

大脇 佳祐（おおわき けいすけ）
株式会社ナユタ デイサービス昭和の風大森南

渡邊ときわ（わたなべ ときわ）
社会福祉法人池上長寿園 大田区立矢口高齢者在宅サービスセンター 管理者

比嘉 充吉（ひが みつよし）
社会福祉法人池上長寿園 経営本部

橋谷 創（はしたに はじめ）
橋谷社会保険労務士事務所 代表

森 友也（もり ともや）
株式会社ユニコーン garden和花ごころ

福本 武司（ふくもと たけし）
有限会社スマイルケア スマイルケア久が原

本間 拓也（ほんま たくや）
株式会社スマイルクリエーション でいほーむ中央

浜 洋子（はま ようこ）
NPO法人福祉コミュニティ大田 代表

丸山 泰一（まるやま たいいち）
社会福祉法人池上長寿園 経営本部 事業担当 次長
大田区介護保険サービス団体連絡会 会長

［協力］

脇 昌之（わき まさゆき）
株式会社スマイルクリエーション デイサービスセンター千束

嶋崎 彰彦（しまざき あきひこ）
株式会社スマイルクリエーション でいほーむ大森

小窪 直輝（こくぼ なおき）
株式会社インターネットインフィニティー レコードブック洗足池

デイサービス生活相談員 業務必携

2011年 1月20日 発行	第1版第1刷
2012年12月25日 発行	第2版第1刷
2015年11月15日 発行	第3版第1刷
2018年 7月22日 発行	第4版第1刷

編集：大田区通所介護事業者連絡会©

企　画：日総研グループ
代　表：岸田良平
発行所：日総研出版

本部　〒451-0051 名古屋市西区則武新町3－7－15(日総研ビル)　☎(052)569－5628　FAX (052)561－1218

日総研お客様センター　電話 0120-057671　FAX 0120-052690　名古屋市中村区則武本通1－38 日総研グループ縁ビル 〒453-0017

札幌　☎(011)272－1821　FAX (011)272－1822　〒060-0001 札幌市中央区北1条西3－2(井門札幌ビル)	広島　☎(082)227－5668　FAX (082)227－1691　〒730-0013 広島市中区八丁堀1－23－215
仙台　☎(022)261－7660　FAX (022)261－7661　〒984-0816 仙台市若林区河原町1－5－15－1502	福岡　☎(092)414－9311　FAX (092)414－9313　〒812-0011 福岡市博多区博多駅前2－20－15(第7岡部ビル)
東京　☎(03)5281－3721　FAX (03)5281－3675　〒101-0062 東京都千代田区神田駿河台2－1－47(廣瀬お茶の水ビル)	編集　☎(052)569－5665　FAX (052)569－5686　〒451-0051 名古屋市西区則武新町3－7－15(日総研ビル)
名古屋　☎(052)569－5628　FAX (052)561－1218　〒451-0051 名古屋市西区則武新町3－7－15(日総研ビル)	商品センター　☎(052)443－7368　FAX (052)443－7621　〒490-1112 愛知県あま市上萱津大門100
大阪　☎(06)6262－3215　FAX (06)6262－3218　〒541-8580 大阪市中央区安土町3－3－9(田村駒ビル)	この本に関するご意見は、ホームページまたはEメールでお寄せください。E-mail cs@nissoken.com

・乱丁・落丁はお取り替えいたします。本書の無断複写複製（コピー）やデータベース化は著作権・出版権の侵害となります。
・この本に関する訂正等はホームページをご覧ください。www.NISSOKEN.com/sgh

研修会・出版の最新情報は
www.NISSOKEN.com

日総研

【営業】【ベッドコントロール】
【現場との連携】
【リスク管理】【新規開拓】

現場で培った「稼働率を上げる」実務を公開！

口村 淳　博士（社会福祉学）
社会福祉法人恩賜財団済生会
特別養護老人ホーム淡海荘 介護課長
社会福祉士／介護支援専門員／介護福祉士

新刊
B5判 2色刷
128頁
定価 2,223円+税
（商品番号 601857）

主な内容
・「利益を生み出す」ための相談員の心構え
・「利益を生み出す」ための稼働率対策【段取り編】
・「利益を生み出す」ための稼働率対策【実践編】　ほか

新人相談員、MSW、ケアマネや退院支援看護師に最適！

患者に最適な制度の活用法がわかる！

[編著] 伊東利洋
有限会社いとう総研 取締役

最新刊
A4変型判 292頁
オールカラー
定価 4,000円+税
（商品番号 601860）

2018年版改訂の要点
・介護保険法の改正
・介護報酬の改定
・公的年金制度の改正
・育児・介護休業法の改正
・障害者総合支援法の改正
・医療保険制度の改正
・雇用保険、労働関連法規の改正
・障害者雇用促進法の改正

何をアセスメントし、どうケアプランに位置づけるか、記載方法の指針に最適！

施設系居宅（無認可施設も対象）の指導強化政策に備える！

本間清文　介護支援専門員
社会福祉士／介護福祉士

B5判 2色刷
208頁
定価 3,149円+税
（商品番号 601836）

主な内容
・【図解】住宅型有料老人ホームとサービス付き高齢者向け住宅のケアマネジメント
・居宅サービス計画実例集

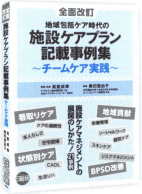

アセスメントからモニタリングまで、根拠あるケアプラン立案がわかる！

我流ではなく、適切なケアプラン立案を事例で学ぶ

[監修執筆] 高室成幸
ケアタウン総合研究所 代表
日本ケアサポートセンター 理事長

[執筆] 奥田亜由子
日本福祉大学 社会福祉学部 非常勤講師
ふくしの人づくり研究所 所長

増刷出来
B5判 272頁
定価 3,612円+税
（商品番号 601821）

主な内容
・地域包括ケアと施設ケアマネジメント
・施設ケアプランのプランニング　ほか

"家族のような介護"と言う呪縛を解き放て！
自分はいつか虐待をしてしまうかも…
そう思っているあなたやどこの施設にもいるそんな職員への処方箋

髙口光子　介護アドバイザー
介護老人保健施設「星のしずく」
看介護部長／理学療法士
介護支援専門員／介護福祉士

最新刊
A5判 160頁
定価 2,300円+税
（商品番号 601867）

主な内容
・認知症ケアを紐解くことで介護の意味を考える
・職員が育つ組織の作り方と育て方の実際　ほか

成功事例・失敗事例から学ぶ勝ち残り方

現場の問題とその改善方法

福岡 浩
有限会社 業務改善創研
代表取締役
http://www.kaigo-consulting.net/
介護事業運営コンサルティング・業務改善コンサルティング

B5判 2色刷
152頁
定価 2,315円+税
（商品番号 601838）

主な内容
・介護事業所のサービスの質が向上しない原因
・介護事業所運営の最低限のルールである運営基準を深く理解する
・実地指導と監査の違いも知らないから怖くて不安　ほか

 日総研　詳しくはスマホ・PCから　商品番号 日総研 601838 検索

電話 0120-054977
FAX 0120-052690（無料）